AF565795

Klaus Berger

Die Bibelfälscher

Klaus Berger

Die Bibelfälscher

Wie wir um die Wahrheit betrogen werden

Pattloch

Besuchen Sie uns im Internet:
www.pattloch.de

Redaktion: Franz Leipold, Violau
Umschlaggestaltung: ZERO Werbeagentur, München
Umschlagabbildung: FinePic®, München
Satz: Adobe InDesign im Verlag
Druck und Bindung: CPI – Ebner & Spiegel, Ulm
Printed in Germany
ISBN 978-3-629-02185-4

Inhalt

III.
Exegese der Zukunft
297

Vorwort

Dieses Buch ist ein Aufschrei, ein *planctus Germaniae,* wie man so etwas vor der Reformation nannte (vgl. z. B. Onus ecclesiae, Köln 1501), denn 200 Jahre fleißig und intelligent betriebene Bibelwissenschaft hat eine volkskirchliche Wüste hinterlassen. Zumindest hat sie daran wesentlichen Anteil. Der Zustand der Kirchen auf evangelischer wie katholischer Seite ist zu einem nicht unwesentlichen Teil jener schonungslosen Zerstörung zu verdanken, die von den Bibelwissenschaften ausging. Wenn nämlich die Bibel, wie gerade die Reformation feststellte, die maßgebliche Grundlage für das Christentum ist, kann eine systematische Zerstörung dieser Grundlage nicht ohne Folgen bleiben.

Diese heftige Klage ist insoweit einzuschränken, als sie im Wesentlichen auf kirchlichen Erfahrungen in Nord- und Ostdeutschland beruht. Auch die Angriffe auf die Forschung gehen nicht von Kollektiv-, Sippen- oder Berufsstandhaftung aus, sondern es werden nur generelle Voraussetzungen sowie symptomatische und Spitzenleistungen erörtert. Diese pflegen jedoch nicht zufällig zu sein, denn zerstört wurde wirklich systematisch alles Porzellan, von der Geburt in Bethlehem bis zur Himmelfahrt, von der Jungfrau Maria bis zu den Mahlzeiten mit dem Auferstandenen.

Die Spitzen, die dieses Buch enthält, verstehen sich nicht in erster Linie konfessionell. Schließlich sind vom liberalen Erbe der hemmungslosen Bibelkritik seit 50 Jahren auch Katholiken erfasst, die es zumeist noch darauf anlegen, die Protestanten rechts oder links zu überholen. Auch ein Katholik wie Rudolf Pesch legte seine Meinung schriftlich nieder, Josef sei der biologische Vater Jesu (er hatte, soweit ich sehe, keine Zeit mehr für eine Korrektur).

Und der Einmarsch dieser Kritik in die katholischen und orthodoxen Kirchen Osteuropas und des Nahen Ostens steht kurz bevor. Damit aber bekommt diese eigenartige Wissenschaft sehr bald einen sichtbaren weltpolitischen Charakter. Bevor die Christentümer des Westens aus eigener Schwäche zusammenbrechen wie einst die Kirchen Nordafrikas unter dem Druck des Islam, versteht sich dieses Buch als dringender Appell zu einer Reformation besonderer Art, nämlich zu einer Reformation der sogenannten historisch-kritischen liberalen Exegese.

Man wird einwenden, dieses Neue sei bereits da, und insofern komme dieses Buch 50 Jahre zu spät, denn es gibt bereits Neutestamentler wie Ulrich Wilckens, Marius Reiser und Ansgar Wucherpfennig. Und Konservative gab es zu allen Zeiten einige (M. Hengel, P. Stuhlmacher, W. G. Kümmel, O. Hofius), doch ihr Wirken blieb oft in ihrem Einzugsbereich stecken, und den Gesamteindruck konnten sie nur wenig verändern. Alles das, was dem in diesem Buch unter dem Stichwort »Gegner« aufgezeigten Mainstream widerstreitet, kann ich mit Dank akzeptieren.

Ich würde mich allerdings weigern, unter die Konservativen etwa der obengenannten Art eingereiht zu werden. Die biographischen Kontakte z.B. mit M. Hengel und W. G. Kümmel, die mir vergönnt waren, waren denn auch durch flammende Abneigung gekennzeichnet. – Und in der Tat bedarf der Begriff »konservativ« schon seit Jahrzehnten einer Klärung. Seit dem Fall Andrea van Dülmen an der Tübinger Fakultät 1969 (siehe dazu unten zur Lage der katholischen Exegese, Seite 326), die nicht promovieren durfte, weil sie angeblich »zu katholisch« im Sinne von vorgestern war, also zu konservativ, sind die Karten in Deutschland neu gemischt. Diese Frau war nämlich nicht blind im Sinne von vorgestern, sie war nur neugierig im Sinne von übermorgen. Typisch konservativ sind, so würde ich es sagen, die Referenten, die der Akademiedirektor F. Schuller heutzutage immer wieder neu an die Katholische Bayerische Akademie in München beruft, wie z. B. Thomas Söding (kath.) oder G. Theißen (prot.). Sie repräsentieren nicht nur das Establishment, sondern dazu eine seit 50 Jahren in sich geschlossene, bis zur Undurchlässigkeit und Unbeweglichkeit starre, neue Rechtgläubigkeit. Wer sie in Frage stellt, ist entweder reaktionär oder von allen guten Geistern verlassen oder überhaupt gefährlich, weil fundamentalistisch. Und – wie schon der Fall Andrea van Dülmen aus den 1960er Jahren zeigt – er ist auch noch unökumenisch, denn die apostrophierte Koalition ist ein gefestigtes Zitier-, Berufungs- und Vortragseinladungskartell. Der hier immer wieder zitierte liberale Konsens ist deshalb erzkonservativ, weil er unbeweglich ist und ins 19. Jahrhundert zurückreicht.

Der Widerspruchscharakter dieses Buches wird daran deutlich, dass ich nach Darstellung der Gegenposition die eigene Position mit der Formel *Sed contra* einführe. Diese Formel ist den mittelalterlichen scholastischen Quästionen entnommen und lautet korrekt übersetzt: »Aber dagegen möchte ich sagen ...« Dieses klare Signal soll dem Leser helfen, die Positionen zu unterscheiden.

Und am Ende des Buches möchte ich für meine eigene Person zeigen, wie man versuchen könnte, es vielleicht »besser« zu machen. Dieser Abschnitt ist besonders meinen 60 promovierten Schülerinnen und Schülern gewidmet.

Das Buch weist drei große Teile auf, die unter den Stichworten »Hinführung«, »Zerstörung« und »Zukunft« laufen.

Klaus Berger
Heidelberg, am Fest SS. Apostolorum Simonis et Judae 2012

I.
Hinführung

»Alles Lug und Trug«

Wie Versuche, den Bibelglauben zu retten, zu dessen Zerstörung führten

Die Entlarvung des generellen Betrugs: »Alles Lug und Trug« – so lautet ein typisches zusammenfassendes Urteil der radikalen Bibelkritik. Dieses Urteil betrifft Daten, Personen und Orte, vor allem aber die Tatsächlichkeit des Berichteten, insbesondere der Wunder. Dabei wird allerdings nur ein vorgängiges Urteil über Religion generell auf die Schrift übertragen, denn in der Heiligen Schrift findet man ja nach protestantischer Grundregel das Wesentliche und den Kern des Christentums. Die Ursache dieses Betrugs ist angeblich stets die finanzielle Besitzgier aufseiten der religiösen Betrüger. Dieses Urteil äußert sich zum Beispiel in der »geistvollen« Unterstellung, der religiöse Betrüger verwechsle Ökumene und Ökonomie (finanzielles Wohlergehen). Schon nach Reimarus haben die Jünger die Osterereignisse erfunden, weil sie Prälaten werden wollten. So hätten sie aus dem Scheitern Jesu wenigstens noch im wahrsten Sinne des Wortes Kapital geschlagen.

Wie ein cleverer Gegner, besser gesagt: wie ein Kriminalist, nutzt man jedes Eingeständnis der Schwäche bei der Heiligen Schrift aus, um das gewünschte Resultat zu erlangen. So wird beispielsweise in Act 4,13 gesagt, die Jünger Jesu, die Predigten hielten, seien »ungelehrte« Menschen (gr.: *agrammatoi,* wörtlich: »die nicht lesen und schreiben können«). Das lässt sich gut ausnutzen, zum Beispiel, indem man den Ersten Petrusbrief für unecht, d.h. für gefälscht, erklärt. Denn woher sollte Petrus, der nicht lesen und schreiben konnte, die nicht wenigen Zitate aus der griechischen Bibel kennen, die der Brief aufweist, dazu noch die Parallelen zu Paulus, die nur auf Lektüre paulinischer Briefe zurückgehen konnten? Ähnliches gelte auch für die Petruspredigten der Apostelgeschichte. Auch hier wieder zahlreiche Schriftzitate, die peinlicherweise mit der Septuaginta übereinstimmten. Folglich sei entweder Act 4,13 gelogen oder die Verfasserschaft des 1 Petr. Dazu kommt das Argument: Und wie sollte auch ein Fischer vom See Genezareth lesen und schreiben können? Und schließlich: Woher sollte Petrus Griechisch gelernt haben? Jesus und die Jünger sprachen doch Aramäisch?! Fazit: Es gibt außer mir keinen lebenden Exegeten, der 1 Petr für »echt« hält. So habe eben Petrus nicht die »erste Enzyklika« schreiben können. Es sei vielmehr ein unbekannter Theologe am Werk gewesen, der zudem paulinische Erkenntnisse geschickt und nach dem Motto »The Best of St. Paul« plagiiert hätte. Die Wissenschaft sprach mithin ein posthumes Bildungsverbot gegenüber Petrus aus, denn natürlich hatte man ein starkes Interesse daran, ein potenzielles Petrus-Dokument auszuschalten; schließlich wusste man ja, wen man damit traf.

Sed contra: Ohne Griechischkenntnisse hätte man im »Galiläa der Heiden« zur Zeit Jesu noch nicht einmal ein Brötchen kaufen können. Und perfekt zweisprachig sind in unserer Familie schon Fünfjährige. Und es ist nur eine zielgerichtete Mär, zu behaupten, ältere Katholiken verstünden das Latein von Tantum ergo, Gloria und Credo nicht. Sie können es sogar singen, und zwar bis heute. – Die Übereinstimmungen mit Paulus sind nicht Plagiate, sondern beruhen auf gemeinsamer Tradition (vgl. dazu die Übersicht in: Theologiegeschichte des Urchristentums, 2. A., § 254–264). Und selbst wenn Petrus nicht schreiben konnte – Briefe pflegte man zu diktieren. Bei Paulus rechnet jeder Exeget damit. Nur was für Paulus gilt, darf für den ersten Papst nicht gültig sein. Warum muss ein Fischer ungebildet sein? In Heidelberg können heute selbst Taxifahrer Altgriechisch (Akademikerschwemme). Und selbst wenn das mit Paulus Übereinstimmende von Paulus abgeschrieben wäre – was wäre schlimm daran, wenn Petrus und Paulus im Urteil derer, die lesen und schreiben konnten, theologisch nahe beieinandergestanden hätten? Freilich würde dann die Schematisierung Petrus/Paulus à la Ökumene nicht mehr zutreffen, wonach der gebildete Paulus für die Protestanten, der ungebildete Machtmensch Petrus aber für die Katholiken stünde. All das sind doch nur grausame Klischees, welche die schreckliche Spaltung der Christenheit möglichst anhand des Urchristentums als geradezu schriftgemäß erweisen sollen. Und die Pseudepigraphie des 1 Petr zeige auch nur, dass Katholiken (!) schon damals vor Betrug nicht zurückschreckten.

Der Maßstab für Kritik der Kritik

Dass alles im Christentum nur auf Lug und Trug beruhe und dass man ebendieses an der Bibel zeigen könne, insbesondere wenn der Ort nahe am Herzen ist, also bei Jesus und Petrus, das ist die gewöhnliche und gezielt hämische Antwort der aktiven Religionskritik auf jeden kleinsten »Fund« der Exegeten. War die Antwort meiner Klassenkameraden auf das Christentum noch: »Ich kann es nicht glauben« (bis 1960), so lautet die Antwort heute: »Es stimmt ja sowieso alles nicht.« An die Stelle der Glaubensnot trat der triumphierende Atheismus, denn Christentum und Kirche haben sich in der Zwischenzeit zu viele Blößen gegeben, darunter am gravierendsten der Missbrauchsskandal. Dieses moderne Kriterium der Moral (wahr ist, wessen Anhänger tugendhaft leben) spielt im Neuen Testament erstaunlicherweise keine Rolle, wenn man von 1 Kor 5 f. absieht. Selbst in Joh 17 ist das Kriterium der Wahrheit (die Einheit der Christen) nur ein abgeleitetes.

Ohne weiteres aber gilt: Das Kriterium für die Wahrheit der Botschaft ist immer das Ende. Das gilt zunächst für das Ende der Geschichte Jesu in der Auferstehung, dann für das Ende, das seine Botschaft ins Auge fasst, also das Ende der Geschichte. So könnte man sagen: Weder die eigene Gottessohnschaft noch die Berechtigung seiner Forderungen (z. B. Bergpredigt) kann Jesus wirklich erweisen. Der Beweis steht aus – mit seiner Wiederkunft und mit der Rettung der Gerechten. Vielleicht wäre dies die Funktion der Eschatologie (des Hinweises auf das Ende) in der Botschaft Jesu, dass sie Aussicht auf Legitimation dessen gibt, was jetzt unbewiesen bleibt. Weder den eigenen Anspruch noch die Unverhältnismäßigkeit seiner Forderungen kann Jesus legitimieren. Erst das Ende wird das bringen. Daher steht der Beweis dafür, dass Jesu Botschaft eben nicht Lug und Trug war, immer noch aus.

Doch diese Auskunft wird den Texten des Neuen Testaments nur teilweise gerecht, denn neben dem Erweis am Ende gibt es den »charismatischen Machterweis jetzt«. Dazu gehören Wunder, die Verklärung, Visionen wie z. B. die des Stephanus, Prophetie und Zungenreden, immer wieder auch Charismen, nicht zuletzt die diakonische (hl. Mutter Teresa) und die heitere Freude, wie z. B. die des hl. Franziskus. Oft finden auch Kunst und Musik ihre charismatische Spitze. – Dadurch aber gibt es als irdische Erfahrung einen in sich schlüssigen Erweis von himmlischer »Herrlichkeit«. Unbestreitbar ist nun, dass die radikale Bibelkritik, mit der wir uns hier befassen, diesen gesamten Bereich leugnet, und zwar aus dem Grundimpuls, jede Art von Gegenwärtigkeit des Heils und die darin gegebene Evidenzerfahrung von vornherein zu leugnen und unter Betrugsverdacht zu stellen. So kann man sagen: Gerade seitdem einzelne Exegeten um die vorige Jahrhundertwende (1901 ff.) das Christentum sehr radikal auf eine – dann in sich gescheiterte – Eschatologie konzentrierten und sozusagen zusammenschmelzen wollten, gerade also, seitdem es nur noch Eschatologie zu geben scheint, sieht man sich gezwungen, alle Erfahrung von Charisma und Herrlichkeit zu leugnen. Man ging sogar so weit, alle diese Erfahrungen als »katholischen« oder »fundamentalistischen« Triumphalismus zu brandmarken. Insbesondere den Märtyrer, der vom himmlischen König faselt, fand man fehl am Platz.

Gerade weil in Wunder und Charisma, in Vision und Jubilus die vorherrschend trostlose Alltagserfahrung durchbrochen wird, sind diese Größen verdächtig und werden möglichst schon für das Neue Testament geleugnet. – Nun gibt es seit Jahren rund um die Kirchen charismatische Gruppen mit entsprechenden Erfahrungen; allerdings haben diese die Exegese nur selten erreicht (positiv vielleicht im Falle von Norbert Baumert). Es wird noch eine Zeit dauern, bis diese Impulse sich als anregend für die Exegese erweisen.

Beispiele für Verdrehungen durch die liberale Exegese

An zwei besonders krassen Beispielen möchte ich zeigen, zu welchen Verdrehungen die liberale Exegese bis heute imstande ist.

Die irrtümliche Naherwartung Jesu

»Jesus hat sich im Termin des Weltgerichtes geirrt«, und ganz salopp und wie nebenbei spricht man von der *»irrtümlichen Naherwartung Jesu«*, als sei das eine ganz zweifelsfreie und ausgemachte Sache, denn nach Mk 9,1 hätte Jesus noch in seiner Generation mit dem Weltende gerechnet.

Wenn das zuträfe, wäre es ganz ungeheuerlich nach Jesu eigenem Selbstverständnis: »Welcher Tag und welche Stunde es sein werden, das weiß nur Gott und kein Mensch, auch die Engel und selbst der Sohn wissen es nicht« (Mk 13,32). Jesus selbst hätte sonst in das heilige Programmwissen Gottes eingegriffen, und überdies hätte er dieses mit einem gravierenden Irrtum bezahlt.

Selbst wenn er recht gehabt hätte, wäre seine Ankündigung ein unverzeihlicher Eingriff in Gottes eigenste Rechte. Einem Messias, der sich auf diese Weise irrt, kann ich auch sonst nicht trauen. Schließlich weiß doch jedes Kind, dass man den Zeitpunkt des Weltendes nicht vorhersagen kann; und Jesus sagt zusätzlich: auch nicht vorhersagen darf, weil das allein Gott zusteht. Durch die schlichte Tatsache, dass das Weltende bisher nicht eingetreten ist, hat sich Jesus auf eine Weise blamiert und diskreditiert, die dem Skandal nicht nachsteht, dass Zeugen Jehovas und ähnliche Gruppen immer wieder das Weltende ankündigten, das dann doch nicht kam. Albert Schweitzer konnte daher sagen, dass schon mit der Kreuzigung Jesu – eben weil er das Reich Gottes in Jerusalem nicht habe herbeizwingen können – das Christentum zu Ende gegangen sei. Für Schweitzer blieb nur die Humanität »übrig«, die er dann eindrücklich im Kongo bei den »Primitiven« praktizierte, wie er die Eingeborenen nannte. Wenn Jesus sich daher grundlegend getäuscht hat, kann man alles, was folgte, als Konsequenz aus der Parusieverzögerung verstehen: Kirche, Dogmengeschichte, Amt, Sakramente bis hin zum neutestamentlichen Kanon.

Sehen wir uns daher den Text näher an: *(1) Jesus sagte zu seinen Jüngern: »Amen, ich sage euch, einige von denen, die hier stehen, werden noch vor ihrem Tode sehen, wie machtvoll Gott seine Herrschaft verwirklicht.« (2) Nach sechs Tagen nahm Jesus Petrus, Jakobus und Johannes beiseite und führte sie ganz allein in die Einsamkeit eines hohen Berges. Und dort wurde er vor ihren Augen verwandelt. (3) Seine Gewänder begannen zu leuchten, so hell, wie kein Färber auf Erden sie machen könnte.* (Mk 9,1 f.)

Doch es fällt auf: Das Offenbarwerden des Reiches ist keineswegs mit dem Weltende gleichzusetzen, denn dass Gott seine Herrschaft machtvoll verwirklicht, dieses wunderbare Geschehen ereignet sich buchstäblich in der Verklärung Jesu. Hier nämlich erweist der Vater die verwandelnde Kraft seiner Herrschaft an seinem Sohn.

Dabei ist die innere und äußere Verbindung von Sohn bzw. Vater einerseits (Mk 9,7: Himmelsstimme) und Reich (Mk 9,1) andererseits offenbar charakteristisch christlich. Dabei teile ich mit der griechischen und russischen Christenheit die Auffassung von der zentralen Rolle der Verklärung.

Das heißt: Der König dieses Reiches verwirklicht seine Herrschaft nicht an Untertanen, sondern vor allem an seinen Kindern. Das ist das Erstaunliche. – Es ist exegetisch möglich, ja naheliegend, den inneren Zusammenhang zwischen Mk 9,1 (Reich Gottes kommt in Macht) und 9,2–8 aufzuzeigen. Das heißt: Für den Evangelisten Markus verwirklicht sich das Kommen des Reiches in Macht grundsätzlich und zumindest anfangshaft in der Verklärung Jesu (d. h. seinem Erweis als Sohn Gottes):

1. Reich Gottes und Gotteskindschaft Jesu sind in Mk 9 miteinander verschränkt. Das geschieht, indem das Reich Gottes keine Theorie bleibt, sondern sich »in Macht« zeigt, nämlich in der Verklärung, und es geschieht ebenso, indem sich die Gottessohnschaft Jesu darin zeigt, dass er in »Gottes Gestalt« sichtbar wird. Der Sinn dieser Transfiguration ist der Erweis der Erhabenheit über den Tod.
2. Die für Mk 9 angenommene Verschränkung gilt auch bei den Exorzismen Jesu. Denn einerseits belegen sie die Gottessohnschaft Jesu. Daher sind sie immer wieder mit entsprechenden Bekenntnissen verbunden (z.B. Mk 3,11). Und diese Gottessohnschaft zeigt sich hier an Dämonen, die nichts anderes sind als Totengeister. Daher überwindet auch hier die Gottessohnschaft den Tod. Zum anderen aber ist nach Lk 11,20; Mt 12,18 der Exorzismus nichts anderes als das Ankommen von Gottes Reich in der Wirklichkeit der Menschen. – Wir halten daher fest: Die Verbindung von Gottessohnschaft und Reich gibt es auch sonst in den Synoptikern.
3. Die beobachtete Parallelität zwischen Gotteskindern und Reich gibt es auch an einem ganz anderen Punkt der Heilsgeschichte, nämlich an deren Ende. Dann wird so-

wohl das Reich offenbar wie auch die Identität der Gotteskinder. Beider Identität ist jetzt verborgen. Man achte hier auf das Verb »offenbar werden«. Denn bei den Synoptikern gilt: Auch wenn das Reich Gottes »kommt« und im Sinne der Wachstumsgleichnisse »wächst«, ist es doch nicht sichtbar oder offenbar. Dasselbe gilt von der Gotteskindschaft der Christen. 1 Joh 3,2 sagt es ausdrücklich, dass sie noch nicht offenbar ist. Mit Blick auf Mk 9 könnte man sagen: Die allgemein gültige (!) Unsichtbarkeit wird aufgehoben, und zwar ausnahmsweise für die Person des Messias und Gottessohnes Jesus Christus. Das gilt, obwohl der Ausdruck »offenbaren« hier nicht verwendet wird. Das soll die Christen wohl nicht verwirren: Das Reich Gottes wird hier nicht offenbart, sondern es kommt, und der Sohn Gottes wird als solcher nicht offenbart, sondern verklärt. Aber dieser Vorgang ist, wie auch immer man ihn definiert, vom Ende der Zeiten zu unterscheiden.

4. Für die jüdischen Targumim (aram. Bibelübersetzungen des Alten Testaments) ist das Weltende der Augenblick, von dem man sagt, an ihm werde die Königsherrschaft Gottes offenbar. Bis dahin währt die Zeit, in der Gottes Herrschaft verborgen ist.
5. Wenn man die im Mk-Ev geschilderten Ereignissse überblickt, so kann gelten: Über die hier in 1.–3. genannten Punkte besteht eine Beziehung zwischen Exorzismen und Verklärung. Das gilt sowohl von der in beiden Arten von Ereignissen erwiesenen Gottessohnschaft Jesu als auch vom antizipierten Sieg über Tod und Totengeister.
6. Das Kommen des Reiches Gottes ist nicht gleich Weltende. Die Vaterunser-Bitte Mt 6,10 könnte man übersetzen mit: »Lass uns und andere deine Herrschaft anerkennen und deinen Willen tun, damit das, was im Himmel bereits geschieht, auch auf Erden wirklich werden kann.« Hier bedeutet das »Kommen des Reiches« dessen Wirklich-

werden unter jeweils verschiedenen Bedingungen, denn »Kommen« heißt in der griechischen religiösen Sprache des 1. Jahrhunderts n. Chr., dass ein Gott – oder eben etwas Göttliches – wirksam nahe kommt, dass er präsent wird und zumindest einem Teil der Menschen hilft. Daher bittet das Vaterunser nicht um das schnellstmögliche Eintreten des Weltendes, denn das wäre nur eine Form, unter der das Reich Gottes wirksame Gegenwart erlangt. Auch andere sogenannte »kletische Hymnen« kennen wir, und auch bei diesen wollen wir doch nicht erst bis zum Weltende warten, wenn wir bitten: »Komm, Heiliger Geist …« Ähnlich ist es auch mit Mk 9,1, einer vielfach missverstandenen Stelle. Auch hier ist das Wirksamwerden des Reiches keineswegs mit dem Weltende gleichzusetzen. Dass Gott seine Herrschaft machtvoll verwirklicht, dieses wunderbare Geschehen ereignet sich buchstäblich in der Verklärung Jesu. Denn hier beweist der Vater die verwandelnde Kraft seiner Herrschaft an seinem Sohn. In Mk 9,1 steht das »Reich Gottes« im Mittelpunkt, bei der Verklärung Jesu aber dann etwas ganz anderes, nämlich Gottes Kind/Sohn. Wenn es gelingt zu zeigen, dass beides zusammenhängt, dass also der Text inhaltlich kohärent ist, dann kann die Erklärung der Kindschaft Jesu (Gottessohnschaft) etwas zu tun haben mit dem angekündigten Kommen des Reiches, und dann gewinnt die ohnehin symbolverdächtige Aussage in 9,2 (»Nach sechs Tagen …«, vgl. Ex 19,10–24) den Charakter eines sinnvollen Bindegliedes zwischen der Verheißung über die Herrlichkeit (Macht) des Reiches und der Kindschaft Jesu.

Die Verklärung ist zu Beginn der Passion Jesu Vergewisserung, dass er als Sohn Gottes ewiges Leben haben wird.

Die Exorzismen kann Jesus als der Sohn Gottes vollziehen. Ebenso wird auch am Ende jede böse Macht besiegt. Der verklärte Leib zeigt jetzt schon Gottes Gestalt. In den Exorzismen werden die Totengeister besiegt. Durch denselben Heiligen Geist werden Jesus und die Christen auferweckt, denn er macht auch die Christen zu Gottes Kindern.

Das Reich Gottes besteht daher nicht unabhängig von der Gotteskindschaft. In der Auferstehung kommt nicht nur die Gottessohnschaft Jesu zum Ziel, sondern auch die aller Christen. In den Exorzismen Jesu werden Totengeister besiegt, und Stück für Stück kommt so das Reich Gottes. Am Ende wird das Reich Gottes zusammen mit denen offenbar, die seine Träger sind (in den Christen als Gotteskinder). Auf dem Weg dahin ist die Verklärung ein wichtiger Schritt. Schließlich geht es um Gottessohnschaft und Tod, um Offenbarwerden der Gotteskindschaft in der Zeit vor dem Ende, um zentrale Etappen auf dem Weg zur Vollendung und Offenbarung des Reiches.

Wie Jesus selbst, so erfahren auch die Jünger dieses vor ihrem Tod und jetzt schon in der Gegenwart. Daher ist Mk 9,2 f. nicht Dokument eines Irrtums Jesu, sondern die theologische Mitte und Vergewisserung der Christen.

Und das lässt sich nun zeigen: Reich und Kindschaft gehören auch sonst in der Jesus-Überlieferung zusammen. In Mk 9,1–10 ist das Offenbarwerden des einen mit dem des anderen verstrickt. Ich nenne daher eine Reihe von Analogien, in denen das ähnlich ist. Man nennt das dann ein Wortfeld, in diesem Falle ein typisch christliches, in dem Reich Gottes und Kinder Gottes zusammenhängen.

Die typisch christliche Verbindung von *Reich* und *Kindschaft* findet sich auch im Vaterunser (»*Vater* unser …, Dein *Reich* komme«) und in Lk 7,28 (»Der Größte unter denen, die eine *Frau geboren* hat«, d. h., es geht im Kontrast dazu jetzt – implizit – um die, die Gott geboren hat – »der Kleinste im *Himmelreich*«); ferner gilt nach Joh 1,13, dass »die aus Gott *geboren* sind« (gleichbedeutend: 3,3 »die von oben her *geboren* sind«) eben nach 3,3 b das »*Reich* Gottes sehen werden«. Auch hier geht es um neue Kinder, die für das Reich bestimmt sind und die Königskinder sind. – Besonders gehört dazu die Predigt von der Sorglosigkeit, in der Jesus vom himmlischen *Vater* redet, der sich um alles kümmert (Mt 6,32), woraufhin Jesus dann die Jünger auffordert: »Sucht aber zuerst das *Reich* …« (Mt 6,33).

Theologisch bedeutet das: Die Brücke von Mk 9,1 (Reich) zu Mk 9,7 (Sohn) ist verlässlich zu schlagen. Wenn das aber zutrifft, dann hat Jesus nicht »geirrt«, wie 150 Jahre Bibelexegese uns lehren wollten, sondern die Verklärung Jesu ist ein Akt, in dem Gott die verwandelnde Kraft seiner Herrschaft zeigt. Denn Gottes Herrschaft bedeutet ja nicht nur »trockene«, »pflichtgemäße« Gebotserfüllung, sondern ist vor allem eine herrliche Verheißung für alle, die zu ihr gehören. Das vor allem wird an Jesus exemplarisch sichtbar. – Keineswegs geht es bei dieser Erzählung um eine »fehlplazierte« Ostergeschichte, sondern an Jesus wird die Verwandlung anschaubar, die allen Kindern Gottes zuteilwerden wird. Diese Verwandlung bedeutet hier und auch sonst: Überwindung des Todes.

Die neuere Forschung zum »Reich Gottes« hat einige Gesichtspunkte zutage gefördert, die für das Christentum im Ganzen nicht unwichtig sind und der Botschaft Jesu neue Aktualität verleihen. Es geht daher nicht um einen territorialen Begriff wie beim früheren »Deutschen Reich«, sondern um einen Beziehungsbegriff, denn zu diesem Reich gehört nur der, der dessen König praktisch anerkennt. In den Oden Salomos, einer wichtigen Sammlung christlicher Gebete und Lieder, heißt es schon 130 n. Chr. (12,7): *Doch so weit Gottes Wort reicht, so weit erstreckt sich seine Herrschaft. Denn Gott gibt allem Begreifen Licht und Helligkeit* (Berger/Nord, Das Neue Testament und frühchristliche Schriften, S. 947).

Sed contra: Die Kirche hat Mk 9,1 über Jahrhunderte hinweg so verstanden, dass Jesus mit dem Kommen des Reiches in Macht gar nicht das Weltende meinte, sondern seine Verklärung, denn sie bezeugt, dass das, was Jesus verkündet, jetzt schon die Macht der Verwandlung besitzt, und zwar als Verklärung. In der Textgeschichte gibt es nicht den geringsten Versuch, in Mk 9,1 einen Irrtum Jesu aufzudecken oder zu vertuschen. Fast 2000 Jahre Kirchen- und Textgeschichte boten doch genügend Gelegenheit dazu.

Und wenn Reich Gottes überhaupt vornehmlich an Menschen und unter Menschen (inklusive ihrer Leiblichkeit) Realität wird? Denn wie Reich Gottes genau und im Einzelnen vor sich gehen wird, darüber sagt Jesus ja sonst nicht gerade viel. Es hinge dann also vornehmlich mit Macht und Herrlichkeit zusammen. Damit aber ist in Mk 9 kein ästhetisches Spektakel gemeint, sondern – wegen der Ausrichtung der Verklärung auf Jesu Tod und Auferstehung – ewiges Leben ohne Bedrohung durch den Tod.

Fazit: Kommen des Reiches in Macht bedeutet nicht notwendig oder gar exklusiv Weltende. – In der Verklärung Jesu zeigt das Kommen des Reiches eine christologische Spitze, denn hier zeigt sich, wie Person (Jesu) und Botschaft (Reich) zusammenhängen. Das visionäre Geschehen in Mk 9 ist nicht geeignet, daraus den zentralen Irrtum abzuleiten.

Johannes war kein Zeuge Jesu

»Johannes war kein Zeuge Jesu«, urteilt G. Theißen (Hist. Jesus, 1996, S. 192). Damit wird das direkte Gegenteil von dem behauptet, was das vierte Evangelium mehrfach ausdrücklich über den Täufer sagt: »Er war zur Zeugenschaft bestellt und sollte Zeugnis ablegen von dem Licht, damit alle durch ihn zum Glauben kämen. Er war nicht selbst das Licht, sondern sollte nur Zeugnis ablegen von dem Licht.« (1,7f.) Und ferner: »Johannes legte Zeugnis ab von ihm: Diesen meinte ich, als ich sagte: Nach mir kommt einer, der vor mir entstanden ist, weil er früher da war als ich.« (1,15) Und ferner: »Als Johannes am folgenden Tag Jesus auf sich zukommen sah, sagte er: ›Er ist Gottes Lamm, und so tilgt er die Sünde der Welt. Über ihn habe ich gesagt: Nach mir kommt einer, der schon vor mir war, früher als ich. Zuerst kannte ich ihn nicht, aber damit er für Israel erkennbar wird, bin ich gekommen und taufe mit Wasser. Ich bin Zeuge: Ich habe den Heiligen Geist wie eine Taube vom Himmel herabkommen und auf ihm sitzen bleiben sehen. Ich wusste nicht, wer er war. Doch Gott, der mich zum Taufen mit Wasser geschickt hat, hatte mir gesagt: Wenn du den Geist auf einen Mann herabkommen siehst und er auf ihm bleibt, dann weißt du: Dieser wird mit dem Heiligen Geist taufen. Ich habe das gesehen und bin Zeuge: Er ist Gottes Sohn.‹«

Das ist auf jeden Fall deutlich und eindeutig. Das Johannes-Evangelium begreift sich als Prozessdokument, in dem Zeugen gewissermaßen nacheinander aufgerufen werden und zu Wort kommen. Neben Moses (und der Schrift) sind Johannes der Täufer und die Jünger Jesu die wichtigsten Zeugen. Wenn sein Zeugnis als falsch erwiesen wird, bricht das gesamte Konzept des Johannes-Evangeliums in sich zusammen. Überdies wären die oben zitierten Belege unwahr und erlogen. Die Auslegung von Theißen stellt daher vor die Alternative: Entweder hat der Evangelist gelogen oder die Exegeten. Es gibt nicht die dritte Möglichkeit, dass beide recht haben. Ein Kompromiss entfällt. Welche Argumente aber hat G. Theißen für seine äußerst folgenschwere Behauptung? Diese sind in der Folge zu nennen und sorgfältig zu besprechen:

a. Der erste Satz über den Täufer bei G. Theißen ist: »Am weitesten ist die christliche Vereinnahmung des Täufers im Johannes-Evangelium fortgeschritten.«

b. Zur Methode bemerkt Theißen am Schluss des vorangehenden Abschnitts: Das Selbstverständnis des Täufers ließe sich »erst nach Abzug aller Züge« erheben, »die der Einbindung des Täufers in die auf Christus zielende Heilsgeschichte dienen«. Das heißt: Einen Bezug des Täufers zu Christus und zur auf ihn zielenden Heilsgeschichte gab es nicht. Der Exeget muss die Texte erst reinigen durch Abzug aller dieser sekundär und tendenziös eingetragenen Bezüge.

c. »Johannes hat nie ein direktes Zeugnis für Jesus abgelegt. Eher im Gegenteil ...« Und dann wird mit Mt 11,2–6; Lk 7,18–23 Q argumentiert: Es werde keine positive Reaktion des Johannes berichtet, schon seine Anfrage sei zweifelnd gewesen.

d. Auffällig ist, dass sich Theißen mit keinem Satz wenigstens bemüht, die oben dargestellte johanneische Version zu entkräften oder als falsch darzustellen. Vielmehr hätte an dieser Stelle eine Darstellung des Täuferbildes in Joh 1 alle Chancen, gehört zu werden, denn das Einzige, was für die Thesen von Theißen spricht, ist die seit dem 19. Jahrhundert grassierende exegetische Tendenz, Johannes und Jesus als unheilbar zerstrittene Rivalen zu betrachten, von denen einer dem anderen nichts gönnen kann. Die Darstellung der Evangelisten konnte man dann als primitive Apologetik bezeichnen, die die Rivalen als Vorläufer und Hauptfigur deuten wollte und dabei vor keiner Verdrehung zurückschreckte. – Dieses Darstellungsprinzip nennt man »divide et impera«; es ist auch heutigen Journalisten sehr geläufig, denn durch Darstellung der Uneinigkeit und Gespaltenheit der Gegenpartei ist schon die halbe Widerlegung alles vermeintlich Positiven gelungen. Die Hermeneutik des Misstrauens zerfrisst buchstäblich die Berichte. Und dass einige Täuferjünger zu Jesus übergehen (Joh 1,40), wird so gedeutet, als verließen die Doktoranden ihren Professor, um sich dem ungeliebten und mit ihm zerstrittenen Kollegen zuzuwenden.

Sed contra: Zur Analyse und historischen Plausibilität von Joh 1: Methodisch gilt die strenge Regel, dass ein jeder Text zunächst so zu behandeln ist, als wäre er der einzige. Insbesondere die verbreitete Hypothese, das Johannes-Evangelium setze die Synoptiker voraus, könnte hier nur den Geschmack verderben. Der Abschnitt Joh 1,7f. 15.29–34 verfolgt drei Ziele: Zum einen wird der bisher unbekannte Messias enttarnt und dem Volk vorgestellt, für das er bestimmt ist. Dass der Messias zuvor unbekannt ist und dann durch einen besonders von Gott Beauftragten bekanntgemacht wird, ist ein auch außerhalb des Johannes-Evangeliums gut belegtes jüdisches Motiv.

Der Messias tritt nicht direkt, eindeutig und offen vor die Menschen, sondern er muss enthüllt und entlarvt werden. Er bedarf eines Herolds, der vor ihm herzieht und sein Eintreffen ankündigt. Diese Auffassung hat sich besonders erhalten bei dem samaritanisch-christlichen Philosophen und Theologen Justinus Martyr (um 100–165), und zwar in seinem Dialog mit dem Juden Tryphon. Darin geht es immer wieder um die Möglichkeit der Legitimation Jesu für den jüdischen Standpunkt. Als Meinung des Judentums wird immer wieder zitiert, der Messias sei zunächst vor seinem Volk verborgen, bis ihn ein Dritter »enthüllt« und ihn seinem Volk vorstellt. Nun gibt es diese Meinung auch in rabbinischen Quellen, die aber später zu datieren sind. Am bekanntesten ist Justin, Dial 8,4: »Der Gesalbte hält sich nach einer Geburt an unbekanntem Ort auf. Er ist unbekannt (gr.: *agnostos*) und weiß auch selbst nicht, wer er ist, ist auch ohne Macht, bis ihn Elias, wenn er kommt, salben und ihn allen bekannt machen wird ...« Das ist der Standpunkt Tryphons, der den Christen vorhält: »Ihr aber habt aufgrund eines substanzlosen Gerüchtes ihn für euch zum Messias gemacht ...« Nach Dial 110 ist der Messias bei der ersten Ankunft unbekannt; das ändert sich erst, wenn er sichtbar und herrlich kommt. Nach der jüdischen Apokalypse-Leiter Jakobs (Übers. J. Petkov) 7,5 gilt vom Messias: »Dann wird der Ersehnte kommen, dessen Pfade niemand merken wird.« Petkov nennt als Bezugspunkt Mt 12,18–21 (Jes 42,1–4), man könnte aber auch auf Ignatius, An die Magnesier 19,1 hinweisen (drei Geheimnisse). Nach Hippolyt, Daniel-Kommentar IV 37,3 wird vielen nicht erkennbar sein, wie das Wort Fleisch geworden ist. Eine versteckte jüdische Quelle liegt auch in den Oracula Leonis, Anhang (PG 107,1148) vor. Der Text, der gar nicht auf Jesus bezogen wird, erzählt, dass die Menschen den zuvor unbekannten, dann aber durch Zeichen am Himmel geoffenbarten Gesalbten annehmen. Es folgt der Einzug in die königliche Stadt (Jerusalem) mit Lichtern und Palmzweigen, und er wird dann zum Sion gebracht.

Die Bekanntmachung durch den Täufer legitimiert in besonderer Weise, da der Messias sich nicht selbst vorstellen muss, sondern durch einen anderen vorgestellt wird. – Zum anderen wird der Unterschied von Wassertaufe (bei Johannes dem Täufer) und Geisttaufe (bei Jesus, dem Messias und Sohn Gottes) begründet: Der Messias ist durch den Heiligen Geist getauft und gibt diese Taufe nur weiter. Diesen Unterschied begründet der Visionsbericht des Täufers in Joh 1,33, wo eben sinnentsprechend zweimal vom Heiligen Geist die Rede ist. – Und schließlich kann der Täufer Jesus als den ankündigen, der vor ihm geworden ist, und damit als den Präexistenten; auch die Präexistenz des Messias ist dem Judentum dieser Zeit längst geläufig. Dass der Täufer hier vom

Gewordensein und nicht einfach vom Sein spricht (vgl. Joh 8,58: »bin ich«), müsste Theißen im Sinne seiner Methode als gegenläufig zur Tendenz des Evangelisten und damit als höchst authentisch beurteilen. Ebenso ist es mit dem Umstand, dass Jesus hier nicht getauft wird. Setzte das Johannes-Evangelium die anderen voraus, so wäre eine Einfügung der Taufe dringend zu erwarten.

Kurzum: Es gibt überhaupt keinen einzigen Grund, weshalb man diese Texte aus Joh 1 als fingiert ansehen müsste. – Zudem gebraucht Joh 1 erkennbar eigene Traditionen und ihm vorliegende Berichte, die gegenüber den Synoptikern »Sondergut« sind. Es ist vielmehr deutlich erkennbar, dass G. Theißen einer Reihe uralter und z. T. fragwürdiger Hypothesen folgt, um damit zu begründen, dass der Evangelist die Unwahrheit sagt:

1. Der Evangelist setzt die Synoptiker voraus und verfälscht sie.
2. Alles, was der Täufer auch nur indirekt zur Bestätigung oder Anerkennung Jesu gesagt haben könnte, ist von vornherein als Fiktion anzusehen und vom Historiker abzulehnen.
3. Das Konzept des vierten Evangelisten, eine Reihe von Zeugen und Zeugnissen für Jesus aufzubieten, ist von vornherein als gescheitert anzusehen. Das Urteil R. Bultmanns, das Johannes-Evangelium sei historisch wertlos, ist daher wieder einmal an einem wichtigen Punkt bestätigt.
4. Die Position der Gegner: Johannes der Täufer und Jesus trafen sich historisch und christologisch gesehen nur an einem Punkt, nämlich bei der Taufe Jesu, mit deren Vollzug Jesus sein Sündersein zugegeben hat. Gerade diese beiden Punkte verschweigt der vierte Evangelist – im Gegenteil, er macht aus dem Sünder den, der die Sünde

der Welt wegträgt. Also ist er auch hier historisch unglaubwürdig und hat die wahre Historie ins Gegenteil verkehrt. – Oder war das das Werk der Exegeten?

5. Die gegnerischen Exegeten vertreten den Grundsatz: Alles, was irgendwelche Personen wie Johannes der Täufer positiv über Jesus gesagt haben könnten, ist wertlos. Es gilt nur das Negative, denn das Positive könnte der Evangelist zur Verteidigung seines Mandanten erfunden haben. Diesen Grad des Misstrauens halte ich für aberwitzig. Es sind ja nun keine großen Dinge oder starken Wunder, die in Joh 1 behauptet werden. Umso mehr hüte man sich beim Aufstellen der Verdachtsmomente vor der Verhältnislosigkeit. Und da gilt auch: Wenn Johannes und die Synoptiker lückenlos übereinstimmten, wäre der Verdacht leicht zu erheben, die Parteien hätten sich abgesprochen.
6. Nach allen vier Evangelien verkündet der Täufer einen, der nach ihm kommen wird (Joh 1,15; Mt 3,11; Mk 1,7; Lk 3,15). Dem Wortlaut nach ist es gar nicht ausgemacht, ob dieser Kommende der Prophet wie Moses ist, also der »historische Jesus«, oder der Menschensohn oder Gott selbst zum Gericht. Selbst wenn es eine unverzeihliche Grausamkeit der vier Evangelisten wäre, den Täufer zum Vorläufer Jesu zu degradieren und dadurch Geschichte zu manipulieren, stünde es nach den religionsgeschichtlich gegebenen Möglichkeiten 2:1 für Jesus.

Zum Stichwort Sünde bei der Taufe Jesu ist nebenbei zu bemerken: Einige Kirchenväter geben hier beiden recht, dem Johannes-Evangelium wie den Synoptikern: Durch die Taufe Jesu wurden Sünden vergeben, aber nicht seine eigenen, sondern die der Welt, die er trug. Insofern ist die Taufe Jesu bereits ein Schritt auf dem Weg zum Kreuz.

Einführung anhand eines Interviews

Im Spätherbst 2012 wurde mit dem Theologiestudenten M. Reese das folgende Interview zum unmittelbaren Umfeld dieses Buches geführt.

Frage:
Herr Berger, Sie gelten als streitbarer Theologe. Gerade auch in Ihrem ureigenen Fachgebiet, der Exegese des Neuen Testaments, beschreiten Sie seit langem Wege, die von den meisten Ihrer Kollegen nicht mitgegangen werden. So verteidigen Sie nachdrücklich die historische Glaubwürdigkeit neutestamentlicher Zeugnisse. Woran liegt es, dass sich hier einseitige moderne Sichtweisen und eine Art Generalverdacht gegenüber den Texten des Neuen Testaments anscheinend doch noch recht hartnäckig halten?

Antwort:
1. Das TV zeigte dieser Tage, was geschieht, wenn ein Leithammel in einem Supermarkt vorangeht. Alle Schafe folgen ihm. Leithammel aus der Bultmannschule bestimmten in den letzten 40 Jahren den Betrieb und die Berufungen, clevere Exegeten mit oft genug null Innovationswert.
2. In den letzten 40 Jahren ist in der neutestamentlichen Exegese in Deutschland überhaupt nichts Relevantes geschehen. Das Fach ist in Konservativität erstarrt. Das geschah nicht zuletzt dadurch, dass katholische Exegeten jeden auch noch so kleinen exegetischen Fund ausnützten als Argument für das Los von Rom und die Aufhebung des Zölibats. Jede Partei würde unter diesen Umständen kre-

pieren. Aber in der Exegese hält es sich, weil alle jungen Leute Lehrstühle anstreben, diese immer weniger werden und die Ideen rarer. Also wird man stromlinienförmig. Diejenigen meiner 59 promovierten Schüler, die gelernt haben, mit dem Strom zu schwimmen (bei mir nicht), haben hervorragende Karrieren gemacht.

3. Die Interessen der Forschung waren auf die Spätfolgen der Bultmannschen Kehre gerichtet: Exegese als Humanwissenschaft, also als Psychologie, Soziologie, Abart des Feminismus, des Pazifismus, der Ökologiebewegung. Wer die Heilung des Knechtes des Hauptmanns (Joh 4,46 f.) deutet als die Heilung von dessen »Knaben« und damit die Homosexualität grundsätzlich rechtfertigen möchte, weil »sein Knabe« eben bedeute: sein Lustknabe, hat sich offenbar dem Zeitgeist zu 100 Prozent verschrieben.

Frage:
Herr Berger, Sie sprechen den protestantischen Neutestamentler Rudolf Bultmann (1884–1976) an, dessen Name mit dem Begriff der »Entmythologisierung« des Neuen Testaments verbunden ist. Könnten Sie seine Bedeutung für die Theologie, auch vor dem Hintergrund der vorherigen Entwicklung – man denke da etwa an die schon 1913 von Albert Schweitzer ihrer Befangenheit überführten neueren Jesus-Bilder oder an den protestantischen Theologen Adolf von Harnack (1851–1930) – näher erläutern?

Antwort:
Die Absicht Bultmanns war es, protestantische Theologie bzw. Exegese als Wissenschaft an der Universität zu etablieren bzw. überhaupt zu halten. Bis heute ist ihm das gelungen. Der Preis, den er dafür zahlte, bestand darin, dass die philosophische Anthropologie Martin Heideggers als Filter vor alle Theologie gesetzt wurde. Auch das wird bis heute

vielfach nachgeahmt, indem zum Beispiel Psychologie, Soziologie, Religionstheorie oder Friedensethik zu Vehikeln der Theologie gemacht werden. Ähnlich hatte schon Thomas von Aquin die Philosophie des Aristoteles im 13. Jahrhundert zum hermeneutischen Medium der Theologie gemacht. Das waren immer mutige Versuche, die als Befreiungsschläge verstanden wurden, in Wirklichkeit aber die Theologie in neue, ganz unfromme Systeme einspannten. Der Absicht Bultmanns habe ich daher zeitlebens widersprochen; die Gefahr des Aristotelismus besteht genauso und würde in einer Verfälschung der Schrift enden. Mit dem anspruchsvollen Wort »Entmythologisierung« meint man die Befreiung der Texte von mythologischen Vorstellungen der Antike, um dann den Kern eines Textes ungehindert mit philosophischer Anthropologie füllen zu können. Ich muss gestehen, dass mir antike Mythen sympathischer sind als die Bevormundung durch ein Gemisch aus Rationalismus plus Hegel in der »humanwissenschaftlich« orientierten Exegese. Im Gegensatz zu Schweitzer und besonders zu von Harnack schien Bultmann eine Befreiung zu wahrhaft theologischer Rede zu garantieren. Doch das war eine Mogelpackung, denn bis heute entstand lediglich ein neues Theologen-Kauderwelsch auf den Schultern Bultmanns.

Frage:
Hat sich also die schon im 19. Jahrhundert vorhandene Tendenz, sich nach eigenen ideologischen Vorlieben den passenden Jesus zurechtzubasteln, bis heute fortgesetzt? Jesus als Reformer des Judentums oder auch Jesus als Überwinder des Judentums; Jesus als Sozialrevolutionär, als menschliches Vorbild, als Opfer der Obrigkeit und vor allem als jemand, der keinerlei Absicht hatte, so etwas wie eine Kirche zu gründen, mit Verbindlichkeit in Lehre, Struktur, Liturgie? So etwa sah es ja auch von Harnack.

Antwort:
Ja, die Tendenz des 19. Jahrhunderts, sich Jesus nach eigenen Bedürfnissen zurechtzulegen, hat sich noch verstärkt und ist dabei undurchschaubarer geworden. Typisch sind beispielsweise D. Crossan (Der historische Jesus): Jesus als Vertreter einer Bauernrevolution oder G. Vermes: Jesus als Heilpraktiker – insoweit für das Judentum ungefährlich, aber für Tante Emma interessant. Die großen Konfessionen unternehmen solche Versuche nicht mehr. Freilich dominiert noch die liberale Grundentscheidung, Jesus sei gegen Strukturen (der Kirche) und gegen Liturgie gewesen. Besonders in Bezug auf den letzten Punkt sind die Animositäten ungebremst, und zwar gerade bei Protestanten, deren Liturgie ohnehin oft kaum nennenswert ist und keinerlei Anstößigkeiten bietet. Doch man scheut die Liturgie so wie viele Ex-DDR-Bewohner die Ausländer. Gerade da, wo fast nichts ist, kann man sich gut profilieren. Da Jesus auch etwas gegen liturgische Formeln hatte, hat er demnach weder das Vaterunser gelehrt noch Abendmahl gefeiert.

Sed contra: Die Kirchenstrukturen stammen aus den apokalyptischen Erwartungen (12 Throne und 12 regierende Apostel, dazu 24 Presbyter), und ihr Wirken steht zu dem des Menschensohnes parallel (Mt 19,28 f.), und das gilt auch für das Schema »niedrig/hoch«. Das Amt kommt daher aus der Eschatologie. Zum Kirchenbegriff führten das Bild der Gemeinde als Haus, die 12-Zahl und die Bedeutung des Fundaments (so alles schon in den Texten von Qumran). Mt 16,18 f. steht daher nicht allein, sondern in einem breiteren Strom, in dem man die Gemeinde des »Neuen Bundes« erwartete. Die exegetischen Professoren tun oft so, als sei die Urgemeinde eine Sammlung von mehr oder weniger geistig abwesenden Einzelprofessoren gewesen. Außerdem war die Urgemeinde angeblich »ideal« und ganz anders als wir.

Das ist die ärgste Täuschung, die zu vielerlei Reformismus führte.

Frage:
Die Unglaubwürdigkeit eines bis zum Äußersten reduzierten und in die Ecken des Lebens verdrängten Christentums?

Antwort:
Bei jedem Tanz nimmt man viele Positionen ein. So ist es auch beim Tanz um den heißen Brei. Nicht ohne Grund nennt Meister Eckhart Gott einen heißen Grießbrei. Da ich Grießbrei schätze und besonders das Märchen »Der süße Brei« liebe, in dem der Grießbrei beim Überkochen mit seinem Duft und mit sich selbst das ganze Haus erfüllen möchte und erfüllen kann, finde ich das ein gutes Bild für die Bedeutung Gottes für die Welt. Aber anstatt uns hinzusetzen und ein Tischgebet zu sprechen und dann Erdbeeren aus Omas Garten zum heißen Brei zu essen, tanzen wir um diese Kostbarkeit herum, als wäre es ein schwarzes Loch. Dass Gott in einer Wohngemeinschaft mit uns, seinem heiligen Volk, stehen will, ist dagegen Angebot eines kostbaren Lebens. Die mäkelnde Exegese ermöglicht es uns, immer wieder neue Ausflüchte zu erfinden, um nicht zugreifen zu müssen und uns einladen zu lassen, die notwendige Speise zu genießen. Natürlich sagt man: Es wird nicht alles so heiß gegessen, wie es gekocht wird. Doch damit fängt das Mäkeln an, dass wir glauben, die Botschaft Jesu auf ein uns passendes bürgerliches Normalmaß zurechtstutzen zu müssen. Wie meinte doch Papst Benedikt? »Die Jugend will das Große.« So, in diesem Sinne: Tanz um den Brei beenden, wir haben uns lange genug geziert. Unser Verhalten ist anachronistisch: Spätestens mit dem Ersten Weltkrieg hat Karl Barth der Christenheit gesagt: »Nein!« Das heißt: Nein, mit eurer Bürgerlichkeit macht ihr euch lächerlich vor euch selbst.

Frage:
Und die Parallelen zur Frühzeit?

Antwort:
Es gibt noch immer eine verbreitete Fehldeutung der »Urgemeinde«. Sie sei ebenso pazifistisch wie einig wie dogmenfrei und antiautoritär (ohne Amt) gewesen. Seit 1000 Jahren geistert diese Fiktion durch die Köpfe aller Reformer. Durch den Pietismus, der das Wort »Urgemeinde« überhaupt erst in die Welt setzte, sind diese Züge verstärkt worden, da man sie in Herrenhut und in der Brüdergemeine zum Greifen nah fand. Gerade auch in Deutschland gehörten diese Wunschträume zu den Erwartungen an das 2. Vatikanische Konzil. Man kann durchaus sagen, dass gerade der »gute Papst Johannes« zum Träger dieser Sehnsüchte erkoren wurde. Das bezog sich vor allem auf die Einheit der Kirche. Immer dann, wenn sich die eine oder die andere Konfession abgrenzend verhält, schnellt diese Enttäuschung auch nach 50 Jahren noch empor, denn man erwartete tatsächlich, dass beispielsweise die Römische Kirche dem Weltrat der Kirchen als neues Mitglied beitreten werde. Der nachher eingetretene Verlust des Lateinischen als Kirchensprache wurde und wird in Deutschland als Beginn einer Nationalkirche gefeiert. Gerade in den beiden letzten Jahren hört man davon immer wieder, und es gibt durchaus Bischöfe, die Schwierigkeiten haben, sich glaubwürdig von diesem Himmelfahrtsprojekt zu distanzieren. Und natürlich gingen alle Hoffnungen dahin, die Kirche möge sich von etwas so Widergöttlichem wie Kirchenrecht distanzieren, denn die Urgemeinde hatte dergleichen angeblich nicht, trotz Exkommunikationsdrohung schon in Gal 1,8–9. Der Göttinger Theologe Lüdemann brachte die Hoffnungen auf Verwischung aller Konturen auf den Punkt: Wenn die Kirche den Glauben an die Auferstehung Jesu aufgibt und

Israel den Glauben an die eigene Erwählung, dann gibt es Frieden in der Welt, denn beides grenze ab und grenze aus und schaffe insoweit Unfrieden. Daher hat Lüdemann mit der systematischen Zerstörung des Auferstehungsglaubens in seinen eigenen Augen sicher schon 50 Prozent des Weltfriedens gerettet und wäre Anwärter auf diverse Friedenspreise.

Frage:
Und die Impulse aus der Frühzeit? Wenn Benedikt XVI. von »Entweltlichung« spricht, mag man auch an Romano Guardini denken, der in »Das Ende der Neuzeit« (1950) sozusagen mit einem Ende der Verquickung des Christentums mit der Neuzeit und mit einer Radikalisierung der Glaubensentscheidung rechnete. Die Luft werde klarer werden, voll Feindschaft und Gefahr, aber sauber und offen; Guardini betonte die Bedeutung von Vertrauen und Tapferkeit für die christliche Haltung der Zukunft. Insofern sind wir der alten Kirche und ihrer Lage vielleicht näher, als man denken mag?

Antwort:
Impulse gibt es vor allem aus einer recht verstandenen Bergpredigt. Die Bergpredigt wurde weithin als eine idealistische Überforderung angesehen. Las man sie mit dem Vorverständnis des preußischen Pflichtbegriffs, so konnte man seines Lebens nicht mehr froh werden. Ja, man durfte es nicht, weil man aus Gründen der Ehrlichkeit das ständige Versagen nicht zudecken durfte. Die Bergpredigt stellt dar, wie Gott ist: Er ist der Friedenstiftende, Barmherzige, Tröstende, Treue, sein Wort ist verlässlich wie ein Eid. Der Weg zum Ziel der Verähnlichung mit Gott, an der alles liegt, ist das Schauen auf Gott (Mt 5,45–48). Das Ziel selbst besteht im Schauen Gottes (Mt 5,8), in der Jüngerschaft besteht er

im Blicken auf Jesus (Nachfolge). Weil es also im Anfang, in der Mitte und am Ende um Schauen Gottes geht, beginnt die Bergpredigt mit Seligpreisungen. Das aber bedeutet: Nach der Bergpredigt zählt nicht Erfolg oder Misserfolg, sondern Dabeisein und Seligsein sind alles.

Frage:
Professor Joseph Ratzinger hat gesagt: »Die Gottesherrschaft Jesu beruht nach dem kirchlichen Glauben nicht darauf, dass Jesus keinen menschlichen Vater hatte; die Lehre vom Gottsein Jesu würde nicht tangiert, wenn Jesus aus einer normalen menschlichen Ehe hervorgegangen wäre.« Das kann man leicht missverstehen. Der katholische Neutestamentler R. Pesch hat wohl auch daraus gefolgert, also sei der heilige Joseph der biologische Vater Jesu.

Antwort:
An dieser Stelle liegt ein Stolperstein, dessen Entfernung Verkennen der grundlegenden christlichen Wahrheit bedeutet, dass Gott bei der Empfängnis und bei der Auferstehung Jesu, also am Anfang und am Ende seines irdischen Lebens, als der Schöpfer ganz konkret am Leibe Jesu wirksam wird. In beiden Fällen geschieht das ausdrücklich durch den Heiligen Geist (Lk 1,33 f.; Röm 1,3 f.), der die Gottessohnschaft Jesu ermöglicht. Ein Missverständnis liegt deshalb nahe, weil die ältere kritische Forschung von der zentralen Rolle des Reiches Gottes in der Verkündigung Jesu ausgegangen war. Das galt als die große Entdeckung um 1900. Daran wurde alles andere gemessen. Jesus wurde »zusammengeschmolzen« auf die Botschaft vom Reich Gottes. Wenn man das tut, kann alle Christologie nur mehr oder weniger nachösterlich sein. Dann wird der Titel »Gottes Sohn« Jesus erst nach Ostern in den Mund gelegt. Dann gab es vor Ostern nur die Verkündigung des Reiches Gottes.

Sed contra: Einmal ist eine Orientierung nur an den Worten, nicht auch an den Taten Jesu fatal. Dazu gehören die Exorzismen und andere Wunder, in denen Jesus als der Sohn Gottes zumindest einen gewichtigen Gegenpol zu einer reinen Reich-Gottes-Predigt darstellen. Jesus ist eben nicht nur Apokalyptiker (Reich Gottes), sondern zugleich auch Charismatiker (Sohn Gottes, mit »Vollmacht« begabt). Beides zusammen, Zukunftserwartung und christologisches Bekenntnis, ist erst das typisch Christliche. Beides gleicht sich aus und hält sich die Waage. Darin liegt der Schlüssel zu dem spannungsvollen Text Mk 9,1 und Mk 9,7. Fast die gesamte neuere Exegese ist an diesem Text gescheitert. Wenn aber die Gottessohnschaft Jesu der Ort ist, an dem Gott jetzt schon in die Geschichte eingetreten ist, dann ist Gottes Reich nur die volle Entfaltung der Menschwerdung Christi, d. h. der Gotteskindschaft aller Christen. Einen Gegensatz anzunehmen zwischen Jesu Gottessohnschaft und dem Reich Gottes bedeutet eine Verkennung des typisch Christlichen. Das bei Jesus Anstößige ist nicht seine Botschaft vom Reich, sondern dass er die Gotteskindschaft in Anspruch nimmt. Weil er diesen charismatischen Anspruch nicht einlösen kann, wird er wegen Magie getötet.

II.
Die Zerstörung des Neuen Testaments

Die Zerstörung des Christentums aus Richtung Lehrkanzel und Kirchenkanzel

Bibelfälscher? In einer ersten Rezension zu diesem Buch heißt es: Dieser Titel ist wie ein Fanfarenstoß und lässt auf einen gewissen Zorn und eine kämpferische Haltung des Autors schließen. Das Buch kann so als Streitschrift erkannt werden.

Doch ein wenig Beleidigtsein aufseiten der liberalen Bibelexegese wird mich nicht schrecken. Ob Fälschung oder Verfälschung, ob vorsätzlich oder als Konsequenz eines unbedachten Tuns: Beides erfüllt den Tatbestand der Täuschung. Über diese Täuschung aufzuklären ist der erklärte Anspruch des Buches. Es wird ja niemand persönlich verunglimpft.

Eine Fälschung liegt z. B. vor, wenn eine Geschichte so erörtert und behandelt wird, als gäbe es tragende Personen nicht, zum Beispiel Gott oder Engel, denn dabei wird willentlich übergangen, was für den Autor/die Autorin wichtig war. Man wird dem Text dann nicht gerecht – und möglicherweise auch den eigenen neuzeitlichen Adressaten. Man versucht so beispielsweise eine »natürliche« Erklärung, die das Erreichen des Skopos des Textes unmöglich macht. Das gilt z. B. dann, wenn es Ziel des Textes war (wie oft bei Wunderberichten), zum Staunen über das von Gott oder Engeln Gewirkte zu führen. Oder wenn das Protestpotenzial des Glaubens auf diese Weise ausfällt, weil der Mut zum Zeugnis gar nicht mehr verständlich wird.

Oder wenn es zum Thema Beschneidung heißt: »Das, was in heiligen Büchern gepredigt wird, muss im Licht der

Vernunft und des medizinischen Fortschritts neu interpretiert werden«, deshalb sollten beispielsweise jüdische und muslimische Kinder über ihre Beschneidung selbst entscheiden (Bericht *Tagespost* 28. 7. 12). Demnach wären die exegetischen Maßstäbe für das von Gott gegebene Beschneidungsgebot Vernunft und medizinischer Fortschritt. Nicht mehr Gott, sein Wille und sein Volk sind der Rahmen, sondern eben die neuzeitlichen Menschenrechte. Ausdrücklich ist in dem zitierten Text auch vom Licht die Rede, das heißt: Vernunft und Medizin sind so gültig, wie jede Aufklärung es zu sein beansprucht. Die neue Aufklärung ist jedenfalls eine Aufklärung ohne Gott, und das ist dann der Unterschied zwischen Forschung und Forschung, um den es in diesem Buch geht, ausgerechnet bei der Lektüre und Interpretation der Texte, die das Licht biblischer Aufklärung in die Geschichte getragen haben.

Fazit: Wer biblische Texte wie beispielsweise das Gebot der Beschneidung neu interpretieren will, als gäbe es Gott nicht, der fälscht die Bibel, denn er kann dieses Gebot nur als Rezept für blutrünstigen Aberglauben lesen. Und er verfehlt – jedenfalls aus christlicher Sicht – die wahre Aufklärung. Diese Verfehlung aber ist eine regelrechte Unterschlagung.

Und wer aufgrund der eigenen gefühlten Mickrigkeit nicht zugeben kann, dass es am Anfang des Christentums eben ein paar ganz große Persönlichkeiten und zugleich große Heilige gegeben hat, und sie (d. h. die Personen gleichen Namens) gerne alle enthaupten möchte, der muss das Große dann einem namenlosen Kollektiv zuschreiben.

Positivismus des 19. Jahrhunderts

Die historisch-kritische Exegese hat klassische Fehlleistungen vollbracht, zum Beispiel die Leugnung der Faktizität der Auferstehung Jesu. Der Maßstab für diese Interpretation der heiligen Texte der Christenheit war das Bestreben, modern zu sein. Von der Weisheit des späten 20. Jahrhunderts, einzelne Bereiche der Wirklichkeit nach deren eigenen Gesetzen nebeneinander bestehen zu lassen, war man weit entfernt; dabei hatte schon Nicolaus Cusanus (1401–1464) als Naturwissenschaftler und mystischer Theologe in Personalunion einen sehr viel weiteren Horizont. Doch in der klassischen Exegese des 19. und 20. Jahrhunderts galt nur die medizinisch-physikalische Außenbetrachtung. Diese erklärt bestimmte Dinge für unmöglich, ohne dass doch die ganze Wirklichkeit bekannt wäre. Damit aber fehlt die für einen Wissenschaftler notwendige Vorsicht. So kann man gerade am jüngsten Fall dieser Fehldeutungen – dem Versuch, Beschneidung zu verbieten – erkennen, dass »Kindeswohl« nur medizinisch-physikalisch verstanden wird. Wer vielmehr »Kindeswohl« nur medizinisch-biochemisch bestimmen kann, ist nach dem Urteil des gesamten 20. Jahrhunderts noch auf dem Holzweg des 19. Jahrhunderts, denn Entscheidendes ist verloren und ausgeblendet.

Exegese und Glauben

»Wegen der Exegese« – das war für viele Theologiestudenten der vergangenen 50 Jahre ein Hauptgrund, nicht Priester werden zu können. Die Exegese hat den Glauben verbrannt. Es war auch immer ein gehöriges Stück Halbbildung, das zu dem Schaden einer ganzen Generation dazugehörte.

Die Auskunft »War gar nicht«, »Ist gar nicht passiert«, »Ist nur eine Legende« war die häufigste bei der Beschäftigung mit der »biblischen Geschichte«, jenen Ereignissen also, die für die Aussagen des Credo die Basis bilden, denn biblische Religion ist nun einmal eine Religion, die auf Tritt und Schritt am Tropf der Geschichte hängt. Daher scheitern immer wieder alle Versuche, die aus der Bibel eine handliche Philosophie machen wollen und die Einbahnstraßen und Umleitungen der Geschichte scheuen. Denn wie man es auch dreht und wendet, in irgendeinem Sinne bleibt der Bibelgelehrte immer Historiker. Der Verlust der Historie unter den Füßen brachte zuwege, dass die Theologie in Deutschland in der zweiten Hälfte des 20. Jahrhunderts hin- und hergeworfen war zwischen Sozialismus, Maoismus, Öko-Pazifismus, Feminismus und grundlegender Staatskritik (»Sinn des Theologiestudiums ist die Einübung des Widerstands gegen diesen Staat«) sowie diversen Spielarten der Befreiungstheologie. – Und das alles gerade zu einem Zeitpunkt, da man sich brüstete, gegenüber den »Marburgern« die Geschichte wiederentdeckt zu haben. Schon die Festschrift für Rudolf Bultmann zum 80. Geburtstag 1964 trug den bezeichnenden Titel »Zeit und Geschichte«, und die Festschrift für seinen Schüler Günter Bornkamm 15 Jahre später (1980) hieß »Kirche« – in beiden Fällen eine Radarmeldung wie aus einem Nebelstau auf der Autobahn. Den Schlusspunkt setzte dann die Festschrift für Bornkamms Schüler D. Lührmann: »Text und Geschichte« (1999).

Die Verknüpfung von Glaube und Geschichte in der Exegese ist deshalb wichtig, weil dieser Glaube dann auch wieder Wirken, Auswirkungen in der Geschichte verlangt. – Indem aber die Geschichten, welche die Texte je und je erzählten, abgebaut und zerkrümelt wurden, schlichen sich neue Grundgeschichten ein. Im Ergebnis wurden die Leser über die Geschichte getäuscht. Die Basis des Credo wurde je und je umgetauscht, der historische Text nur noch als Allegorie gelesen. Wer zum Beispiel die Geschichte von David, Bethlehem und dem Messias als Davids Sohn nicht hören will, schiebt an dieser Stelle eine andere Geschichte ein, über die er dann an Weihnachten zum Weihnachtsevangelium predigt, nämlich etwa die von proletarischen Bauern, die sich zum vorletzten Aufstand erheben.

Christi Höllenfahrt

An anderen, notorisch zurückgebliebenen Stellen dagegen schien sich der Aufstand und das Lächerlichmachen noch zu lohnen, dort etwa, wo man krasse, ungeschützte Mythologie noch immer im Spiel wähnte, wie etwa bei dem Glaubensartikel über Jesu Abstieg in das Reich des Todes (Höllenfahrt). So die Auskunft der liberalen Schule: *Jesus war nicht im Reich des Todes,* um dort zu predigen. Das sei vielmehr eine typisch mythologische Konstruktion anhand von 1 Petr 3,18 und 4,6, die dann auch ins Credo wanderte (»hinabgestiegen in das Reich des Todes«). Wahr sei nichts davon.

Sed contra: Jesus war drei Tage lang tot. Also war er im Reich des Todes. Nach Ignatius von Antiochien (Eph 19) blieb dem Herrn des Todes seine Identität als Gottessohn verborgen. Jesus ist aber dementsprechend aus dem Tod erwacht. Das war die Voraussetzung für die Auferstehung, der Sieg über den Tod. Gewiss war bei Jesu Abstieg in das Reich des Todes niemand dabei, aber es geht um den Zusammenhang zwischen Gottessohnschaft, Tod und Auferstehung. –

Glaube stellt jeweils den Zusammenhang her zwischen derartigen »Daten« bzw. ergründet ihn. Es ist wie beim Verstehen der chinesischen Zeichensprache oder gar bei deren Übersetzung: Einzelne Daten oder Fakten oder Begriffe sind gegeben, und es ist Aufgabe des Verstehenden, zwischen ihnen Verbindungslinien zu ziehen. Die Kirche weiß ihren Glauben vom Geist Gottes inspiriert. Sie verbindet die gegebenen Daten mit dem, was sie von der Logik Gottes guten Gewissens zu wissen meint. Jesu Abstieg in das Reich des Todes ist als Glaubensartikel eine »logische« Konsequenz aus dem Auferstehungsglauben.

Probleme mit der Historizität – Missverhältnisse zu den Dimensionen von Zeit und Geschichte

Eine der Scherzfragen, mit welchen Vokabeln man jedes theologische Examen bestehen könne, hat zur Antwort: »Parusieverzögerung«, »schon und noch nicht« sowie schließlich »redaktionell«.

Bewusstsein an der Stelle von Ontologie

An die Stelle der Eschatologie als Geschichte trat das »eschatologische Bewusstsein« oder »Selbstverständnis« oder »Existenzverständnis«. Das heißt grundsätzlich: Die konkrete Geschichte mit unausweichlichen apokalyptischen Fakten (Katastrophen, Antichrist, Bekehrung Israels, Wiederkunft Christi, Auferstehung, Weltende) wird durch Bewusstsein ersetzt. Was durch das Christentum in die Welt gekommen ist, war lediglich ein Bewusstseinswandel. Dabei geht es grundsätzlich um die Folgen der Philosophie Hegels.

Bultmann ist nur ein später Vollstrecker hegelianischer Philosophie. Und daher ist es nicht möglich, eine christliche, jüdische und katholische Sicht der Geschichte der Welt durch das System des Deutschen Idealismus zu ersetzen. Überall, wo der Deutsche Idealismus als Philosophie die Exegese beeinflusst, ja bestimmt hat, haben sich die »harten« Fakten der Geschichte in »weiche« Seelenzustände aufgelöst. Die konsequente, ja absolutistische Herrschaft der Subjektivität führte auf allen Ebenen auch zur Auflösung historischer Formationen.

Was ich unter »harten Fakten« verstehe, ist weder durch Vernunft auflösbar, erklärbar oder heilbar. Es ist in vielen Fällen unüberspringbares Ärgernis, bleibender Fremdkörper, jeder einvernehmlichen Theologie entgegengesetzt. Für die »harten Fakten« ist die gesamte Dimension der Leiblichkeit mit allen ihren Schattierungen stets das entscheidende Kriterium.

Die gesuchte Alternative kann nicht in einem materialistischen Positivismus bestehen, sondern am ehesten in einer biblisch orientierten Anthropologie, die vom Gehorsam in der Geschichte und von Liturgie »auf Knien« redet, denn genau an diesen Punkten wird ein Leib/Seele-Dualismus vermieden. Einmal mehr erscheint hier die benediktinische Lebensform nicht als »Ideal«, sondern schlicht als angemessen.

Die aus der Philosophie des Deutschen Idealismus stammende Neigung, alles und jedes auf das Bewusstsein und seine »Biographie« zurückzuführen, fand im letzten Viertel des 20. Jahrhunderts vor allem Widerhall in der Zuhilfenahme der Psychologie. Die Psychologie war geradezu das Zaubermittel, mit dem man gerade auch in der kirchlichen Praxis den darniederliegenden Gemeinden aufhelfen wollte. Albert Schweitzers medizinische (!) Dissertation in Gestalt eines psychiatrischen Gutachtens zur Person Jesu (März 1913) war nur ein ganz früher Vorläufer.

Der eigentliche Boom der Psychologie in der Theologie begann in der Mitte der 1970er Jahre. Die durch Bultmann und seine Schule vollzogene Anthropologisierung der Theologie wurde hier mit großer, ja bestürzender innerer Folgerichtigkeit vorangetrieben. Hieß es zunächst, »Von Gott reden heißt vom Menschen reden (und umgekehrt)«, und war zuerst die philosophische Anthropologie Heideggers das Instrument, das den wissenschaftlichen (!) Charakter dieser Bemühungen unter Beweis stellen sollte, so übernahmen dann die beiden Töchter der philosophischen Anthropologie das Geschäft, nämlich Soziologie und Psychologie. Kaum noch zu zählende Beiträge in Zeitschriften, Broschüren und Monographien ließen viele Verlage daran gesunden. In Heidelberg ist diese Anthropologisierung der Theologie untrennbar mit dem Namen des Neutestamentlers Gerd Theißen (geb. 1943) verbunden. Psychologische Kenntnisse konnte sich Theißen vor allem dank der beruflichen Qualifikation seiner Frau aneignen. Die soziologische Ausrichtung wurde durch die Tagespolitik der 1970er Jahre enorm gefördert. Die »Soziologie des Urchristentums« war für Studierende das eigentlich interessante Fach. Und dass die theologische Fakultät Heidelberg einen dominierenden linken Flügel hatte, wird kaum verwundern. Die Bedeutung dieser Phase für die Erforschung des Neuen Testaments, die sich in ihrer internationalen Bedeutung auch in der Anhäufung zahlreicher Ehrendoktorhüte äußerte (vgl. P. Lampe/H. Schwier: Neutestamentliche Grenzgänge, 2010), liegt in folgenden Punkten:

1. Die Anthropologisierung der Auslegung des Neuen Testaments (in Psychologie und Soziologie) bedeutete für viele die Sicherstellung des wissenschaftlichen Charakters

der Theologie, denn Psychologie und Soziologie, zunehmend später auch die allgemeine Religionstheorie, schienen es zu ermöglichen, Theologie als Wissenschaft weiter an deutschen Universitäten zu betreiben.

2. Psychologie, Soziologie und allgemeine Religionstheorie waren die Vorbauten und Vorschaltapparaturen für Theologie. Sie hatten darin gewisse Ähnlichkeiten mit der Bedeutung des Aristotelismus für die (katholische) Theologie im 13. Jahrhundert. Freilich wurde dieses Programm nur halbherzig gehandhabt, da der Stellenmangel groß und die Theologenschwemme gewaltig, daher also die Examina recht streng waren.
3. Das für ein Theologiestudium wichtige Problem der Spiritualität bzw. der eigentlich geistlichen Ausbildung einer pastoralen Frömmigkeit wurde je länger, desto weniger als ungelöste Frage wahrgenommen. Der sogenannte Linkspietismus (auch als »linke Barthianer« bekannt) lieferte nämlich zum Stichwort »Betroffenheit« genügend reformatorisches Vokabular (*theologia crucis* versus *theologia gloriae;* das Bild der per se sündigen Kirchenstrukturen; Kirche als Anwältin der Randgruppen, ja selbst als Randgruppe; die »Sünde« in der »Welt« als Gegenstand jeder denkbaren Revolution). Und obgleich der (von mir menschlich sehr geschätzte) Kirchengeschichtler Hans Freiherr von Campenhausen ein konservativer Lutheraner war, hat sein Amtsbegriff (Kirchliches Amt und geistliche Vollmacht, 1953) aufgrund seiner Studien zum frühen Christentum (!) den linken Barthianern gut helfen können. In der Praxis konnte man sich nach der Wiederherstellung der Einheit Deutschlands auf dieser Basis auch gut mit den Pastorinnen und Pastoren der ehemaligen Ostzone verständigen.
4. Die nun zu Ende gegangenen »linken« Jahrzehnte der Universitätstheologie haben unter anderem eine nie ge-

kannte Säkularisierung des Christentums hervorgebracht, denn nach dem Ende der sozialistischen und psychologisierenden Träume blieb immer noch das Vokabular und Arsenal der Aufklärung. Dieses ist die wahre neue Plattform des krassbunten Kirchenvolks, schließlich lässt sich mit »Aufklärung« erfolgreich weltlich-theologisch arbeiten, und zwar in Gestalt des Engagements für Menschenrechte, für jede Art Emanzipation, für sexuelle Minderheiten und für Umweltschutz inklusive Mülltrennung. Das alles hat noch immer zumindest insoweit mit dem Neuen Testament zu tun, als man nie fehlgeht, wenn man es für »Frieden«, »Humanität« und »Befreiung« in Anspruch nimmt.

5. Das Ganze hat auch stets ökumenische Bedeutung (im Sinne des Kontakts mit Katholiken) gehabt, weil man »bei den Katholiken« sowohl für Befreiungstheologie als auch für die Bewegung »Los von Rom!« stets für hilfreiche Argumente dankbar war.
Zu keiner Zeit der Kirchengeschichte seit der Reformation war die Bedeutung der protestantischen Exegese für Katholiken größer als in dem jetzt vergangenen halben Jahrhundert. Verdienstvolle Katholiken wie Rudolf Schnackenburg haben die Brücken für die Einbeziehung z.B. Bultmanns ins Studium der katholischen Theologie gebaut, aber doch nicht eigentlich das Bild des katholischen Bibelexegeten prägen können. Minderwertigkeitsgefühle gegenüber den »Evangelischen«, Schuldgefühle aus reformatorischen Zeiten und Ängste vor »Rom« und diversen Bischöfen schufen kein günstiges Klima. So ist ein wirklich eigenständiger Beitrag katholischer Theologen zur Erforschung des Neuen Testaments jedenfalls im 19. bis 21. Jahrhundert nicht erkennbar gewesen. Mit schlechtem Gewissen und Ängsten kann man nämlich nicht katholisch sein (schon gar nicht katholischer Ex-

eget), nur mit Begeisterung und Besonnenheit. Mit den Ängsten aber ist es wie bei gefährlichen Hunden: Sie merken es, wenn man Angst hat!

Historizität

Die Probleme, die sich für den Neutestamentler mit dem Stichwort »Historizität« verbinden, sind bekannt: Die radikal kritischen Positionen (auch die neuesten in den USA) bezweifeln die Historizität aller Worte und Taten Jesu, wie sie im Neuen Testament stehen. Das Christentum sei eine Bewegung aus dem 1./2. Jahrhundert, entstanden in Kleinasien, weitab von Palästina. Alles Jesus Zugeschriebene sei im Übrigen Dichtung. Auch noch bei Theißen (Der historische Jesus, 1996) spielt das Wort »Dichtung« immer wieder eine große Rolle, und zwar eine keineswegs positive. So nennt er die ungeliebten »Exorzismen und Therapien« »vom Osterglauben geformte Dichtungen« (S. 275). So sind Seewandel und Brotvermehrung nicht »vorstellbar«, nämlich durch Dichtung angereichert (S. 280). Im Sinne des Buchtitels »Dichtung und Wahrheit« ist Dichtung der Wahrheit entgegengesetzt. In diesem Sinne versteht sich der Untertitel dieses Buches: Wir werden um die Wahrheit betrogen, indem man uns weismachen will, es handele sich um Dichtung.

Eine mittlere Position bezweifelt für einen Großteil der Worte Jesu ihren Ursprung bei Jesus und spricht von Gemeindebildungen. Ebenso sei Jesus zwar als Therapeut (Heilpraktiker) durch Palästina gezogen, seine Taten seien aber nur vielleicht (!) historisch, soweit sie mit der Vernunft erklärbar seien. Alle anspruchsvollen Wunder (wie zum Beispiel ganz bestimmt auch Totenerweckungen) seien aus nachösterlicher überhitzter Phantasie entstanden. Hier ist wieder Ostern, dessen Historizität man gleichzeitig bezweifelt, der Dreh- und Angelpunkt.

Die Lösung kann nicht darin bestehen, dass man alles, was von Jesus berichtet wird, einfach für historisch wahr und geschehen erklärt. Wer so verfährt, würde nur zeigen, dass er die gravierenden Anfragen, die kritische Menschen seit 200 Jahren an Bibel (und Kirche) richten, nicht zur Kenntnis nehmen will und nicht verstanden hat.

Defizite am Text – oder bei den Betrachtern?

Meine grundsätzliche Anfrage richtet sich vielmehr darauf, ob es stets nur die Texte sind, mit denen etwas nicht in Ordnung ist, wenn Menschen unserer Zeit Schwierigkeiten mit ihnen haben. Es könnte sich ja auch ebenso um Defizite in unserer Wahrnehmung handeln. Dann wäre diese lückenhaft und möglicherweise zu kritisieren, und nicht zuallererst der wehrlose Text. Man glaubt weithin, gegen diese kritische Anfrage immun zu sein, da man seit den Zeiten der Philosophie Hegels einem unausgesetzten Fortschrittsglauben huldigt. Auch durch die Katastrophen des Ersten und Zweiten Weltkriegs wurde dieser Glaube nicht berührt. Die Wissenschaftler meinen, unbezweifelbar sei in jedem Falle der Fortschritt der Vernunft, hinter den man nicht zurückfallen dürfe. Wer die geschlossene Ideologie des Fortschritts ablehnt, erscheint dagegen als erzkonservativ, als reaktionär, als »rechts«. Dabei hat die Frage, auf welcher Seite denn die Erkenntnisdefizite vorliegen, mit Konservativismus oder der politischen Rechts/links-Frage überhaupt nichts zu tun. Vielmehr geht es doch in jedem Falle um Kritik. Das Attribut »konservativ« wird indes seit Jahren dazu missbraucht, missliebige Störenfriede zu stigmatisieren.

Abgesehen davon hat sich der Zweifel an den biblischen

Berichten nur deshalb einnisten können, weil die Summe der Anfragen aus dem Bestreben entstanden, den – im Sinne der Aufklärung – vernünftigen Teil des Christentums zu »retten«. Nun besteht aber in der Tat die Schwierigkeit für den Exegeten darin, dass er die eingeforderte Historizität mit nichts beweisen kann, außer er glaubt sowieso alles.

Glauben und Historizität

Vielmehr gelten für eine Neubestimmung des Verhältnisses von Glauben und Historizität folgende Regeln:

1. »Aus Geschichte für Geschichte«: Was in der Geschichte wirksam werden soll, muss aus der Geschichte selbst stammen. Wenn es seinen Ursprung nur in Idee oder Gedanken hat, wird die Frage gravierend, wann der Kontakt mit der Realität zustande kommen soll. Woher soll das Wort, das geschichtsmächtig werden soll, sonst seine Macht nehmen? Beim Sprecher oder beim Empfänger, am besten nicht dadurch, dass der Empfänger des Wortes auch die Kraft empfängt?
2. Der historische Kern eines berichteten Faktums ist je nach Gattung verschieden anzusetzen. Bei Hymnen ist er schwer zu bestimmen (Sprachebene!), bei Gleichnissen und Sentenzen eher nur indirekt. Die sozialgeschichtliche Forschung hatte hier einiges beizutragen (vgl. dazu auch meine Arbeit »Formen und Gattungen im Neuen Testament«, die zeigen will, wie verschiedenartig nuanciert sich der Kontakt zwischen sprachlicher Form und Geschichte jeweils darstellt).
3. Wegen 1. muss man nach Wegen der Erforschung und der Darstellung des Erforschten in der Weise suchen, dass der historische Kern eines Berichtes so weit wie möglich her-

vortritt. Und bis zum Erweis des Gegenteils kann man einen Bericht so stehen lassen, wie er überliefert ist.

4. Wegen mangelnder Nachprüfbarkeit sollte bezüglich der Historizität berichteter Fakten die Entscheidung Ja/Nein vermieden bzw. durch alternative Fragen überwunden werden.
5. Von *mystischen Fakten* kann man reden, wenn es sich um Geschehnisse handelt, die von vornherein innerweltlich kausal nicht zu begründen sind (z. B. Visionen, zum Begriff der mystischen Fakten vgl. mein Buch »Der Wundertäter«, 2010, S. 250–253).
6. Die *auctoritas* des Wirkenden kann so groß sein, dass die Geschichte sein Handeln sowieso nicht fassen kann. Das gilt besonders für die Konfrontation von göttlicher Macht und kreatürlichem Mangel. Es kann sein, dass kreatürliche Not und Mangel so groß sind, dass für ein Eingreifen Gottes einfach der Blick fehlt (und umgekehrt).
7. Im Rahmen charismatischer Erfahrung bzw. dort, wo Gottes Geist (nach frühchristlichem Verständnis) wirkt, ist die Folge eine weitgehende Aufhebung der Grenzen. Das gilt auch für die Frage nach der Faktizität.

Der Heilige Geist hebt die Grenzen auf zwischen Himmel und Erde (daher kann man »im Geist« den Himmel wahr beschreiben), zwischen Gott und Mensch (daher ist der Sohn Gottes zugleich Mensch und Gott), zwischen irdischem Status wie Zugehörigkeit zu Volk und Geschlecht (Gal 3,27 f.) und der gemeinsamen und einheitlichen Zugehörigkeit zu Jesus, und das betrifft auch die Überbrückung der Unterschiede zwischen Juden und Heiden. Für unser Thema ist wichtig, dass der Heilige Geist den Unterschied zwischen Wissen und Vision aufhebt (Apk 1,10; damit ist für die Offenbarung des Johannes die Frage nach dem Verhältnis zwischen Gelehrtheit und Ekstase beantwortet).

Aufhebung der Grenzen und Unterschiede

Die Aufhebung der trennenden Grenzen – auch der zwischen irdischer und unsichtbarer Faktizität – ist auch ein Anliegen buddhistischer Mystik und Meditation. Im Christentum geschieht diese Aufhebung allerdings nicht durch Distanzierung von der Schöpfung, sondern durch liebevolle Zuwendung (Beispiel: Trappisten als Bierbrauer und Käseproduzenten), nicht durch Aufhebung der Personen und ihrer Eigenart, sondern durch sehr eindeutige Konzentration auf die mächtige Dreipersonalität Gottes.

Ekstatisches Zeitverständnis

Für diese Erfahrung gibt es zwei signifikante Beispiele aus den Evangelien: Mk 11,24; Joh 11,41 (siehe dazu gleich unten). In beiden Texten wird die Grenze zwischen Zukunft und Vergangenheit aufgehoben. Damit aber fehlen die Kriterien, die wir für die Unterscheidung von Wunsch und Faktum, von Vision und tatsächlichem Eingreifen Gottes benötigen. Insbesondere der Glaube (der Menschen und auch wohl bei Jesus) verändert sich dabei. Man kann sagen, er werde zu einer Anteilhabe an Gottes kreativer Macht – dann betrachtet man die Sache von Gott her. Man kann auch sagen, er werde zur Brücke zwischen dem, was der Mensch erhofft und fast verzweifelt braucht, und dem, was er Gott zutraut – dann betrachtet man die Sache mehr vom Menschen her.

Der theologische Ansatz der Offenbarung des Johannes ist von diesem Punkt aus zu verstehen, und hier ist vom Heiligen Geist statt vom Glauben die Rede. Der Heilige Geist gibt durch seine Inspiration Anteil an der Zukunft Gottes, denn darüber gibt es keine Frage: Gott ist derjenige, der das Geschehen veranlasst, von dem hier jeweils die Rede ist. Und weil dieses Gott ist, kann man auch über das erwartete Geschehen ganz sicher berichten. Da solcher Glaube von Gott inspiriert ist, kann er auch Berge versetzen.

Da dieser Glaube das Tor zu Gott ist, kann oft auch der Gott des Magnificat wirken, der die Niedrigen aus dem Staub erhebt, die Armen sättigt und sich um seinen Sklaven Israel kümmert.

Nun zu den neutestamentlichen Stellen:

Mk 11,24: »Deswegen sage ich euch: Alles, um was ihr betet und bittet, glaubt nur, dass ihr es (schon) empfangen habt, und es wird euch zuteilwerden.« – Die Übersetzungen, angefangen von der Vulgata, harmonisieren hier: »... glaubt nur, dass ihr es empfangen werdet.« Aber durch grammatikalische Kunststücke lässt sich der Aorist hier nicht beseitigen.

Die Anschauung dieser Stelle von Wirklichkeit wird durch Joh 11,41 bestätigt. Unmittelbar vor der Auferweckung des Lazarus betet Jesus: »Vater, ich danke dir, dass du mich erhört hast. Ich aber wusste, dass du mich allzeit erhörst.« Jesus ist nach dieser Stelle einer, der für das Empfangene schon dankt, bevor es die Leser/Hörer sehen, denn Gott hat ihn schon erhört. Für die charismatische Erfahrung des Wundertäters sind daher die Grenzen zwischen Zukunft und Vergangenheit aufgehoben. So ist es auch in Mk 11,24: Dass die Beter das Erbetene schon empfangen haben, können sie nicht sehen. Sie »glauben« es nur. Und der Glaube ist hier wie in Joh 11,41 die Größe, welche die Differenz zwischen Hoffnung (des Beters) und Gewissheit (des Empfangenden) aufhebt. – Da die Erweckung des Lazarus in Joh 11 den Höhepunkt des vollmächtigen Handelns Jesu darstellt, kann man sagen, dass es sich hier um eine hochgradig charismatische Wahrnehmung der Faktizität handelt, die unseren Maßstäben nicht entspricht.

Dennoch kann diese Art der Wahrnehmung unsere Beobachtungen für die Faktizität von charismatischen Ereignissen verstärken. In Mk 11 wie in Joh 11 handelt es sich demnach um eine besondere Weise der Wahrnehmung von Wirklichkeit. – Im Prinzip Ähnliches liegt vor, wenn in der Offenbarung des Sehers Johannes die Märtyrer jetzt schon als Sieger gelobt werden und wenn nach Apk 19 der Untergang Roms hymnisch gefeiert wird, der doch erst 475 Jahre später eintritt, aber für den Seher Johannes ist das schon Gegenwart. Und wer wollte ihn anklagen, er habe gelogen? – Vielmehr bestätigt sich hier das unter 5. Behauptete: Angesichts der Macht und Herrlichkeit Gottes, die im Himmel schon offenbar sind, stellt sich der Untergang Roms dar wie ein Krümelchen, das längst vom Tisch gefallen ist. Ähnlich sagt es der Hymnus in der syrischen Baruch-Apokalypse: Der Untergang der Welt ist bald schon da – bald schon vorüber (= syrische Baruch-Apokalypse 85,10): »Denn die Jugend der Welt ist vorübergegangen, und die Kraft der Schöpfung ist schon erschöpft, und das Kommen der Zeiten: ein klein wenig, und es ist vorübergegangen. Und nahe gekommen ist der Krieg dem Brunnen und das Schiff dem Hafen und die Karawane der Stadt und das Leben dem Ende.« Nach der Übersetzung von Ryssel: »Das Herbeikommen der Zeiten ist beinahe schon da und fast schon vorübergegangen.«

Das in Apk 19 Berichtete ist in Hymnen gefasst. Rom ist schon untergegangen, der Sieg wird im Himmel schon gefeiert. Das ist wahr, auch wenn niemand es sehen kann. Für den Seher Johannes hat der Gottesdienst der Kirche auf Erden Anteil an dieser himmlischen Szenerie. Man sagt immer, niemand könne wissen, was die Zukunft bringt. Der Seher Johannes sagt den angefochtenen christlichen Gemeinden in Kleinasien, dass es Gott sei Dank anders sei. Man kann sich gut vorstellen, wie provozierend diese Sicht für die ersten Leser der Apokalypse war. Sie wurde deshalb erst dann in den Kanon aufgenommen, nachdem diese Vision irdisch greifbare Wirklichkeit geworden war. Auf diese Weise wurde der Vorwurf der Pseudo-Prophetie glänzend widerlegt.

Hymnen sind daher eine Form ekstatischer Zeiterfahrung, nach der die oft schmerzlich empfundenen Grenzen eigentlich aufgehoben sind. Das ist übrigens auch der Grund für die in der Septuaginta häufige Psalmen-Überschrift »für den Sieg«. So sind die Psalmen Siegeslieder, auch wenn kein Sieg zu sehen ist.

Wenn aber die Ist-Aussage *vor* dem entscheidenden Geschehen möglich ist, um wie viel mehr ist sie es *nach* dem Geschehen, also im Blick auf das, was selbstverständlich geschehen ist. Treffen unsere Beobachtungen zur Form charismatischer Erfahrung der Wirklichkeit zu, dann wird es durch die phänomenologische Beschreibung dieser Art von Realität möglich, die Zuversicht der Evangelisten und der Kirche zu begreifen, die davon ausgehen, dass es sich um wirkliche Gotteserfahrungen handelt, an denen kein Zweifel bestehen kann, weil sie auf die Realität Gottes hinführen.

Die Frage nach der Faktizität des Berichteten ist daher indirekt an die Kanonfrage geknüpft, da die Kirche, wenn sie die Zugehörigkeit einer Schrift zum Kanon anerkennt, an deren Inspiriertheit durch den Heiligen Geist glaubt. Es ist derselbe Heilige Geist, der auch zum Glauben inspiriert. Zugehörigkeit zum Kanon bedeutet daher nach dem, was wir hier bedacht haben, Anerkennung, dass das berichtete Geschehen »wahr« ist, von Gott kommt und kein teuflischer Trug ist. So wird auch das Wirken des Parakleten verstanden, der »an alles erinnert«, was Jesus gesagt und getan hat. Für das Johannes-Evangelium gilt damit auch die Inspiriertheit des Glaubens *nach* dem Geschehen.

Noch einmal: Was hat die Kanonizität mit der Historizität zu tun? Der Glaube hat die Möglichkeit, Zukünftiges als bereits Geschehenes zu behandeln und Vergangenes als ganz bestimmt Geschehenes zu betrachten. Und jedes Wunder ist Enthüllung von bereits Geschehenem. Das alles aber lässt sich nicht so erforschen und bedenken, »als gäbe es Gott nicht«, so weit reichen unsere Argumente hinsichtlich der neutestamentlichen Autoren. Ihr Maßstab war die unbezweifelte Existenz Gottes. Insofern sind die neutestamentlichen Autoren auch entlastet, weil sie offenkundig nicht schreiben, um zu betrügen, sondern eben weil die Wirklichkeit Gottes sie erreicht und umgekrempelt hat. Und dieses Umkrempeln nennt man Glauben, und alle wirkliche Revolution beginnt im Herzen, wie der Glaube.

Doch damit ist der neuzeitliche Leser noch nicht erreicht, für den eben diese Wirklichkeit nicht selbstverständlich ist.

Die gelegentlich ausgerufenen Königinnen oder Könige »der Herzen« haben mit dieser Revolution, die im Herzen beginnt, etwas zu tun.

Der Widerspruch gegen Naturgesetze ist zwar ein berühmter Einwand gegen Wunder, aber weil die Physik trotz allen Fortschritts noch nicht einmal in der Lage ist, das Phänomen der Levitation zu erklären, sollte sie sich zunächst einmal um Leichteres kümmern, bevor sie Einspruch erhebt gegen die oft wahrhaft abenteuerlichen Wunder, die in der Kirche und vor ihren Mauern geschehen (und sich daran die Zähne ausbeißen).

Indem die neuzeitliche Exegese das Attribut »war gar nicht«, »ist gar nicht wirklich geschehen« aus spürbarer Enttäuschung verteilt, wird deutlich, wovor sie sich fürchtet und was sie schreckt: der leere Traum, das, was verweht wie Spreu im Wind – die Bibel nennt es Illusion (wörtlich übersetzt: Verspottung der Träume der Menschen; die Vorgeschichte des Wortes liegt in der Dämonologie), die teuflische Nachahmung. Es ist wohl in Wahrheit Enttäuschung, was zur Verbreitung des Unglaubens führt. Diese These wird dadurch wahrscheinlich, dass die weitaus meisten

Bibelverfälscher aus Pfarrhäusern stammten oder Theologie studieren wollten. Daher gibt es den größten Hass bei ehemaligen, früher sehr engagierten (Pietisten und) Katholiken. Es muss nicht immer so schlimm kommen wie bei Josef Stalin, dem »Menschenfreund« aus Georgien. Und wenn man nirgendwo mehr Historizität findet, den Fuß nicht mehr auf die Erde bekommt, dann wird die Bibel zum Handbuch der Illusionen. Aber wie soll das geschehen, den Fuß wieder auf die Erde zu bekommen, die Gott doch so sehr liebt?

Die Erde ist zunächst und unbestritten das Tal der Tränen *(lacrimarum vallis).* Schon die Römer aber wussten, dass in der Talsohle, wo die Verzweiflung am größten ist, auch die Befreiung am allernächsten ist. Wir wissen, dass der Befreier der Gott ist, den Maria im Magnificat besingt. Er speist die Verhungernden und richtet die Armen auf. In der Vorgeschichte des Magnificat gibt es auch die Version »der die Toten auferweckt«. Auf der Suche nach diesem Gott sollte man daher mit der heiligen Teresa von Kalkutta in die Armenlöcher der Erde gehen. Dort kann »es« am ehesten passieren. Eine der eindrücklichsten Glockeninschriften aus meiner großen Sammlung stammt aus der Pestzeit (eine Pestglocke) und lautet: »Mein Gott, zeige dich.« Nach menschlichem Ermessen konnte und musste es hier geschehen, die griechischen Christen der Frühzeit nannten es Epiphanie, den Augenblick, in dem Gott vorbeikam – hilfreich natürlich, aber oft nur für einen kurzen Moment.

Zur Illustration: Ich habe immer mit Dankbarkeit die leidenschaftlichen Aufrufe von J. B. Metz gelesen, die Christenheit möge die »Leidvergessenheit« (oder: Theodizeevergessenheit) beenden.

Und eine Ergänzung zu den obigen Anmerkungen könnte die Beobachtung sein, dass es einen klassischen »Ort« oder »Sitz im Leben« der Thronvision im frühen Christentum gibt, nämlich die Situation fundamentaler Bedrängnis (vgl.

K. Berger: Formen und Gattungen, S. 355–357). Das lässt sich anhand der Stephanusvision in Apg 8 ebenso zeigen wie im Aufbau der Offenbarung des Sehers Johannes (K. 4 Beginn der Geschichtsvision; Schilderung der Bedrängnis besonders in K. 2 f. und 12 f.), und auch wenn Paulus im Streit mit Gegnern zum Äußersten kommt, beruft er sich auf seine Thronvision in 2 Kor 12. Das heißt: In der Situation äußerster Not »reißt« der Himmel auf. Dann offenbart Gottes Thron, wer der wahre König ist. Das mag auch ein Hinweis auf die deutsche Situation nach 1945 sein, in der erstaunlich viele Menschen in die Kirchen strömten. Und was klassische Wallfahrtskirchen ziert, darf man auch von ferne erahnen. »Dankbarkeit ist die Erinnerung des Herzens« – das weist wieder auf die oben gerade genannten Herzen.

Fazit: »Wieder auf die Füße« kommen Menschen durch Leid und Katastrophen, wenn sie denn noch das Charisma der Dankbarkeit besitzen oder ihm nachjagen, da mit »Erde« hier die Geschichte als Raum von menschlicher Existenz und von Gottes Handeln und Erretten gemeint ist. Wer dafür einen Sinn bekommen hat, kann auch die Situation des hl. Paulus bei seinem Sturz vor Damaskus ermessen.

Das heißt: Die Visionen sind so real, wie das Leiden real ist, auf das sie Antwort sind. Die Vision der himmlischen Stadt ist die angemessene Entsprechung auf die Verfolgung der Christen durch das Römische Reich. »Natürlich« ist die himmlische Stadt von anderer Qualität als das römische Reich. Das zeigt schon dessen Vergänglichkeit. Aber wer die Antwort des Himmels jeweils als Illusion, als Spielen mit den Gefühlen der Menschen bezeichnet, der nimmt gleichzeitig den Menschen auch die Hoffnung, die ihre Würde ausmacht. So hat die Kirche durch die Jahrhunderte daran festgehalten, dass die Auferstehung so leiblich ist wie der Tod, wenn auch auf einer anderen Ebene, nämlich ohne Begrenzungen und daher auch ohne Tod.

Die Position der Gegner: erst Dogma, dann Legende

Nach Martin Dibelius (Jungfrauensohn und Krippenkind, 1932) existierte das christliche Dogma von der »jungfräulichen Geburt Jesu« zunächst als Theologumenon, nicht als Erzählung oder in der Predigt der Christen. Das heißt, das Dogma sei zunächst gepredigt und geglaubt, danach erst berichtet worden: »Aus der Vorstellung wurde die Legende« (S. 40). Die hier geäußerte These über die Entstehung der Weihnachtsberichte hat die Weihnachtspredigt vieler Pastoren schwer belastet. Sie hat die Gemeinden gespalten und in der Substanz der Paganisierung des Weihnachtsfestes (d.h. seiner Annäherung an das Heidentum) erheblich Vorschub geleistet. Eine Untersuchung, welchen Einfluss die Exegese und gerade so unangefochtene Autoritäten wie Martin Dibelius noch Jahrzehnte nach ihrem Tod auf die Predigt ausüben, kann zeigen, wie hier einer der Herzpunkte der Volkskirche systematisch zerstört wurde. – Die These von Dibelius selbst ist nun aus meiner Sicht völlig abwegig. Sie suggeriert, bildlich gesprochen, eine Kopfgeburt, denn man soll annehmen, erst sei das Dogma gewesen, und dann erst – lange danach – habe man sich eine Geschichte dazu ausgedacht.

Genauso hat man sich auch die Erzählung der Osterberichte vorgestellt und beruft sich dafür auch noch auf Paulus: In 1 Kor 15,1–11 liege die älteste Osternachricht vor. Alle weiteren Texte sind später fixiert und umfangreicher. Man lobt dann in Exegetenkreisen die Nüchternheit von 1 Kor 15 und wirft allen weiteren, die über Ostern berichten, barocken Unflat vor. Ebenso sei Gal 1,16 von wohltuender Kargheit gegenüber den ausladenden Berichten in Apg 9.22.26: Kein Sturz vom Pferd, nicht Licht noch Stimme, nur Offenbarung des Sohnes »in mir«. Gegenüber dem barocken Zauber in der Apostelgeschichte sei Paulus von geradezu protestantischer Kargheit und Nüchternheit. Daher könne man Lukas mit seiner Tendenz zu apokalyptischer Sinnlichkeit theologisch nur verachten. Konfessionelle Urteile werden hier – mit Kunstgeschichtsreminiszenzen angereichert – zum Urteil über sachliche Priorität.

Aber auch dieses Werturteil findet sich in der exegetischen Diskussion immer wieder. Man begeistert sich für abstrakte Nüchternheit und schiebt jede sinnliche, angeblich schwülstige Ausmalung dem Teufel zu. Es ist wie der Streit zwischen zwei Küstern, wer die schönere Kirche habe, der Küster mit dem niedersächsischen lutherischen Barock oder der mit der calvinistischen Kargheit. Angeblich ist die letztere typisch protestantisch (sie ist aber auch frühromanisch, frühgotisch und zisterziensisch-trappistisch). Das schwülstige Interieur dagegen gilt als barock, sinnlich, katholisch, effekthascherisch. Wohin man das jesuitische Wesen stecken soll, weiß man dann schon nicht mehr so genau. Jedenfalls ist es verfehlt, neutestamentliche Berichte danach zu beurteilen. Dann käme Matthäus mit seinen knappen Wunderberichten immer besser dabei weg als Lukas oder manchmal auch Markus. Kurzum: Die genannten Kriterien sind Quatsch. Sie werden nach Geschmacksurteilen erstellt unter Umgehung von Kriterien der Gattungen.

Schon das aber beruht auf einem Missverständnis: Paulus liefert in 1 Kor 15 der Gattung nach eine Zeugenliste, und diese pflegen lapidar zu sein. Die Evangelisten (immerhin nicht irgendwer) legen Wert auf das Profil und die Unabhängigkeit jedes einzelnen Zeugnisses. Doch bestand darin gerade die Neuheit der Evangelien in der Glaubensgeschichte des Urchristentums: Sie brachten über die bekannte Liste der männlichen Osterzeugen hinaus nun Augenzeugenberichte von den Frauen am Grab und der Erscheinung Jesu vor den Zwölf usw. Es ist also nicht sehr sinnvoll, die Liste von 1 Kor 15,1–11 gegen die Osterberichte der Evangelien auszuspielen.

Überdies vertreten zahlreiche Forscher zu Gal 1,16 die Meinung, Gott habe seinen Sohn »in mir« geoffenbart, also eben nicht in einer Vision ähnlich Acta 9 etc., sondern im Inneren des Apostels, nicht vor seinen Augen. Dadurch macht man aus dem Augenzeugen Paulus den der Reflexion ergebenen Professor, dem Gott eine Idee, einen Einfall oder eine Hypothese schenkt.

Hierher gehört auch, wie K. Koch bemerkt, das »angestrengte Bemühen« vieler Forscher, »Jesus vor der Apokalyptik zu retten«. Denn Apokalyptik ist zu materieverhaftet, zu leibhaftig, zu konkret erdhaft, zu politisch und zu jüdisch. Somit ist sie dem von allem abstrahierenden Wesen der meisten Forscher entgegengesetzt.

Sed contra: Das Offenbaren »in« hat dieselbe Bedeutung wie »offenbaren« plus Dativ (siehe Blass/Debrunner/Rehkopf, § 220.1). So ist es in 1 Kor 15,8 (»mir erschienen«). Das »in mir« nannte man früher die mystische Interpretation, so wie Paulus sagen kann, »Christus lebt in mir«. Schon H. D. Betz bemerkt zur mystischen Deutung: »Once had many supporters, but has nowadays fallen into disregard.« Und Betz bemerkt auch, dass die dativische Übersetzung die Verbindung zu den übrigen Visionsberichten leichter macht.

Der ideologische Hintergrund der These von der Priorität der Formeln

Hinter dieser Konstruktion der Forschung (erst Dogma, dann Legende) winkt wieder jene alte Grundhypothese, die Glaubens- und Theologiegeschichte des 1. Jahrhunderts n.

Chr. sei »Schlot-ähnlich«, d. h. wie in einem ganz engen Kamin verlaufen. So, dass alle Texte, die jetzt nebeneinander stehen, wie in einem engen Kanal (»Schlot«) entstanden wären, in dem jeder Bericht auf allen früheren fuße. – Vielmehr haben die Evangelisten mit ihren Osterberichten eine vergleichsweise neue Quelle aufgetan. Und das war nicht die Spekulation, sondern das waren Zeugenberichte namentlich genannter und offenbar unter palästinensischen Christen auch bekannter Frauen. Damit liefern die vier Evangelien (wie auch das nicht zu verachtende Petrus-Evangelium) hier höchst wertvolles Material.

Es zeugt von sprichwörtlich professoraler Weltfremdheit, anzunehmen, man hätte Menschen von der Auferstehung Jesu überzeugen können, indem man ihnen – ohne Verbindung mit der Passionsgeschichte – abstrakte Formeln an den Kopf geworfen hätte. Man musste erzählen, wie es zugegangen war, wenn man es schon nicht eigentlich erklären konnte. Und das gilt auch in der späteren Geschichte des Christentums. Die Predigten der Jünger in der Apostelgeschichte zeigen es. Die Geschichte der Epigraphik lehrt das so: Zunächst ist die Geschichte, dann die Inschrift (auf Glocke oder Grab), und da das Material, auf dem die Inschrift steht, zumeist ebenso kostbar wie begrenzt ist, ist sie kurz. Aber sie erzeugt nicht die Geschichte, sondern steht an deren Abschluss.

Ursache der exegetischen Grundhypothese »Erst Dogma, dann Legende« ist vielmehr jene halb platonische, halb hegelianische oben zitierte Grundansicht, die Substanz des Christentums sei überhaupt und immer eine Idee. Deshalb tat die Kirche auch gut daran, im Neuen Testament nicht ein Credo aus dem 3. oder 4. Jahrhundert voranzustellen, sondern die Berichte der Evangelien. Und umgekehrt: Wenn man die Berichte zerstört (wie in der Exegese geschehen), dann helfen Formeln überhaupt nicht mehr. Doch Religionsgeschichte verläuft nicht vom Dogma zur Legende, gerade im Judentum nicht. Daher sind auch Versuche der alttestamentlichen Kollegen gescheitert, ganze Fabel-Zyklen und biblische Bücher aus dem »kleinen heilsgeschichtlichen Credo« erzeugt sein zu lassen. Nein, es verläuft immer anders herum. Und daher sind auch, wie gesagt, die christlichen Credos stets relativ späte Erzeugnisse. Sie haben ihre eigene Funktion, aber sie ersetzen keine Missionspredigt.

Die vielmehr verordnete Abfolge von Dogma und Legende bedeutete natürlich Entscheidendes für die typische Frage nach der Glaubensgewissheit, denn das Dogma konnte, weil rein innermental, eben gerade auf philosophischen Postulaten oder Schlussfolgerungen beruhen. Dazu bedurfte es keiner Geschichte. So war es dann auch das Postulat bei Bultmann: Der Glaube (sc. das Dogma) ist rein ideell, eine Stütze in der Geschichte (ein Beweis, eine Erfahrung, ein Erlebnis, irgendetwas Menschliches) wäre gegen das Wesen des Glaubens gerichtet. – Eine Legende dagegen ist eine Ausgeburt der Phantasie. Man bedenke dazu: In der klassischen Theologie wird Phantasie durchweg negativ verstanden, und zwar als teuflische Gaukelei. Wer also als strenger Theologe von Legende im Kontrast zur Gewissheit des Dogmas spricht, der gibt zu erkennen, was er von der Legende a priori hält: nämlich gar nichts.

Das Dreieck Glaube – Text – Historie

»Historische Berichte«

Kürzlich behauptete ein deutscher Exeget, zum Beispiel die Kindheitsgeschichten nach Mt 1–2 und Lk 1–2 seien »historische Berichte«. Das ist zumindest clever formuliert, denn ein »historischer Bericht« ist noch nicht ein Bericht über Historisches, das sich in der Historie so ereignet hat. Ein »historischer Bericht« ist vielmehr so etwas wie ein »historisches Gebäude«, d.h. ein recht altes Gebäude. Oder wie man sagt, man sei auf eine »historische Mauer« gestoßen. Und ich bin auf eine altehrwürdige historische Schule gegangen, aus der 72 Bischöfe und ein Papst stammten. Ein »historischer Bericht« ist daher ein sehr alter Text, der nach seiner Entstehung lange und gut aufgehoben wurde. Doch dass er alt ist, bedeutet noch nicht, dass er auch die Wahrheit sagt, dass er selbst lange und gut recherchiert ist und »stimmt«. Etliche historische Texte sind Lügenmärchen! Der Ausdruck »historischer Text« führt daher in die Irre.

Bleiben nur Ideen?

Die Position der Gegner: *Was bleibt, sind ohnehin nur Ideen.* »Kann eine historische Figur aus einer weit zurückliegenden Vergangenheit für uns in anderer Weise wertvoll sein denn als Idee?« – so fragt der Leidener Neutestamentler Marinus de Jonge zu Beginn seines Beitrags für Dieter Lührmann (Festschrift zum 60. Geburtstag, 1999, S. 56), der sich mit Hans Windisch befasst. Fazit: Auf lange Sicht bleiben von allem höchstens Ideen.

Sed contra: Eine historische Figur wie Jesus kann sehr wohl anders wirksam sein, zum Beispiel dann,

- wenn diese Gestalt menschgewordener Gott war und nach der Auferstehung lebt. Deshalb zum Beispiel kommt Jesus im Credo vor.
- wenn diese Figur eine noch lebende Institution gegründet hat. Damit meine ich nicht nur »die Kirche«, sondern beispielsweise auch die Ersetzung oder Ergänzung des Sabbats durch den Sonntag.
- wenn es in dieser Kirche Sakramente gibt, in denen nach dem Glauben dieser Kirche Jesus Christus lebendig wirkt, als Haupt seines Leibes. So ist nach dem Neuen Testament das Sakrament der Taufe ein Mitgekreuzigtwerden mit Christus. Das ist keine bloße Idee. Sondern ein lebenslanger kritischer Abschied.
- wenn man andererseits dieses geheimnisvolle Wirken unterscheiden kann von bloßen Ideen wie etwa Feindesliebe oder Gleichheit aller Menschen vor Gott.
- wenn es auf diese Weise ein lebendiges Protestpotenzial des Glaubens an Gott gibt, zum Beispiel in Kraft und Widerstand der christlichen Märtyrer. Diese sterben nicht nur für irgendwelche »Ideen«, sondern inspiriert von einer Kraft.
- wenn von dieser Figur Charismen ausgehen, zu denen Menschen berufen sind oder durch die sie sich getragen wissen.
- wenn es schon im Neuen Testament heißt, dass es etwas bedeutet, wenn man »im Namen« dieser Figur etwas tut, denn der biblisch verstandene »Name« ist mehr als Schall und Rauch oder eine Idee. So beginnt man beispielsweise »im Namen« Jesu einen (Prozessions-)Weg (»Procedamus in pace – in nomine Christi Amen«). Und man kann zeigen, dass insbesondere das älteste Christentum eine

»Religion des Namens Jesu Christi« ist. Hans von Campenhausen hat in seiner Leidener Gastvorlesung 1972 gefragt, ob bei dem »im Namen« auch dieser Name habe genannt werden müssen, und er hat diese Frage bejaht. Dem stimme ich zu. Das Credo halte ich für eine verbindliche Umschreibung von Bedeutung und Inhalt dieses Namens.

Und andererseits sind die bloßen Ideen des Urchristentums insgesamt nicht total neu oder unüberholbare Kriterien, wie zum Beispiel Feindesliebe oder Krankenpflege oder die Gleichheit aller Menschen. Das Credo dagegen geht vor nach den Namen des lebendigen Gottes. Und gerade der Gottesdienst vermittelt nicht »Ideen«, sondern in Gebet, Huldigung durch Hymnen und Kniebeugen eine Begegnung oder Konfrontation mit dem lebendigen Gott. Gottesdienst ist mithin etwas weitaus anderes als belehrendes Mitteilen von Ideen. Hier mag eine Differenz zur reformierten Auffassung von Gottesdienst vorliegen, denn der reformierte Gottesdienst betont sicherlich die Belehrung, der katholische dagegen die liturgische, mystische und meinetwegen magische Praxis, die zuerst heiligende Praxis Gottes ist, zum Beispiel nach der Formulierung *per evangelica dicta deleantur nostra delicta* (»Durch die Worte des Evangeliums möge Gott unsere Sünden vergeben« – *passivum divinum*). Eine rein intellektuelle Auslegung verdeckt die praktische Seite des Mysteriums.

Hoheitstitel als Ersatz für Dogmatik

Die Position der Gegner: *Die Identität Jesu entschied sich an bestimmten Titeln.*

Eng verwandt mit der These vom Überleben der »Ideen« ist die Angewohnheit der Neutestamentler, den gesamten

Erkenntnisgewinn in christologischen Titeln zu ernten, denn bis heute ist es üblich, die Frage, wer Jesus war oder ist, mit christologischen Titeln zu beantworten. War er also Sohn Gottes, Sohn Davids, der Messias, der Herr? Diese Titel sind im Neuen Testament als Bekenntnis gedacht (z.B. Phil 2,11). In der Neuzeit jedoch begriff man diese Titel nicht von ihrem gottesdienstlichen Gebrauch her oder im Sinne des Credos (»Gott von Gott, Licht vom Licht ...«), sondern als abstrakte Begriffe, die nun im Sinne von Beschreibungen des Wesens Teile einer philosophisch konzipierten Dogmatik wurden. Dann spricht in den Titeln nicht mehr primär die Gemeinschaft der Glaubenden, sondern der Titel definiert sich inhaltlich von der Konkurrenz von Vorstellungen in einem System her. Dann muss man fragen, in welchem Sinne der Sohn Gottes den Schöpfergott repräsentiert. Oder man macht sich Gedanken darüber, inwieweit der Heilige Geist »Kyrios« ist, wie im Kyrie jedenfalls seine Anrede lautet.

Durch das Jonglieren mit Titeln konnte man sich selbst schnell ins rechte Licht (der Orthodoxie) setzen und andere leicht ausmanövrieren. Doch Titel sind Abstraktionen und funktionieren eher als Etiketten denn als Spitze von Glaubenserfahrungen. Und auch zwischen Menschen sind diese Etiketten in Gebrauch, um einander zu charakterisieren. Wie schlimm ist es, wenn man einem Theologen bescheinigt, er glaube nicht an die »Gottessohnschaft Jesu«?

Ich hatte schon oben beklagt, dass man sich in der Jesusforschung viel zu sehr an Worten Jesu (seiner Predigt) orientiert und gar nicht an authentischen Geschichten. Diese Klage ist hier nochmals aufzunehmen: Ich beklage, dass es genügt, bestimmte Titel zu bejahen, von Aussprüchen Jesu oder gar Geschichten ganz zu schweigen. Offenbar sind die Geschichten so weit auseinandergenommen worden, dass ihre Teile wie demontierte Motorradstücke auf einem Hinterhof herumliegen – keiner bekommt sie mehr zusammen. Doch kehren wir zurück zu den Titeln.

Das klassische und in seiner Art höchst gelungene Buch von Ferdinand Hahn »Christologische Hoheitstitel« (Dissertation, Heidelberg 1962) ist sicher der Höhepunkt dieser Art der Verbindung von sehr kritischer Exegese und aufklärerischem Handel mit Titeln, denn seit dem ersten Drittel des 19. Jahrhunderts hatte man in der Tat die christologischen Titel wie philosophische Begriffe gehandelt. Das aber setzte voraus: So wie die Eule der Minerva erst am Abend fliegt, bildeten sich die begrifflichen Hoheitstitel erst nach dem Entschlafen Jesu, d. h. nach dem Ende seines Erdenwirkens. Im Sinne der philosophischen Erkenntnistheorie funktionieren sie wie Begriffe, d. h. das sinnliche Material (in diesem Falle: Erinnerungen an den konkreten und historischen Jesus vor Ostern) muss abgestreift worden sein. Hier wird erkennbar, wie das philosophische Schema der Begriffsbildung, wie es seit der Hochscholastik gebräuchlich ist, zum Instrument wurde, um das Verhältnis des historischen Jesus zum Christus des Glaubens zu erklären. Und den Christus des Glaubens gab es in diesem Sinne erst »nach Feierabend«. Dabei wurde zusehends gleichgültiger, ob dieser Feierabend Jesu Tod oder Jesu Auferstehung war, denn beide Daten waren Punkte der »Neubesinnung« oder auch des (ganz säkular gedachten) Umdenkens. Die Entstehung des christlichen Glaubens konnte man so denken als Bildung eines Geflechts aus Titeln. Die Abstraktheit klassischer christlicher Verkündigung hat viel zu tun mit dieser endgültigen philosophischen Vereinnahmung des christlichen Glaubens.

Sed contra: Das im christlichen Gottesdienst gebrauchte nizäno-konstantinopolitanische Credo ist ein gutes Beispiel für eine kurzgefasste Narratio (Erzählung), die doch auch auf titulare Aussagen nicht verzichten will. So kann man das ganze Credo als kurzen Bericht von der Heilsgeschichte genau in der Reihenfolge biblischer Daten lesen, aber auch als Reservoir der wichtigsten hymnischen Titel, zum Beispiel beim Heiligen Geist: »... den Herrn und Lebendigmacher«, denn die Hoheitstitel »taugen nichts« ohne die zugehörigen Geschichten. So weiß man, was Sohn Gottes in Lk 1f. bedeutet, wirklich erst durch die bewegende Erzählung von Maria in Nazareth und der Geburt in Bethlehem, da unter anderem in all der Abstraktheit vor allem die Ortsnamen untergegangen sind. Damit ist jede Art räumlicher Anschaulichkeit verlorengegangen, weshalb Touristen unserer Tage gerade diese Orte sehnsüchtig aufsuchen. Und mit Moslems, welche die Geschichten der Evangelien gelesen haben oder kennen, kann man in Bethlehem vor Ort viel leichter ins Gespräch kommen, als wenn man auf dem nizänischen oder chalzedonischen Inhalt von Gottessohnschaft beharrt und dann nur Streit erntet.

»Schon und noch nicht« – der Schleuderpreis

Eine mögliche Antwort auf die Scherzfrage, mit welchen Vokabeln man jedes theologische Examen bestehen könne, lautet »Schon und noch nicht« (neben: »Parusieverzögerung« und »Rejudarisierung«). Ich nenne diese Formel »Schleuderpreis«, weil man, indem man ihn bezahlte, auf billige Weise das Problem der nicht eingetroffenen Zukunftserwartung Jesu »lösen« konnte und damit vermeintlich den Löwenanteil anderer Probleme der Kirche auch.

Wenn man die Eschatologie kompromisslos zum Inhalt

der Botschaft Jesu machte, konnte man die Tenne leer fegen. So blieb der Zementfußboden der Wunderabstinenz übrig, denn die entstandene »saubere Leere« gestattete weder Wunder (Mirakel) noch charismatische Phänomene noch Visionen oder irgendwelche anderen Vorwegnahmen des künftigen Gottesreiches, in welcher Gestalt auch immer. Genau das aber bedeutete die große Lebenschance für einen konsequenten und rigorosen Rationalismus. Das »Wunderbare« konnte man schließlich getrost auf die Zeit nach der großen Wende verschieben, so dass dadurch in der Gegenwart keine Irritationen entstanden.

Die Konzentration der biblischen Botschaft auf Eschatologie hat das Eindringen des Rationalismus und in der Folge des rationalen ethischen Humanismus in die Theologie außerordentlich begünstigt. Nunmehr ist man nämlich dazu gezwungen, auch den leisesten Abglanz des Himmels in der Kirchengeschichte zu verneinen. Nur dann ist man »orthodox«, wenn die Kirchengeschichte radikal der Raum des Bösen ist. Innerhalb des Neuen Testaments selbst führte das zur Abwertung der Wunder und des Amtes, von Liturgie ganz zu schweigen. Zu den klassischen Vokabeln, mit denen man das Examen besteht, gehört auch:

Präsentische Eschatologie

Diese gab es angeblich in der Grundschicht des Johannes-Evangeliums, bei Paulus, in Korinth und Rom. Damit ist gemeint: In wichtigen Anfangsphasen, zeitlich nicht weit von Ostern und Pfingsten entfernt, gab es Christen, die der festen Überzeugung waren, bereits in ihrer Gegenwart und nicht erst in ferner apokalyptischer Zukunft das maßgebliche, wirkliche Heil zu besitzen. Der Endredakteur des Johannes-Evangeliums musste diesen Christen gegenüber die

Zukunftsdimensionen des Glaubens geradezu neu einführen (z. B. in Joh 5), Paulus musste mit der Kreuzestheologie auf die Gebrochenheit des Heils hinweisen (eschatologischer Vorbehalt), und nach Röm 6 spricht Paulus von der künftigen Auferstehung (6,5.8), wohl weil es wie in Kol 2,12;3,1 Leute gab, die wie die Menschen nach 2 Tim 2,18 meinten, sie seien bereits auferstanden.

Wenn es sich nicht nur um eine gewagte Hypothese handelt, dass die präsentische Eschatologie weit verbreitet war, wie hätte eine solche Auffassung dann konkret ausgesehen? Die erkennbare Sympathie einzelner Forscher für diese Art Christen legt die Vermutung nahe, man habe dabei an ein recht gegenwartsnahes und recht aufgeklärtes Christentum gedacht, das die geistigen Unkosten einer spekulativen Apokalyptik ersparte. Eine präsentische Eschatologie ist daher mutmaßlich so etwas wie die vollkommene Aufklärung, in der alle vom Licht des gegenwärtigen Gottes (bzw. der holden Vernunft) erfüllt sind. – Gewisse Ähnlichkeiten zu den Schwärmern in Münster während der Reformationszeit sind wohl von Haacker in seinem ansonsten verdienstvollen Artikel zu stark betont worden. Doch mit den Enthusiasten meinte die ältere Forschung wohl auch eben diese. Dabei wurde früher die Gegnerschaft des Paulus zu diesen Schwärmern oder Enthusiasten stärker betont, bei Bultmanns Beurteilung der Grundschrift des Johannes-Evangeliums ist das nicht der Fall.

Nach manchen Exegeten liegt präsentische Eschatologie vor, wenn etwa nach Lk 11,20 mit dem Hinauswurf der Dämonen Gottes Reich bereits verwirklicht ist. Es trifft zu, dass durch Jesu Tun nach eigener Einschätzung die Herrschaft Satans bezwungen wird und die Herrschaft Gottes an deren Stelle tritt. Jedoch liegt hier eine dämonologisch eingegrenzte Weise vor, von Gottes Herrschaft zu reden.

Sed contra: Ich weigere mich, in Lk 11,20 von »präsentischer Eschatologie« zu sprechen. Es ist weder »präsentisch« noch »Eschatologie«, was hier vorliegt, denn diese Gebietsabtretungen von Satans Reich an Gottes Reich sind zunächst einmal Sonderfälle einer strikt dualistischen Auffassung von Mission. Demnach herrscht über einen Menschen entweder Gott oder Satan (durch Dämonen). Noch regieren nicht die Auserwählten in der himmlischen Stadt bzw. in dem neuen, vom Himmel auf die Erde gekommenen Jerusalem. Die Sachfrage ist: Wie gliedert sich die exorzistische Praxis Jesu ein in die allgemeine Reich-Gottes-Erwartung? Die Exorzismen bestimmen Mensch für Mensch die Missionspraxis Jesu. Das ist eine auf die Individuen bezogene therapeutisch-seelsorgerlich orientierte Vorgehensweise. Davon zu unterscheiden ist die apokalyptisch-politische und weltgeschichtlich relevante Erwartung des »fünften Reiches« nach den vergangenen vier letzten Großreichen in der Welt (siehe Dan 7). Im Gleichnis vom Senfkorn z. B. geht es um Letzteres. Neben das individuell-therapeutische Modell tritt daher das universalgeschichtlich-apokalyptische. In beiden Fällen ist Gott die Antwort auf das Dunkel der jeweiligen Geschichte. – Leider kennen wir auch aus der neuzeitlichen Kriegsgeschichte den Unterschied zwischen dem Stellungskrieg in Städten und Landstrichen und der Kapitulation der Hauptstadt und des Regimes. Das Neue Testament ist das erste Dokument der Weltgeschichte, das diese Zweigeteiltheit des Kriegsgeschehens genau ins Auge fasst. Die Exegese hat sich dadurch verwirren lassen. Jeder Kriegskundige hat rechtzeitig gelernt, zwischen einer Bataille und der Endschlacht zu unterscheiden. Die Endschlacht ist auch nicht einfach eine Summe von Bataillen.

Die wichtigsten Fehlleistungen der liberalen Exegese

Alles Lug und Trug

Dieser Vorwurf, gerne von den Exegeten gegen die heiligen Texte erhoben, kehrt sich am Ende gegen die Ausleger selbst. Angeblich lügen und betrügen die heiligen Texte, da sie von heiligen Engeln reden, wo doch nur heulendes Elend war, da sie von Jesus als dem verborgenen König und Menschensohn reden, der doch nur ein bettelarmer Softie und Moralist gewesen sein soll. – Doch es könnte sein, dass dieser exegetische Enthüllungsjournalismus, den dann die großen Illustrierten zu Ostern und zu Weihnachten nachahmen, dass dieser selbst nur Lug und Trug ist, dass sich der wirkliche Himmel gar nicht veruntreuen lässt.

Wahrheit?

Im Zeitalter der Aufklärung begann der Mensch, die großen Menschheitsmythen zu entschlüsseln. Auch die Bibel wurde von da an mit anderen Augen gelesen. Die Bibelforschung der letzten 300 Jahre enthält aber nicht nur lichte Erkenntnisse und einen Zuwachs an Wissen, sondern auch haarsträubende Denkverbote, vorauseilende Ignoranz und philosophische Moden, die ans Märchenerzählen heranreichen. Der eigentliche Skandal des menschgewordenen, in die Geschichte eintretenden Gottes wurde aus dem kollektiven Bewusstsein gelöscht zugunsten eines sanftmütigen, sandalentragenden Wüstenpredigers mit unerheblichen Alltagsweisheiten. Dieses ist ein in seinen Konsequenzen kaum abzuschätzender Skandal: eine Geschichte der Selbstverleugnung und des Abschieds vom Gottesglauben!

Dies ist nicht meine Wahrheit, schon gar nicht die, auf der ich sitzen oder die ich besitzen könnte. Es ist eine Wahrheit, die ich liebe und die mich erobert hat. Ich folge hier bewusst den Worten des hl. Augustinus in seinen »Bekenntnissen«, denn diese Wahrheit ist nicht eine, die ein Mensch konstruieren oder machen könnte; auch reichen keine Worte, um sie ausreichend zu beschreiben. Eine Wahrheit, die im Miteinander von Menschen – genannt »Kirche« – lebt und die nicht in einer menschengemachten Dogmatik besteht. Aber diese Wahrheit triumphiert nicht einfach – schon gar nicht durch ein Buch –, sondern man gehört ihr ein Leben lang und ist auch bereit, mit ihr und für sie zu leiden. Mit der Wahrheit ist es wie mit einer Dame im Turnierspiel: Man pflegt sie nicht zu »besitzen«, und sie öffnet sich nur dem, der um sie kämpft.

Denn sie ist gefährdet, und zwar durch einen erbarmungslosen Krieg, in dem Menschen das trübe Licht ihrer Interessen und Ideologien mit der Wahrheit verwechseln möchten.

Aufklärung

Die historisch-kritische Exegese, die in diesem Buch heftig kritisiert wird, gilt gemeinhin als Kind der Aufklärung. So werden wir auch ihren wichtigsten Etappen seit Reimarus folgen, der unter die Aufklärer gerechnet wird. Deshalb möchte ich das Wort »Aufklärung« als Erstes in die Arena werfen und auf die wahren Ursprünge dieses Wortes und dieser Konzeption hinweisen.

Kein Geringerer als Gotthold Ephraim Lessing selbst weist in seiner Schrift über die »Erziehung des Menschengeschlechts« 1777 auf den zisterziensischen Ursprung des Wortes Aufklärung, das er mit Recht auf Joachim von Fiore zurückführt. Dieser 1202 gestorbene Zisterzienserabt ersehnt ein Zeitalter der Aufklärung, das Zeitalter des Heiligen Geistes, für das er die Erfüllung all der Sehnsucht nach Licht und Klarheit erwartet, die Merkmal der frühen Theologie seines Ordens ist. Bis heute findet sich die Verbindung von Licht und Erkenntnis in Liturgie und Spiritualität der Zisterzienser. Sie ist laut Joachim von Fiore Merkmal eines Zeitalters der Geschwisterlichkeit und des Zurücktretens klerikaler Machtinteressen. Joseph Ratzinger verweist in seinem noch immer lesenswerten frühen Artikel im Lexikon für Theologie und Kirche (s. v. Joachim von Fiore) auf diese Seiten Joachims (Bd V, 2. A. 1960, S. 975–976).

Mit der späteren Aufklärung hat die zisterziensische gemeinsam das Interesse für das, was man später Menschenwürde nannte, denn der erleuchtete Mensch ist der, dessen Gottebenbildlichkeit wiederhergestellt ist. Er ist nicht mehr in der infralapsarischen (nach dem Sündenfall geltenden) *regio dissimilitudinis* (Region der Unähnlichkeit sc. mit Gott), sondern in die *regio similitudinis* (d. h. die wahre Gottebenbildlichkeit) zurückgekehrt. Der Maßstab für Aufgeklärtheit und Ähnlichkeit mit Gott, also für das neue Menschsein, ist Jesus Christus. Die vollendete Aufklärung ist christologisch geprägt.

Ich mag dem Wolfenbütteler Bibliotheksdirektor gerne glauben, dass er in fester Überzeugung und als »Idealist« Aufklärung will. Doch das, was daraus geworden ist, wurde – nicht ganz ohne Zutun des Mannes aus Wolfenbüttel – eine Mogelpackung. Was ich eigentlich bis heute entschlossen will, besteht darin, die Säkularisierung, d. h. die Profanierung des Begriffs »Aufklärung« wieder rückgängig zu machen, also »fünf Minuten vor Lessing« noch einmal zu beginnen und auf den joachitischen Inhalt des Begriffs zurückzugehen. Das sähe dann so aus: Kritik an kirchlichen Missständen ist legitim und notwendig, auch was die Hierarchie betrifft (Joachim denkt hier wie St. Bernhard und Wilhelm von Thierry), aber das bedeutet nicht eine totale Verselbständigung von Moral. Diese Aufklärung orientiert sich vornehmlich an der Inspiration, nicht an der Absolutsetzung der Ratio. Sie sieht zwischen Schöpfung und Evolution keinen Gegensatz. Gott ist nicht unpersönlich oder deistisch, sondern dreieinig. Bekehrung und Umkehr stehen nicht im Gegensatz zu kritischem Diskurs, aber der kann nie die nötige *conversio* ersetzen. Der Kritik an der Weltlichkeit entspricht der Verweis auf die Heiligkeit (von Orten, Zeiten, Personen) und nicht ein verselbständigter Gelehrtenkult (vgl. z. B. »Dankgottesdienst« zu Rudolf Bultmanns 100. Geburtstag 1984 in der St.-Peters-Kirche in Heidelberg). In der Religion geht es am Ende immer um das Herz des Menschen, und die Vernunft für sich genommen ist nicht einfach göttlich. So lässt die Heidelberger Dichterin Gertrud von Le Fort die Kirche sagen: »Ich will euer Herz zur Freiheit aufrichten wider alle Sklaven der Vernunft.«

Die Grundhaltung des Verdachts führte in säkularisierter Aufklärung zu mannigfachen Grenzüberschreitungen, von denen die Formen praktischer Frömmigkeit besonders betroffen waren (Gebet, Wunder, Wallfahrt, Heiligenverehrung, sakramentale Frömmigkeit). Die Opposition dazu ist nicht Kritiklosigkeit, wohl aber Zuhören (im Sinne des benediktinischen *»ausculta mi fili«*) und im Sinne echter Phänomenologie ein sorgsames Hingucken. Das könnte, wie die hl. Edith Stein es vorexerziert hat, unmöglich zu einer Zerstörung und inneren Aushöhlung einer Religion führen.

So aber habe ich es erlebt, und der Zustand der Kirche in Deutschland ist das Resultat einer ganzen Generation – meiner Generation, mich selbst inbegriffen.

Fazit: Wenn die Instrumente der Aufklärung einmal gegen diese selbst gewendet werden, so muss auch Aufklärung in ihrer rationalistischen Intoleranz kritisiert werden. Eine kluge Vernunft müsste nämlich ihre Grenzen wahrnehmen können, die jedenfalls dann überschritten werden, wenn der einzelne Vernunftbegabte vergisst, dass er auch nur Geschöpf ist.

Die Vorentscheidungen der Gegner

Damit die dann folgenden zahlreichen Einzelbeispiele verstanden werden können, ist es zunächst notwendig, wenigstens einige Vorentscheidungen der liberalen Exegese aufzuzeigen. Die Liste dieser Grundsatzentscheidungen wird dann in der Folge noch ergänzt. Es lag mir nur daran, den Leser nicht ohne die Kenntnis der Grundlagen, aber auch nicht ohne Anschauungsmaterial aus den Kommentaren zu belassen. Ich spreche von »säkularisierter liberaler Religion«, weil es sich nach meinem Eindruck um ein kompaktes Gebilde handelt, das voll und ganz in der Tradition der rationalistischen Religionskritik seit der Antike steht. Die Priester und Hohepriester dieser Religion sind die Professoren, die Kapläne und Hilfsprediger sind die Doktoranden.

Das dominierende inhaltliche Zentraldogma ist der Ostergraben. Gemeint ist damit der Abstand des »historischen Jesus« von der Gemeinde, die »seit Ostern« einen ganz anderen Jesus verkündet. Das eigentlich Kuriose ist dabei, dass gleichzeitig mit dieser Schaufelarbeit bei der Vertiefung das Osterereignis selbst immer kleiner wurde und auf dem Höhepunkt der »kritischen« Entwicklung die Dimension eines historisch unverursachten bloßen Umdenkens annahm. Gott hat dann zu Ostern nicht am Leib Jesu gehandelt, sondern nur am Glauben der Jünger, wenn überhaupt, denn eigentlich besteht Ostern dann nur darin, dass die Jünger zur Besinnung kamen. Dennoch soll von diesem Ereignis schlechterdings alles Weitere abhängen.

Von der beständigen Vertiefung des Ostergrabens

Unter »Ostergraben« versteht man den Abstand zwischen dem historischen und dem nachösterlichen Jesus. Dieser Abstand ist in der Einschätzung der liberalen Forschung immer größer und tiefer geworden. Schon vor 80 Jahren führte diese Sichtweise dazu, dass man bekannte, über den historischen Jesus fast gar nichts zu wissen, außer seines Gekommenseins, d.h. außer der Tatsache, dass er gelebt hat. Doch auch das war vor rund 100 Jahren von meinem Leidener Vorgänger Gustaaf Adolf van den Bergh van Eysinga in Frage gestellt worden. Das geschah in der »großen Zeit« der Religionsgeschichtler, aus der Namen wie Richard Reitzenstein und Wilhelm Bousset noch in Erinnerung sind.

Die Bedeutung von »Ostern« gehört zu den Vorentscheidungen der liberalen Exegese, denn Ostern ist der Dreh- und Angelpunkt in der Glaubensgeschichte des frühen Christentums.

Mit Ostern beginnt das Unheil in der Kirchengeschichte, das genau gesagt bis zum 31.10.1517 währte. Es beginnt aus der Sicht der Gegner der große Verrat an Jesus. Das Tun und Denken der »Gemeinde« ist ab Ostern vom vorösterlichen Jesus durch einen garstigen Graben getrennt. Dieser Graben steht für die radikale Unterscheidung von Gottes Handeln (das sich auf die Weckung des Glaubens in den Jüngern reduziert) vom menschlichen Tun. Mit Ostern beginnen die Menschen, zu agieren – und damit setzt die Sünde ein, denn vor allem schon die Strukturen der Kirche selbst sind sündig.

Die Differenz in der Blickrichtung: Die Position der Gegner: Jesus habe in die Zukunft geblickt, nach vorne, auf das Reich Gottes. Nach Ostern dagegen blicke die Kirche diametral entgegengesetzt in die Vergangenheit, nämlich auf Jesus und sich selbst. Das aber bedeute Erstarrung.

So dreht sich also die Diskussion in den letzten 60 Jahren des 20. Jahrhunderts um die Bedeutung von Ostern. Gegenüber der gegenwärtigen Friedhofsruhe ist das immerhin noch zu begrüßen, denn in dieser Diskussion ist Ostern noch ein aufregendes Datum. Das so zu sehen ist allemal besser, als gelangweilt zu schweigen und die Osterpredigt über die Notwendigkeit der Mülltrennung zu halten. Die Hörer der Predigt glauben ohnehin mehrheitlich, dass zu Ostern »ein Hase geboren wurde«.

Daran hat die Theologie Anteil, da Ostern einerseits historisch entkernt (kein historisches Ereignis), andererseits aber theologisch aufgepumpt worden ist. So entsteht im Ganzen der Eindruck eines unglücklichen Fahrradbesitzers, der in den defekten, löchrigen Schlauch Unmengen von gepresster Luft hineinjagt. – Am Ende kann er dann sagen: »Das war es also: noch nicht einmal heiße, sondern lauwarme Luft.«

Alles dreht sich um Ostern

Das Zentraldogma auch der gesamten neueren Forschung zu Jesus lautet: Ostern war der große Schmelztiegel für alle Jesus-Überlieferungen. »In österlichem Lichte« hätte man sozusagen alles Frühere vergessen und dann gänzlich neu bewertet. Ostern ist damit der *deus ex machina* zur Erklärung aller sonst unerklärbaren Dinge. Ich finde es rundherum erstaunlich, dass noch niemand an diesem Zentraldogma ernsthafte Zweifel angemeldet hat. Das bedeutet nicht ein naiv-blindes Vertrauen gegenüber allem, was über die Zeit vor Ostern berichtet wird. Die Monopolfunktion von Ostern aber ist dabei so unwahrscheinlich wie jede monokausale Erklärung in der Geschichte sonst auch. Der automatische, fast zwanghafte Rückgriff jedes Forschers auf dieses Allheilmittel ist grotesk.

Einige Beispiele aus dem Buch von Theißen: Der historische Jesus (1996) können dieses illustrieren: Nach S. 274 ist Jesu »Seewandel« eine Ostergeschichte. Dazu wird erklärt: »Nur ein göttliches Wesen kann über Wasser gehen.« Das setzt voraus: Dank Ostern galt Jesus als »göttliches Wesen«, was auch immer das sei. Mit einer vorösterlichen mystischen Erfahrung, die sich hier andeutet, wird gegen den Wortlaut und Sinn der Texte nicht gerechnet. Nach S. 274 hat auch die Verklärung Jesu »österlichen Charakter«, denn eine Ostererscheinung in Mt 28 habe ja auf einem Berg stattgefunden. Dass alle übrigen Züge der Verklärung nirgendwo in Osterberichten Analogien aufweisen, wird hier (S. 266–269) gezeigt. Dass sich Petrus in Lk 5,8 als Sünder bezeichne, soll ein Hinweis auf die Ostererfahrung sein, wie mit Erwähnung der ähnlichen Geschichte in Joh 21 gesagt wird. Doch in Joh 21 bezeichnet sich Petrus eben gerade nicht als Sünder. Und dort bittet er gerade nicht den Herrn, wegzugehen, sondern im Gegenteil: Petrus geht durchs Wasser auf ihn zu. Die geheimnisvoll-schöne Zahl 153 fehlt bei Lukas, das andere Boot mit den Jüngern bei Johannes. Es reicht eben alles Auflisten von Parallelen nicht aus, um Lk 5 als österlich zu erweisen. Auch das Abendmahl müsste selbstverständlich aus dieser Sicht nachösterlich sein, denn die heilige Speise gibt derselben Studie (S. 363) »Anteil am Leben der Gottheit«. Für das Feiern des Abendmahles könnte laut S. 366 Jesus »den Anstoß gegeben haben«, »aber sicher« sei »das nicht«, denn »erst nach der Hinrichtung Jesu konnte man in ihm das Opfer erkennen, das den neuen Bund begründet und besiegelt hat« (S. 373). Abgesehen von der Frage des Opfers bleibt vor allem die Frage: Warum konnte Jesus selbst das nicht eingefallen sein? Konnte er nicht ahnen, dass er die Rolle des leidenden Gerechten spielen würde, wo es doch wahrscheinlich ist, dass er sich in die Tradition vom gewaltsamen Geschick der Propheten hat einordnen können (z. B. nach Lk 13,32 f.)?

Vor allen Einzelbeispielen ist nämlich grundsätzlich zu fragen:

1. Warum müssen alle besonderen »mystischen« Erfahrungen »österlich« sein?
2. Gab es nicht auch vor Ostern solche Erfahrungen, wie z. B. Jesu Disput mit dem Teufel, Jesu Satansvision, Jesu Verklärung, eben auch Jesu Seewandel?
3. Anders als von der Forschung pauschal angenommen, ist Ostern keineswegs in jeder frühchristlichen Theologie das Zentrum, oft kommt Ostern gar nicht vor, z. B. im Jakobusbrief, in Jud und 2 Petr, im Hirt des Hermas, in der Didache.
4. Es gibt ein paar Texte, die sagen, nach Ostern hätten die Jünger Worte Jesu oder Schriftstellen verstanden (z. B. Joh 12,16; 7,39). Dass aber die gesamte Jesus-Überlieferung jetzt in göttlichem, vorher in nur-menschlichem Licht erschiene, kann man nicht sagen, denn es geht aus keinem Text hervor. Die alles umgestaltende Macht der Ostererfahrung wird daher maßlos überschätzt. Die grundsätzliche Kontinuität zwischen vor und nach Ostern anzunehmen, sollte nicht als Gegendogma gegenüber dem geschilderten Zentraldogma postuliert werden. Nach dem Johannes-Evangelium hat gerade der nachösterlich gesendete Paraklet die Aufgabe, die Jünger »an alles zu erinnern«. Das war demnach für diese Christen wichtig – und nicht die umfassende Neuproduktion seit Ostern.

In der Forschungsgeschichte hat man immer wieder die Berufung des Apostels Paulus vor Damaskus als Mutter des paulinischen Evangeliums angenommen und sie parallel zu

Martin Luthers monastischer Berufung bzw. zu seinem Turmerlebnis gesetzt. Die Ostervisionen der Jünger jedoch werden charakteristisch anders geschildert. In der Mehrzahl sind sie Gemeinschaftserfahrungen.

Die Position der Gegner: *Nach Ostern wurde Jesus sukzessive vergottet.* Die liberale Forschung ließ dieses Jesusbild entstehen: Jesus selbst war ein bescheidener jüdischer Lehrer und – in Grenzen – Charismatiker. Erst einige unklare Erlebnisse einzelner Jünger nach der Kreuzigung Jesu nahm man zum Anlass der Vergottung. Diese posthume, also nachträgliche Deifizierung (Vergottung) von sterblichen Menschen nennt man Euhemerismus. Das Wort ist hergeleitet von einem sagenumwobenen antiken Reisenden namens Euhemeros, der behauptete, auf einer der von ihm besuchten Inseln sei es üblich, die verstorbenen Herrscher posthum als Götter zu verehren. – Auf Jesus angewandt würde das bedeuten: Er selbst hat von seinem eigenen Gottsein nichts gewusst und auch in dieser Richtung nichts gewollt.

Die Position der Gegner: *Der Glaube an Jesus ist erst nach Ostern entstanden.* Jede Art von Glauben »an« Jesus sei erst nachösterlichen Ursprungs. Damit ist der christliche Glaube nicht mehr von Jesus zu verantworten, sondern nur noch von seinen höchst fehlbaren Jüngern. Jesus selbst habe sich gegen jede Vergottung gewehrt, habe sich noch nicht einmal »guter Meister« nennen lassen wollen (Mk 10,17–19). Jesus selbst habe nur für den Glauben an Gott geworben, nicht für den Glauben an sich selbst. Damit aber ist der grundsätzliche Konflikt gestiftet zwischen Jesus und Kirche, denn die Kirche wird verantwortlich gemacht für all das, was lästig ist, also für Dogma, Abgrenzung (z. B. durch Ausschluss), Amt, Institution und Alleinvertretungsanspruch.

Alles dieses ist dann eben später, nicht im Sinne Jesu und daher auch gar nicht notwendig. – Ostern steht also lediglich für einen Bewusstseinswandel.

Sed contra: Es ist schon merkwürdig; einerseits soll alles, aber auch alles Relevante von Ostern abhängig und herleitbar sein, also christlicher Glaube, Glaubensbekenntnisse, Jüngerschaft und Kirche, Sakramente und Opposition zum Judentum (ohne diese wäre, so sagt man, das Christentum eine innerjüdische Sekte geblieben). Andererseits aber hat man das, was zu Ostern geschehen ist oder sein soll, zunehmend verdünnt. Dadurch blieb Ostern kein historisches Ereignis mehr, sondern lediglich ein Bewusstseinsphänomen. Das Bewusstsein der Jünger änderte sich, der Glaube entstand, indem die Jünger und Jüngerinnen sich eines Besseren besannen. Dementsprechend glaubt man, die Osterberichte gingen insgesamt auf 1 Kor 15,3–5 zurück. Alles andere außerhalb dieser höchst kargen Andeutungen sei »redaktionell« und eben »sekundär«.

Die Position der Gegner: *Ostern ist somit Ursprung der Christologie.* Seit William Wrede (1859–1906) gilt folgendes Geschichtsbild: Das Leben Jesu war »unmessianisch«. Das heißt: Jesus hat sich nicht für den Christus gehalten, und keiner seiner Jünger sah sich zu einem derartigen Glauben veranlasst. Alles das wurde mit den Ostererscheinungen ins Gegenteil verkehrt. Der nachösterliche Messiasglaube ist eine Folge des Osterglaubens (vgl. dazu R. Bultmann: Die Frage nach dem messianischen Bewusstsein Jesu und das Petrusbekenntnis, in: *ZNW* 19 (1919/1920), S. 165–174). Ebenfalls und ganz in diesem Sinne auf Ostern als den Angelpunkt der Glaubensgeschichte ausgerichtet ist die Theorie vom Messiasgeheimnis.

Messiasgeheimnis: War es auch in diesem Falle so, dass die Evangelisten nachösterliche Erkenntnisse in die vorösterliche Verkündigung Jesu eingetragen haben, um so zu vertuschen, dass der Glaube an Jesus erst eine späte Schlussfolgerung der Gemeinde ist? Hätten die Evangelisten deshalb Jesus Schweigen gebieten lassen? Denn so wäre das vorösterliche Schweigen zu erklären, das in Wahrheit nicht auf Jesu Gebot, sondern auf die Unkenntnis der Gemeinde zurückgegangen ist? – Exegeten möchten sich hier als erstklassige Kriminalisten erweisen, die endlich den betrügerischen Evangelisten auf die Spur kommen.

Sed contra: Die Schweigebefehle Jesu, seine Identität betreffend, müssen nicht erst betrügerische Erfindung der Evangelisten gewesen sein. Warum eigentlich müssen alle diese Anordnungen Jesu auf Betrugsversuchen der Evangelisten beruhen? Es gab für Jesus selbst genug Gründe, in den Fragen seiner wahren Identität Schweigen zu verordnen: Er wartete selbst auf den »evidenten Erweis« in seiner Auferstehung. Zugleich wollte er offensichtlich den unlösbaren Streit mit den Repräsentanten des Judentums um seine Identität hinauszögern, denn aus Weish 2 (inklusive der gesamten biblischen Tradition über den »leidenden Gerechten«) konnte er wissen, dass solche Streitigkeiten mit seinem Tod enden würden. Es war ihm offenkundig wichtiger, seine Botschaft zu verkünden, bevor der Konflikt begann. Wenn dieser Konflikt schon unausweichlich war, dann lag doch für jetzt alles daran, ihn möglichst nach hinten zu verschieben. – Kurzum: Die Schweige- und Geheimnistheorien der Evangelien sind nicht kriminalistisch zu klären (Betrug), sondern entweder religionsgeschichtlich (die Verborgenheit des Weisen und der Weisheit) oder biographisch-historisch (Klärung der Legitimität).

Der Bedeutung von Ostern in systematisch-theologischer

Hinsicht in der liberalen Theologie steht die angebliche völlige historische Geringfügigkeit des Anlasses diametral gegenüber, denn vor allem gab es nach Auskunft vieler Gegner das leere Grab gar nicht.

Die Position der Gegner: *Das leere Grab gab es nicht.* Die Überlieferung vom leeren Grab ist unhistorisch. Jesus sei dagegen als Verbrecher zusammen mit den Schächern an einem unbekannten Ort vergraben worden. Die Erscheinungen sind vielmehr Ausgangspunkt des Osterglaubens. Das »leere Grab« ist dagegen den »spirituellen« liberalen Fachkollegen viel zu materiell, zu dinglich, zu mirakelhaft, wie sie es nennen würden.

Sed contra: Es gibt vergleichbare und akzeptierte Erfahrungen: Die vergebliche Suche nach dem entrückten Propheten Elia ist genauso zu nennen wie die vergebliche Suche nach den toten Kindern Hiobs, die zu den Sternen entrückt sind, nach Testament des Hiob 39,11–40,3 (jüd.-hell., 2. Jh. v. Chr.). Dabei sind »jüdisch« und »frühkatholisch« den liberalen Forschern stets in demselben Sinne suspekt gewesen. Nur gegen psycho-immanente Visionen wollte man nichts einwenden.

In der Fachsprache der Exegeten bedeutet »nachösterlich« immer: unecht, von der »Gemeinde« erdacht, also gefälscht und Jesus nur in den Mund gelegt. Wenn also Jesus sagt: »Ich bin der Weg«, dann kann das nach dem katholischen Neutestamentler Michael Theobald nicht echt sein. Denn Jesus kann nichts über sich selbst gesagt haben. Warum eigentlich? Weil die liberale protestantische Forschung Jesus gegen die dogmenbildende Kirche ausspielt. Deshalb können Sätze, in denen der »Sohn« dem »Vater« gegenübersteht, obwohl in allen vier Evangelien belegt, nur ein »fortgeschrittenes, nachösterliches Stadium der Christologie«

darstellen. Denn es darf nicht sein, dass Jesus so geredet hat, und zwar unabhängig von der Frage, ob er damit recht hatte.

Keine Höllenfahrt

Die Position der Gegner: *Jesus war nicht im Reich des Todes,* um dort zu predigen. Das sei vielmehr eine typisch mythologische Konstruktion anhand von 1 Petr 3,18 und 4,6, die dann auch ins Credo wanderte (»hinabgestiegen in das Reich des Todes«). Wahr sei nichts davon.

Sed contra: Wie schon auf S. 49f. zu Christi Höllenfahrt dargelegt, war Jesus drei Tage lang tot. Und er war im Reich des Todes, ist aber »am dritten Tage« aus dem Tod erwacht. Das war die Voraussetzung für die Auferstehung, der Sieg über den Tod. Glaube stellt jeweils den Zusammenhang her zwischen Gottessohnschaft, Tod und Auferstehung bzw. ergründet ihn. Einzelne Daten oder Fakten oder Begriffe sind gegeben, und es ist die Aufgabe, zwischen ihnen Verbindungslinien zu ziehen. Jesu Abstieg in das Reich des Todes ist als Glaubensartikel eine »logische« Konsequenz aus dem Auferstehungsglauben. Denn was ist zwischen Tod und Auferstehung Jesu geschehen? Jesus war tot, also wirklich im Totenreich, und dort ist er aufgewacht und also auferstanden. Damit hat er das Totenreich in Unordnung gebracht. Die Zwischenschritte entsprechen der sachlichen und logischen Abfolge. Weil Tod und Auferstehung wahr sind, betrifft das auch die Wahrheit dieser Zwischenschritte in den drei Tagen.

Die Position der Gegner: *Gerade auch Paulus setzt das leere Grab nicht voraus.* In der Tat kennt Paulus kein *ossilegium,* d. h. keinen Bericht über die Suche der Frauen nach dem begrabenen Leib Jesu. Dadurch soll – aus der Sicht der Gegner – die These von der späten und apologetischen Entstehung der Grabestradition gestützt werden.

Sed contra: Dass Paulus das Wort Auferstehung gebraucht, weist darauf, dass er hier eine jüdisch-hellenistische Einschätzung vollzieht. Nach dieser aber ist eine nicht-leibhaftige Auferstehung undenkbar. – Wenn Paulus in 1 Kor 15,51 die Auferstehung der Glaubenden mit dem Wort »Umgestaltung« beschreibt, setzt er etwas voraus, das umgestaltet wird (vgl. das Verbum in Mk 9,3). Ebenso ist beim »Anziehen« (eines Kleides) jemand oder etwas vorausgesetzt, das/der anzieht. Das kann nur der alte Leib sein, denn die übliche hellenistische Zweiteilung von Seele und Leib (im Sinne potenzieller Unabhängigkeit der Seele vom Leib) ist für Paulus unbekannt.

Die Position der Gegner: *Psychologische Osterdeutung:* Die Ostervisionen lassen sich psychopathologisch erklären. Sie entfallen damit als Stützen des Osterglaubens. Hier fallen dann Stichworte wie »Trauerarbeit« oder »Lösung von Blockaden«.

Sed contra: Es ist methodisch nicht legitim, psychologische Analysen ohne weiteres auf Menschen zu übertragen, die vor zwei Jahrtausenden lebten. Wer will und kann die Apostel wegen Ostern nachträglich auf die Couch legen? Dies ist gegen Versuche zu sagen, Ostern tiefen- (Trauerarbeit) oder konfliktpsychologisch zu »erklären«, so dass eben kein »irrationaler« Rest bleibt. Der Exeget ist dann einmal mehr der Müllentsorger gewesen.

Ich meine: Bei den Vertretern dieser Hypothese liegt vielmehr ein neuerlicher Fall der Anthropologisierung theologischer Aussagen vor. Die Psychologie als Teil der modernen (medizinischen) Anthropologie ist nicht kulturell allgemeingültig. Sie ist in höchstem Maße kulturabhängig und kulturspezifisch.

Was also war aus meiner Sicht die Auferstehung Jesu zu Ostern jedenfalls nicht? Sie war nicht:

- *Beginn der Vergottung* Jesu, d. h. der sukzessive erfolgten irrtümlichen Ernennung Jesu zum Gott durch die Kirche.
- *Anfang aller christologischen und sonstigen christlich-dogmatischen Erkenntnis.* Nirgends findet sich davon eine Spur, dass Ostern diese Funktion haben könnte. Wenn Ostern nämlich so wichtig wäre, hätte sich davon wohl eine Spur erhalten müssen. Unbestritten ist, dass manche Jesusworte erst nach Ostern verstanden werden – manche warten allerdings bis heute darauf. Und nach Ostern gibt der Vater bzw. der Sohn den Heiligen Geist, damit die Schrift verstanden werden kann (vgl. dazu unten). Aber die liberale Theologie behauptet etwas anderes:

Wider die Theorie von der Entstehung des Glaubens erst nach Ostern

Ostern war der *Beginn des Glaubens an die Gottessohnschaft* Jesu. So will es aber das zugegebenermaßen eindrucksvolle Bild, das F. Hahn in seiner Christologie (Christologische Hoheitstitel, 1962) entworfen hat. Demnach erwartete man zunächst die Wiederkunft Jesu als die des Sohnes Gottes (1 Thess 1,9 f.), dann aber verlagerte man den Termin der Einsetzung Jesu zum Gottessohn nach vorn, nach Ostern (Röm 1,3 f.), schließlich ließ man schon den vorösterlichen Jesus sich als Gottessohn bezeichnen (Mk 14,62 f.), dann ging man weiter nach vorn zum Petrusbekenntnis nach Mk 8 par Mt 16. Die nächste Stufe bestand darin, dass die Kindheitsgeschichten von diesem Dogma ergriffen wurden (Lk 1,33), und zuletzt nahm man gar an, Jesus als der präexistente Sohn Gottes sei Mensch geworden. Damit war man gewissermaßen am äußersten anderen Ende angelangt. Parallel zu dieser Verlagerung »von hinten nach vorne«, die Hahn auch für die übrigen christologischen Titel annimmt, laufen für Hahn und das zugrundeliegende Geschichtsbild das Verblassen der apokalyptischen Naherwartung, die Entstehung und Verfestigung von Kirche und Amt, die Enteschatologisierung des Christentums im Ganzen und die Entfaltung der Sakramente.

Die Auferstehung war nicht der *Beginn der Kirche.* Dieser liegt vor Ostern, und zwar in der Einsetzung Petri zum Felsenfundament der Kirche und spätestens in der Einsetzung des Neuen Bundes beim Abendmahl. Immerhin war Jesus Jude, und das Judentum war nie Privatreligion oder Religion von lauter Kleinbankiers. Sein Horizont, auch und gerade in den Israel-kritischen Worten, ist immer das Volk Gottes. Und das Bild von der »Gemeinde/Kirche« als Tempel bzw. Haus Gottes, vom symbolisch zu deutenden Fundament dieses Hauses und vom gleichfalls symbolischen Erbauen dieses Hauses, dieses Bild steht schon in den Schriften aus Qumran (übrigens zusammen mit der Symbolik der zwölf Männer) (vgl. dazu »Kommentar zum Neuen Testament« zu Mt 16,16f.). Warum sollte dieses Bild, das so tief im Judentum verankert ist, ausgerechnet erst nachösterlich sein? Warum darf man dieses Bild Jesus nicht zutrauen, der bekanntlich auf die Fortexistenz des steinernen Tempels in Jerusalem nicht allzu große Hoffnung setzt?

Wider die Theorie von der Judenfeindschaft ab Ostern

Ostern war nicht der Beginn der Judenfeindschaft der Christen. Vielmehr war Ostern laut Kapitel 2–5 der Apostelgeschichte Start eines erneuerten Werbens um Israel. Gegenüber der Kritik am Volk Gottes bei den Propheten ist das, was Jesus vor Ostern kritisch an die Adresse seines Volkes richtet, erwartbar und einfach normal. Judenfeindlich wäre nur das Totschweigen des erwählten Volkes. Der Schriftbeweis zum Beispiel des Barnabasbriefes, des Matthäus-Evangeliums, des Apostels Paulus und der Predigten der Apostelgeschichte, später dann der Stromateis (Clemens von Alexandria) oder des Justinus Martyr oder des Tertullian sind Zeugnisse einer lebhaften geistigen Auseinandersetzung im Ringen um die wahre Bedeutung der Texte. Die Methode ist auf beiden Seiten die Argumentationstechnik der Juristen aus der Kaiserzeit. Wem das zu hart erscheint, der muss sich andere Gegner und Freunde suchen.

Die Auferstehung Jesu war nicht der *Anfang liturgischen Verhaltens der Jünger.* Und auch die Urgemeinde nach Ostern ist nicht liturgiefrei, wie es die kritische Exegese gern hätte. Warum bitten sonst die Jünger Jesu, er möge sie beten lehren? Schließlich ist die Offenbarung des Johannes »das« liturgische Buch des Neuen Testaments – auch wenn gerade die protestantischen Kirchen davon nichts gelernt haben oder übernehmen wollten.

Wider die Theorie von der idealen Urgemeinde

Ostern spielt *nicht in der idealen Urgemeinde,* in der es außer Liturgie auch alle die anderen bösen Eigenschaften der Kirche noch nicht gab. Die Andeutungen über »alles gemeinsam« und »ein Herz und eine Seele« aus der Apostelgeschichte nimmt man ungeprüft so ernst, dass man sie auf die ganze »ideale« Urgemeinde ausdehnt, die man (seit 1000 Jahren) mit jeder Reform wiederherstellen möchte.

Sed contra: Dabei übersieht man einmal frühchristliche Texte über Konflikte geflissentlich, so den Text über Ananias und Saphira in Act. Zum anderen übersieht man, dass außer Eph alle neutestamentlichen Briefe inklusive Apk voll sind von Beschimpfungen der jeweiligen Häretiker. Die Urgemeinde ist daher nie und nimmer das gewünschte Gegenbild zur vorreformatorischen oder tridentinischen katholischen Kirche.

Ostern war nicht der Beginn des *nachösterlichen Enthusiasmus,* der dann entweder gnostisch oder judaisierend-frühkatholisch wurde. Dieses ganze angeblich früh-nachösterliche Geschichtsbild ist reines ideologisches Wunschdenken. Als Enthusiasmus bezeichnete man das oben charakterisierte utopistische Denken, und man setzte es in gut protestantischer Tradition gleich mit Luthers Angstgegnern, den Schwarmgeistern. Vor allem in der Gemeinde von Korinth und in der präsentischen Eschatologie des Johannes-Evangeliums meinte man, diesen Enthusiasmus wiederzufinden. Besonders Lütgert mit seinen Thesen zu Korinth (Freiheitspredigt und Schwarmgeister in Korinth, 1908) war hier einflussreich, und vieles davon lebt weiter bei Schmithals (Die Gnosis in Korinth, 1969), nur dass Schmithals eher das andere, in die Kirchengeschichte ragende Ende der Schnur anpeilt.

Wider die Theorie von der Dominanz der präsentischen Eschatologie nach Ostern

Die Position der Gegner: *In der Gemeinde des Johannes-Evangeliums herrschte anfänglich eine präsentische Eschatologie.* Diese wurde erst später durch den End-Verfasser des Evangeliums korrigiert mit Hilfe von Elementen traditioneller futurischer Eschatologie und Stücken kirchlichen Sakramentsdenkens (in Joh 3 und besonders in K. 6). – Typisch präsentische Stellen seien Joh 5,24. Es ist ganz klar, dass Bultmann selbst, der die These von der uranfänglichen präsentischen Eschatologie des Johannes-Evangeliums am deutlichsten vertritt, dieser auch seine Liebe schenkt, während er weder der futurischen Eschatologie noch dem Sakramentsdenken viel abgewinnen kann. Diese Lösung entspricht indes auch zweifellos dem gängigen Rationalismus, weil man alles Wichtige (Erkenntnis und Rechtfertigung) fast zum Nulltarif haben kann, jedenfalls ohne irgendwelche dogmatischen oder apokalyptischen Spekulationen.

Wider die Theorie von der Entstehung des Erlösungsglaubens erst nach Ostern

Die Position der Gegner: *Ostern ist der Anfang der Auffassung des Christentums als Religion der Sündenvergebung und Erlösung.* Diese Einschätzung ist auch immer mit einer entsprechenden Abwertung des Judentums verbunden, denn Altes Testament und Judentum kennen nur die Drohung mit Gottes Gericht und Rache, das Judentum habe daraus schließlich die Religion des Zornes Gottes und der Leistung des Menschen gemacht. Und darin bekämpft man zugleich auch die katholische Ausprägung des Christentums, so dass pharisäischer Leistungsstolz und katholische

Werkgerechtigkeit eindrucksvolle und verzerrte Oppositionen zum wahren Gottesbild wurden.

Wider die Meinung, Himmelfahrt sei nur eine Legende

Die Himmelfahrt Jesu spielt in der neueren Diskussion über die Auferstehung Jesu, obwohl sie sachlich dazugehört, keine Rolle mehr. Bei Theißen (Der historische Jesus) findet sich das Wort nicht einmal mehr im Stichwortverzeichnis. Die einschlägigen Bibeltexte bleiben in den Übersichten unkommentiert. Das ist durchaus wörtlich zu nehmen, denn die Himmelfahrt Jesu gilt als vollkommen indiskutabel.

Die Position der Gegner*: Die Himmelfahrtslegende ist typisches Beispiel für mythisches Denken.* Von der Himmelfahrt Jesu wird zweifach berichtet, am Schluss des Lukas-Evangeliums und am Anfang der Apostelgeschichte. Beide Berichte sind ganz verschieden, vor allem in der Datierung. Lk 24 ist am Ostersonntag datiert, Act 1 dagegen nach 40 Tagen. In Act 1 ist das Weggehen Jesu ein Vorzeichen für seine Wiederkunft, in Lk 24 dagegen steht Jesu priesterlicher Segen im Mittelpunkt. Daraus hat man geschlossen, die »Himmelfahrt Jesu« sei historisch wertlos, und der Katholik G. Lohfink hat die Berichte entmythologisiert: Es handele sich um eine zweifache Einkleidung der Erhöhung Jesu. Die Berichte seien im Übrigen massive Dokumente mythologischer Vorstellungen vom dreistöckigen antiken Weltbild: Jesus müsse hier ja in den dritten Stock hinaufsteigen. Bei dieser Argumentation der Exegeten denkt man an bayrische Dorfkirchen, wo zu Himmelfahrt eine Christusfigur an einer Seilwinde auf den Dachboden hinaufgezogen wird. Wenn die Figur oben angekommen und damit der Aufzug geglückt ist, gibt es Beifall für den rührigen Küster. So wird das »dreistöckige Weltbild« speziell für die Himmelfahrtsberichte aktualisiert, denn in der Tat wird sonst Jesu Weggehen in den Himmel nicht besonders geschildert. Im Hintergrund dieser Exegesen hört man das triumphierende Gelächter darüber, dass wir Gott sei Dank nicht mehr an eine Himmelfahrt und drei Stockwerke glauben müssen. Doch wenn man nicht mehr sagen kann, wo Jesus hingeht, kann man das auch für unsere Toten nicht sagen. Gibt es vielleicht ein Drittes zwischen antikem Weltbild und fundamentalistischer Vorwegnahme der Raumfahrt durch Jesus?

Sed contra: Die beiden Berichte in Lk 24 und in Act 1 beziehen sich auf verschiedene Ereignisse: Man kann also nicht mit dem einen Bericht gegen den anderen argumentieren. In beiden Texten handelt es sich um verschieden gestaltete Texte, die jeweils über den Schluss einer Erscheinung des Auferstandenen berichten. Im Rahmen der jüdischen Tradition der Erscheinungen von Himmelswesen (Engel; Entrückte) sagt jeweils der Schluss einer Erscheinung Entscheidendes über Wesen, Eigenart und Identität des Erscheinenden. Aus der Art und Weise, in der der Erscheinende sich (nicht) verabschiedet, kann man erkennen, wer er ist bzw. wer das war. So kann man aus Act 1,11 erkennen, dass der Verschwundene der Wiederkommende ist. Aus Lk 24,52 kann man erkennen, dass Jesus der priesterlich Segnende ist. Gerade aus Mt 28,20, wo keine Himmelfahrt berichtet wird, kann man über diese Gattung einiges lernen: Dass der Herr nicht weggeht, gibt die Möglichkeit, zu erkennen, dass er der Emmanuel ist, die Art und Weise, in der Gott mit und bei seinen Jüngern ist (vgl. Mt 1,23!). Weder Lk 24 noch Act 1 berichten daher die Erhöhung Jesu; diese gehört zu Ostern direkt. In allen nachfolgenden Erscheinungen wird Jesus »vom Himmel her« sichtbar. Dazu gehören auch Lk 24 und Act 1. Da Act 1 über die zeitlich ausgedehnteste Erscheinung berichtet und zudem die letzte ist, die der Zwölferkreis erlebt, kann man sagen: Die Kirche feiert mit dem Himmelfahrtsfest dankbar die enorm wichtige Rolle, die die Ostererscheinungen insgesamt für die Kirche spielten.

Kann ein Auferstandener essen und trinken?

Die Position der Gegner: *Die Identitätserweise des Auferstandenen sind späte, peinliche Apologetik.* Nach Lk 24,42 fragt Jesus die versammelten Jünger bei seiner Erscheinung: »Habt ihr etwas zu essen hier?« »Sie gaben ihm ein Stück gebratenen Fisch. Er nahm den Fisch und aß ihn mit ihnen.« Die liberale Forschung geruht, diese Szene als peinliches Kunststückchen zu bezeichnen, in dem mit unpassenden Mitteln Apologetik betrieben werde. Die Tatsache, dass Jesus Fisch essen könne, sei nämlich eine Art Lackmustest auf die Wahrheit der Erscheinung nach dem Motto: Zeige mir, dass du essen kannst, und ich sage dir, ob du Jesus bist. Derartige Spielchen seien natürlich dem Ernst einer Erscheinung nicht angemessen. Das alles sei spät und frühkatholisch.

Sed contra: Für die Zeugen einer Erscheinung ist es lebenswichtig, zu wissen, dass der Erscheinende kein Totengeist ist, sondern der von den Toten auferweckte Mensch. Ein Totengeist aber könnte – wie alle Engel und Dämonen – nicht essen oder trinken. Die Begegnung mit einem Totengeist dagegen könnte nur Unheil bringen, denn von ihr ginge nur Fluch und Tod, nicht aber Segen und Leben aus. Daher dreht es sich hier nicht um ein apologetisches Mätzchen, sondern um Leben oder Tod. So ist das Thema noch dasselbe wie in Lk 24,37 (»... sie meinten, ein Gespenst zu sehen«). Wer mit der Erscheinung Toter zu tun hat, ist erwählt oder verflucht. Er steht mitten im Ernstfall. Deshalb ist es verfehlt, hier von sekundärer frühkatholischer und abwegig-dummer Apologetik zu reden.

Wider die Theorie, dass Jesus erst nach Ostern zum Sohn Gottes wurde

Der Titel Sohn Gottes wurde Jesus erst aufgrund der Ostererfahrung beigelegt (vgl. dazu G. Theißen: Der historische Jesus, S. 481; Benedikt XVI. [Joseph Ratzinger]: Jesus I). Man beruft sich für diese weitverbreitete These auf Röm 1,3 f. und Act 13,33, denn nach Paulus wurde Jesus zu Ostern als Sohn Gottes inthronisiert, und der Titel verdanke sich Ps 2,7, das in diesem Sinne in Act 13,33 zitiert wird (Ostern als Zeitpunkt der Adoption). Zudem geht man davon aus, dass Ps 2,7 (Mein Sohn bist du ...) und damit die vorderorientalische (inklusive ägyptische) Königsideologie der Ursprung des neutestamentlichen Titels sei. Der erhöhte Herr war dann der Gottessohn von Ps 2,7. Die Konsequenz wäre: Zu dem unjüdischen Titel hat es bei Jesus keinen Anhaltspunkt gegeben. Die für die folgenden Jahrhunderte wichtigste und für Heidenchristen verständliche Aussage wäre ohne Anhaltspunkte bei Jesus vor Ostern.

Sed contra: Mir ist unverständlich, wie man die Stimme des himmlischen Vaters bei der Verklärung (»Dieser ist ...«) und bei der Taufe (»Du bist ...«) übergehen kann. Hält man diese nach den Evangelien zentralen Widerfahrnisse für sowieso indiskutabel? Und hat nicht Jesus auf die Frage des Hohepriesters: »Bist du der Christus, der Sohn des Hochgelobten?«, geantwortet: »Ich bin es. Ihr werdet sehen, dass der

Menschensohn zur Rechten der Macht Gottes sitzt …« (Mk 14,61 f.)? Kann man es überhören, wenn die Dämonen rufen: »Du bist Gottes Sohn!« (Mk 3,11)? Und was bedeutet es, wenn Gabriel bei der Verkündigung an Maria sagt: »Der Heilige Geist wird über dich kommen, und die Kraft Gottes wird dich umhüllen. Deswegen wird dein Kind ganz heilig sein und Sohn Gottes heißen« (Lk 1,33). Und ist es völlig wertlos, wenn Petrus nach Mt 16,16 sagt: »Du bist der Messias, der Christus, der Sohn des lebendigen Gottes«? Und Jesus antwortet daraufhin: »Du bist glücklich zu preisen, Simon, Sohn des Johannes …« Und die Jünger bekennen im Boot bei der Sturmstillung: »Du bist der Sohn Gottes …« (Mt 14,33).

Die sogenannte kritische Forschung hält all das für sekundär und überhaupt nicht beweiskräftig. Aber es gibt doch sogar den Satz »Ich bin der Sohn Gottes!« (Mt 27,43). Doch es gibt auch die angebliche Lösung der synoptischen Frage, die alle Stellen im Evangelium nach Matthäus von vornherein entwertet, denn das sei ja alles sekundär oder redaktionell. Daher kann man dann pedantisch sein und darauf insistieren, es müsse der Satz »Ich bin der Sohn Gottes« bei Markus vorkommen. Und wenn das nicht der Fall sei, dann sei die Annahme, Jesus sei Gottes Sohn, eben nachösterlich.

Nur, dass ein Titel »im Munde Jesu« vorkommen müsse, um seinen Ursprung vor Ostern haben zu können, kann ich gerade in diesem Fall nicht einsehen. Der Gattung nach ist »Sohn Gottes« doch ein Bekenntnis, das im Gegenüber zu Jesus geäußert wird. Was Wunder, dass er das nicht selbst zu sich sagt! Beim »Menschensohn« war das anders, der wird nur in der dritten Person genannt.

Beim »Sohn Gottes« ist schon die religionsgeschichtliche Herleitung defizitär, die Theißen vorschlägt. Um die Katze aus dem Sack zu lassen: Schon im 2. Jahrhundert v. Chr. wird im Judentum der Titel »Sohn Gottes« aus dem Besitz des Heiligen Geistes hergeleitet (Jubiläenbuch 1,23f.) und eben nicht aus der Königsideologie. Und so ist es auch durchgehend im Neuen Testament. Wo immer erklärt wird, wie Jesus Gottes Sohn sein kann, wird auf den Heiligen Geist verwiesen. Die Frage des Königtums Jesu steht im Neuen Testament kaum je zur Debatte. Und weil der Heilige Geist dabei so wichtig ist, sind es deshalb auch die unreinen Geister, die Dämonen, die Jesus als den Sohn Gottes zuerst bekennen. Und als Petrus ein zwar richtiges, aber doch mangelhaftes Bekenntnis zum Sohn Gottes ablegt, weil er das Leiden ausklammern möchte, wird er Satan genannt, also ein böser Geist. Und von der Sünde wider den heiligen Geist nach Mk 3 ist eben angesichts einer falschen Christologie die Rede, die Jesu Geist – der ihn zum Sohn Gottes macht – bei Beelzebul ortet. Und Paulus sagt in 1 Kor 12,1–3, nur vom Heiligen Geist geleitet könne man einen anderen christologischen Titel, nämlich Kyrios, bekennen, sonst eben nicht. Das heißt: Gerade beim Sohn Gottes, aber auch bei anderen Titeln ist der Sitz im Leben des Bekenntnisses der pneumatologische Dualismus (d.h. der Widerstreit zwischen Heiligem Geist und unreinen Geistern). Dem entspricht auch das »Widersagst du dem Satan ...?« im alten Taufritual bei der Übergabe des Bekenntnisses. Wenn der Titel »Sohn Gottes« da hineingehört, dann hat er sehr wohl einen vorösterlichen Ursprung, und zwar in einem grundlegenden Bereich der Tätigkeit Jesu, in dem es um den Ursprung seiner Vollmacht geht.

Zusammenfassung: Der Titel Sohn Gottes hat seinen Ursprung bei Jesus in der Auseinandersetzung, ob Jesus vom Heiligen Geist bestimmt sei oder von der Gegenseite. Natürlich kann man sagen, alles das sei nachösterlich.

Bedenklich ist das Kriterium, nur bei den Worten Jesu sei der Überlieferung zu trauen, nicht bei den Geschichten. So vertreten die Liberalen das Urteil, »Sohn Gottes« sei ein erst nachösterlicher Titel, da er vor Ostern im Munde Jesu nicht vorkomme. Ich halte das für unrichtig, weil ich die Methode angreife. Nur »Worte Jesu« für möglicherweise echt zu halten verrät seinen liberal-protestantischen Ursprung darin, dass Jesus hier als der Prediger erscheint. Aber warum sollen denn wirklich nur Worte Jesu Vertrauen verdienen und nicht Erzählungen?

Es ist in meinen Augen höchst problematisch, angesichts der überwältigenden Mehrzahl der vorösterlichen Zeugnisse für »Sohn Gottes« stur die Methoden durchzuziehen und in der Konsequenz eben ein wichtiges Stück des Bekenntnisses unterminieren zu lassen. Niemand kommt auf die Idee, hier einmal die Methoden selbst zu kritisieren oder zu hinterfragen – oder schlicht zu fragen, ob bei einer solchen Ergebnislage nicht einige Anfragen an die Methode überfällig sind. Nein, ich weigere mich, aufgrund der Hypothese zu den Quellen der Evangelien dann strikt nach der Subtraktionsmethode vorzugehen und alles abzuwerten, was der eine mehr hat als der andere. Das ist nichts weiter als eine zum Selbstläufer gewordene Ideologie.

Dazu gehört zum Beispiel die Frage nach dem Wert oder Unwert der Stücke, die Matthäus mehr hat als Markus. Ist das alles wertlos, weil sekundär, weil man davon ausgeht, dass Matthäus sich das alles – natürlich grundlos – ausgedacht habe? Für den wichtigsten Einwand gegen die herrschende Theorie halte ich die Beobachtung, dass »Sohn Gottes« im Neuen Testament nicht eine entmythologisierte und entpolitisierte vorderorientalische Königsideologie darstellt, sondern dass die Gottessohnschaft durch den Heiligen Geist begründet wird, und zwar durchgehend. – Der Beleg aus dem Jubiläenbuch sieht so aus: »Und ich werde ihnen schaffen einen heiligen Geist. Und ich werde sie rein machen, damit sie sich nicht von mir wenden von diesem

Tag an bis in Ewigkeit. Und es werden anhangen ihre Seelen mir und meinem Gebot. Und sie werden (für sich) mein Gebot tun. Und ich werde ihnen Vater sein, und sie werden meine Kinder sein. Und sie alle werden genannt werden Kinder des lebendigen Gottes« (Jubiläen 1,23–25). Dazu: Die beiden ersten Sätze sprechen von Gottes Tun. Dann ist vom so ermöglichten Tun der Menschen die Rede. Bei Gottes Tun wird das Schaffen des Heiligen Geistes parallel gesetzt zum Reinigen Gottes (vgl. dazu in Mk 1 die unreinen Geister und das reine Pneuma Jesu). Das Tun der Menschen ist zunächst an Gottes Gebot ausgerichtet, aber dann folgt die Verheißung: Sie ist bedeutend dadurch, dass hier die Bundesformel aufgegriffen wird. Parallel zum Vater werden die Kinder genannt. Das alles wird ermöglicht dadurch, dass Gott diesen Menschen einen Heiligen Geist geschaffen hat. Das ist der initiale Akt, und die Kindschaft ist die Konsequenz. Dass hier Heiliger Geist und Kindschaft zusammenkommen, ist im Rahmen der biblischen Vorgeschichte dieser Formeln geradezu erwartbar, denn sowohl von der Schaffung des neuen Heiligen Geistes in den Herzen der Menschen als auch von der Vaterschaft Gottes war schon lange zuvor die Rede. Da war es nur eine Frage der Zeit, dass zu »Vater« auch der Komplementärbegriff »Kinder« ins Spiel kam. Vgl. Jer 31,9 (Vater – Erstgeborener) .33 (Bundesformel und »Gesetz ins Herz«); Ez 36,26 (neuen Geist) .27 (meinen Geist) .28 (Bundesformel); Jer 31, 9 (Vater).

Fazit: Jesus war schon lange vor Ostern Sohn Gottes und betrachtete auch sich selbst so, denn er war Charismatiker und Sohn Gottes durch Gottes Geist. Das war eine gutsituierte jüdische Tradition, in deren Licht Jesu Wirken und Vollmacht verständlich wurden.

Der Umgang mit Jesu missratener Eschatologie

Die Position der Gegner: *Jesu Eschatologie ist missraten.* Denn das Weltende kam nicht (vgl. schon oben zu Mk 9,1). Doch die Reaktion der Kirche darauf war zweifelhaft. Es sei Aufgabe der Exegese, diese Vertuschungen aufzudecken. Wesentlich darin bestehe die »Wahrheit, die frei macht«. Man sagt: Angesichts der Parusieverzögerung hat sich die Gemeinde immer stärker in ein Netz von Ausflüchten verstrickt. Insbesondere hat sie sich durch ihre Weltlichkeit unglaubwürdig gemacht und so die Botschaft Jesu torpediert. Wenn Papst Benedikt XVI. daher 2011 zur Entweltlichung aufrief, hat er bei einem alten Problem der Exegese des 19. Jahrhunderts wieder eingesetzt, denn die Verweltlichung – so haben wir es schon auf dem Gymnasium gelernt – war das Dauerproblem der Kirche von Anfang an. In den letzten 200 Jahren ist dieses Dauerproblem der Kirchenreform in die Hände der liberalen Exegese gelangt, und diese hat dazu folgende Aussagen beitragen zu müssen gemeint:

1. Jesu Hoffnungen auf ein Hereinbrechen des Gottesreiches zu seinen Lebzeiten, etwa beim Einzug nach Jerusalem oder bei seinem Tod, haben sich nicht erfüllt. Jesus ist damit auf ganzer Linie gescheitert. Er ist zum tragischen Zeugen einer unglaubwürdigen Botschaft geworden.
2. Die Kirche hat sich durch freche Lügen einen Teil des Verheißungspotenzials Jesu angeeignet und sich selbst mit dem Reich Gottes identifiziert.
3. Die Erfüllung der Vision Jesu vom Gottesreich steht daher noch aus.

Die Position der Gegner: *Dass Jesus nicht wiederkam (Parusieverzögerung), ist der Motor aller Entwicklungen in der Kirchengeschichte.* Die Stelle, die im frühen Christentum die Eschatologie einnahm, ist längst durch die Rede von der Parusieverzögerung ersetzt. Darunter versteht man das Phänomen, dass das Ende der Welt entgegen der Hoffnung jedenfalls vieler Jünger nicht gekommen ist, und welche Folgen diese enttäuschte Erwartung/Hoffnung hatte. Parusie wäre nämlich die Wiederkunft Christi gewesen. Die Folgen der Enttäuschung müssen, so hat sich dieser Topos in der Theologiegeschichte der neuesten Zeit ausgewirkt, für alles Negative in der Kirchengeschichte verantwortlich gemacht werden, so für

- die Entstehung der katholischen Kirche
- das Werden von Amt, Tradition, Rechtgläubigkeit, Sakrament und Ketzerverfolgung
- die unheilvolle Verquickung von Staat und Kirche sowie alle Verweltlichung der Kirche, besonders auf dem Gebiet von Besitzanhäufung und Amt
- die Aufgabe des urchristlichen Ideals der Armut und Gleichheit aller Christinnen und Christen
- das Waffensegnen der Kirche bis hinein in das Phänomen der Militärseelsorge
- die Entstehung des Heiligenkultes, da für Jesus und die Apostel Ersatz geschaffen werden musste
- das Phänomen des Kirchenrechts, welches stets verbunden ist mit Ausgrenzung von Menschen und finanziellen Ansprüchen. Recht und Geld sind Jacke und Hose der Kirche.
- das Entstehen des Dogmas und die Bekämpfung widerstreitender Meinungen
- der dauerhafte Machtmissbrauch der Kirche gegenüber den Menschen

– besonders: die Machtkämpfe unter Geistlichen (wie in diesem Buch).

Gleichzeitig wird immer stärker betont, die »Urgemeinde« sei eine ideale Gemeinde gewesen. Hier werden Vorstellungen vom Paradies bzw. vom Goldenen Zeitalter nun nicht auf die Weltgeschichte, sondern auf die Kirchengeschichte projiziert. Die Folge ist, dass nahezu jede Reform »zurück zu den Ursprüngen« will und man dann konsequent mehr oder weniger alle Entwicklungen der Zwischenzeit rückgängig machen möchte.

Da die Kirchengeschichte des zweiten christlichen Jahrtausends aus einer fast ununterbrochenen Folge von Reformversuchen besteht, bot jeder Reformversuch eine neue Variante des Bemühens, zu den Anfängen zurückzukehren bzw. sich die Idealität der »Anfänge« je nach Richtung der Phantasie auszumalen. Manche radikal-reformerischen Kleingruppen bestanden buchstäblich in den Versuchen, auch soziale und technische Veränderungen zurückzudrehen, z. B. bei den »Amischen«, einer radikal-reformerischen Gruppe in den USA, die natürlich auch Elektrizität, Fotografie, Eisenbahn und Autos aus religiösen Gründen ablehnen.

Fazit: Die Ideologie des »Zurück zu den Anfängen« ist eine mögliche Folge aus christlich-apokalyptischem Zeitverständnis, denn Zeit ist nicht gleichwertig, sondern sie signalisiert doch »seit dem Anfang« und »bis zum Ende« so oder so den Abstand zwischen Mensch und Gott.

Das missglückte Reich Gottes

Etwa ab 1900 wurde, wie gesagt, das »Reich Gottes« zum zentralen Thema der neutestamentlichen Theologie. Große Namen wie Wilhelm Bousset, William Wrede, Johannes Weiß und Albert Schweitzer waren die Paten dieser Entdeckung. Immerhin trat an die Stelle kleinlicher Fragen zur Quellenscheidung und Echtheit von Jesusworten eine »positive« Botschaft, die nicht zuletzt (z.B. bei Weiß) ein Gegenbild zum Sozialismus zu sein schien. Das alles hatte eine Vorgeschichte, und zwar in der Geschichtsphilosophie Hegels. Und es hatte eine Nachgeschichte in neuerlichen Versuchen, das Reich Gottes ebenso praktisch-theologisch wie politisch auszulegen. Die grundsätzliche Politisierung weiter Teile der protestantischen Theologie kommt aus dieser missglückten Auslegung der Reich-Gottes-Erwartung. Wenn nämlich diese Botschaft wirklich zentral war für Jesus und das ganze Neue Testament, dann mussten darin auch Handlungsanleitungen für die christliche Verantwortungsethik enthalten sein. So versuchte man, wie schon im 19. Jahrhundert die Idee vom Reich Gottes durch eine Konzeption von Fortschritt »einzuholen«. Missglückt ist darin, dass das Reich Gottes nach der Bibel nicht Realisierung von ethischem Handeln ist. So lebten die Aporien des Hegelianismus in der Theologie und nicht zuletzt in der Predigtliteratur fort. – Die Befreiungstheologen Leonardo Boff und Ernesto Cardenal hatten in den 70er und 80er Jahren des 20. Jahrhunderts jeweils ihre Wirkungszeit (Gastprofessur) an der Theologischen Fakultät in Heidelberg. Sie erreichten ein bürgerlich-liberales studentisches Milieu, in dem es allerdings auch geschehen konnte, dass eines Sonntags der Gemeinde der universitären Peterskirche mitgeteilt wurde, die letzte Kollekte sei für Waffenkäufe in Nicaragua verwendet worden.

Mit einer bis zur Langeweile reichenden Nüchternheit hat demgegenüber R. Schnackenburg (Gottes Herrschaft und Reich, 1952, 2. A. 1961) den für Katholiken entscheidenden Aspekt der exegetischen Diskussionen herausgestellt: dass die Kirche nicht das Reich Gottes ist. Bis heute ist das ein gutes Gegengift gegen jede Art von Triumphalismus.

Ich halte den theologischen Sozialismus (zu dem auch Teile der Befreiungstheologie gehörten) und besonders die Kommunarden-Bewegung der 1970er Jahre für den gefährlichsten Auswuchs der skizzierten verlogenen Exegese des Neuen Testaments. Diese Exegese war im Unterschied zu den wirklichen Urchristen nicht in der Lage, den nicht-idealen Charakter durchgängig aller Gemeinden des Urchristentums zuzugeben. Überdies meinte man, in der säkularisierten Form (z. B. des Maoismus) sei dieser Utopismus auch von der Last der christlichen Religion befreit. Und nicht wenige meiner Freunde verhielten sich damals wie die Endzeit-Irrlehrer nach 2 Thess oder nach Hippolyts Daniel-Kommentar. Sie erklärten, es lohne sich nicht, noch einen Beruf zu ergreifen, denn die Revolution komme ohnehin bald. Und das Geld bis dann, bis es bald so weit sei, erlange man durch Verstaatlichung der Banken (denn dort sei ja das Geld). Bei nicht wenigen harren diese Träume bis heute einer Klärung.

Eine alte Frage: Glaube und Welt

Im Hintergrund steht vielmehr das ungeklärte Verhältnis von Kirchenglaube und »Welt« im 19. Jahrhundert. Damals bemerkte man mit Entsetzen, dass die »Welt« der Arbeiter und Beamten längst der Kirche entfremdet war. – Die Exegeten antworteten mit einem rührenden Gegenentwurf, der wenigstens die Anfänge des Christentums zu »retten« schien:

Demnach glaubten die Christen zunächst nach Ostern, das Ende der Welt bzw. das Reich Gottes sei angebrochen, das Gesetz also aufgehoben und die Auferstehung schon geschehen (siehe auch präsentische Eschatologie, Seite 77 f./100). In diesem Enthusiasmus gab es natürlich kein Amt und keine Kirchenverfassung, weder Sünde der Christen noch deren Exkommunikation. Kurzum, es gab die ideale autoritätsfreie Urgemeinde und den »Liebeskommunismus«.

Der doppelte Ausgang

Im nachchristlichen Kommunen-Wesen der 1970er Jahre sollten diese Utopien dann kurz und getäuscht durch ein Wohlstandsbürgertum, das ein »Grundgehalt für alle Lebewesen« ohne Arbeit zu versprechen schien, wieder aufleben, wenn auch nur für eine kurze Zeit. Diese Utopien haben dann in der Tat einen doppelten Ausgang: Terrorismus oder ein nie gekanntes Leistungsdenken spießigster Art.

Idealistische Ethik der Bergpredigt?

Die Vertreter der sogenannten Befreiungstheologie sind insgesamt einer sehr besonderen Auslegung der Bergpredigt gefolgt: »Die Bergpredigt« stehe im Dienst der Befreiung der Armen, wende sich gegen liebloses Richten und plädiere für Gewaltlosigkeit. Die letztere Forderung gelte aber nicht bis zum Erreichen der revolutionären Wende.

Leider lasse sich das alles nicht wirklich und konsequent durchhalten. Deshalb schildere die Bergpredigt die notwendige Einsicht, dass der Mensch Gottes Forderung nicht gewachsen sei, von sich aus Gottes Willen nicht erfüllen könne. Der Mensch sei daher auf Gnade und Barmherzigkeit Gottes angewiesen. Oder die Bergpredigt gelte nur im privaten Bereich, oder sie sei als Ausnahmeregelung zu verstehen, als Interimsethik, die bis zum bald eintretenden Ende der Welt gültig sei. Am meisten hat die Auffassung Anklang gefunden, Jesus gebe hier keine Gebote, sondern meine nur die Gesinnung, die rechte Herzenseinstellung.

Allen diesen Auslegungen bleibt die radikale Verlegenheit gemeinsam, dass man die Bergpredigt nicht konkret befolgen kann. Bibelfeste Politiker wie Johannes Rau (Bundespräsident, 1931–2006) meinten, mit der Bergpredigt könne man einen Staat regieren (im Unterschied zu Bismarck, der dies nicht glaubte). Immer aber geht man davon aus, dass Christenmenschen »an den radikalen Forderungen der Bergpredigt scheitern«.

Auch bei der wie gewohnt idealistischen Auslegung der Bergpredigt sind die politischen Folgen falscher Auslegung sehr erheblich. Wehrdienstverweigerer »aus Gewissensgründen« beriefen sich regelmäßig auf die Bergpredigt.

Aber der Mensch ist nicht Gott. Die Bergpredigt sagt, wie Gott ist (Mt 5,45–48): Er hat grenzenlos Geduld. Und zum anderen verheißt sie Seligkeit (Mt 5,2–11). Es geht also gar nicht um ein verfehlbares Ideal im Sinne idealistischer Tugendethik. Auch Weltveränderung steht hier nicht im Blickpunkt Jesu (gegen R. Leicht, *Die ZEIT,* 1999: »vollendete Veränderung«).

Die Bergpredigt nennt also nicht Handeln als Bedingung von x, sondern ohnehin zumeist ein Nicht-Handeln. Deshalb werden Ethiker hier immer enttäuscht sein. Jesus lehrt in der Bergpredigt, wie man trotz fortwährender Misshandlung »glücklich« sein kann. Eben wohl dadurch, dass man auf Jesus blickt und so auf Gott schaut (auch nach 5,48). Ausdrücklich wird jede Veränderung abgewehrt (daher soll man dem Bösen »nicht widerstehen«). Auch Frieden zu stiften und barmherzig zu sein verändert die Welt nicht, sondern beides lenkt um oder lenkt ab.

Die Bergpredigt als Überforderung

Die Bergpredigt wurde und wird in der sog. kritischen Exegese als eine idealistische Überforderung verstanden. Las man sie mit dem Vorverständnis des preußischen Pflichtbegriffs, so konnte man seines Lebens nicht mehr froh werden. Ja, man durfte es nicht, weil man aus Gründen der Ehrlichkeit das ständige Versagen nicht zudecken durfte. Daher kam schon im 19. Jahrhundert aus Tübingen der Vorschlag, die Bergpredigt habe überhaupt nur den Sinn, dem Menschen sein ständiges, ja notwendiges Scheitern dauerhaft vor Augen zu führen. Damit stellte die Bergpredigt sozusagen die negative Seite der Rechtfertigungslehre dar. Ohne Übertreibung kann man sagen: Das unglückliche Verhältnis des modernen Menschen zum Christentum hängt wesentlich zusammen mit dem quälerischen Verhältnis zur Bergpredigt. Aus dem Bestreben jedoch, die jüdischen Hintergründe der Bergpredigt zu würdigen, gebe ich Folgendes zu bedenken:

- Zum Gottesbild: Gott ist nach dem Matthäus-Evangelium vor allem der unendlich Geduldige. Die Bergpredigt stellt dar, wie Gott ist: Er ist der Friedenstiftende, Barmherzige, Tröstende, Treue, sein Wort ist verlässlich wie ein Eid.
- Der Sinn des Christentums ist, hier wie auch sonst im Neuen Testament, die Verähnlichung von Gott und Mensch (*similitudo* würde es Bernhard von Clairvaux nennen).
- Trotz der zeitlichen Nähe zur Offenbarung des Gottesreiches ist die Amoibe zeitlich gestreckt.

- Die Verähnlichung mit Gott ist nicht das Resultat menschlicher (Über-)Anstrengung, sondern Resultat des Rufes Jesu in die Jüngerschaft, d.h. in die Nähe zu Gott und in die bessere Gerechtigkeit hinein. Denn die Nähe zum Feuer wärmt, die Nachbarschaft zur Sonne macht hell, das Empfangen der Goldstrahlen färbt ab, und es bedeutet fortwährende Bewahrung vor Starre, dem Kaminfeuer ausgesetzt zu sein.
- Der Weg zu diesem Ziel ist das Schauen auf Gott (Mt 5,45–48). Das Ziel selbst besteht im Schauen Gottes (Mt 5,8), in der Jüngerschaft besteht er im Blicken auf Jesus (Nachfolge). Weil es also im Anfang, in der Mitte und am Ende um Schauen Gottes geht, beginnt die Bergpredigt mit Seligpreisungen.
- Das aber bedeutet: Bei den einzelnen Punkten der Ähnlichkeit zählt nicht Erfolg oder Misserfolg, sondern Dabeisein und Seligsein ist alles. Das Ziel ist auch nicht ein Höchstmaß von Frustration, indem der Mensch nur seine Unfähigkeit erkennt. Im Schauen auf Gott und auf Jesus wird dem Menschen die Ähnlichkeit mit Gott zugeeignet. Es ist die *participatio* durch *contemplatio.* Das ist von Anfang an ein eschatologisches Geschehen. In diesem zählt allein die verschwenderische, überströmende Fülle Gottes, sein Reichtum also, den er mit vollen Händen verteilt. Auch die Jünger wirken weiter, indem man sie anschaut (Mt 5,14–16). – Das johanneische Bild vom Weinstock und den Rebzweigen liegt nicht weit ab. Und der Heilandsruf in Mt 11,25–30 ist nicht der Bergpredigt entgegengesetzt, sondern stellt das Innenleben des Jüngers dar.

Wenn die Bergpredigt also nicht auf idealistische Weise das unerreichbare Ziel vor Augen stellt, sondern die erreichbare, gnädig geschenkte Nähe, nicht die Ferne des Scheiterns, sondern vielmehr den Anteil-gebenden Gott, dann vermittelt sie Geborgenheit und nicht Überforderung, Leichtigkeit (Mt 11,25–30) und nicht Erschwerung. Der vorausgehende Jesus ist das Licht, das die Jünger erleuchtet.

Sozialgeschichtliche Erforschung der Evangelien

Seit dem Anfang der 1970er Jahre gibt es schließlich eine sozialgeschichtliche Jesusforschung, genannt »Third Quest«, eine verstärkte Frage nach politischem, sozialem und religionsgeschichtlichem Umfeld Jesu. Hier erst kamen die drei Kriterien, die Troeltsch aufgestellt hatte (Kritik, Analogie, Korrelation) zu voller Auswirkung. Irgendein kirchliches oder gar dogmatisches Interesse ist mit dieser Forschung nicht verbunden. Für alle Informationen kann man indes nur dankbar sein. Diese Art Forschung kann für die anstehenden hermeneutischen Probleme nur Hilfsmittel sein, dennoch darf man die Ergebnisse nicht übersehen. Die Beachtung des jüdischen Umfeldes Jesu hat seither an Bedeutung gewonnen (nicht zuletzt dank der Funde von Qumran).

Allerdings blieb es infolge des Zeitgeists nicht aus, dass die »sozial« begründete Erwartung von sozialer Revolution die christliche Hoffnung beerbte. Dann war Jesus ein »sozialer Brandstifter« (Machovec), ein »Rebell der Liebe« (Bloch), ein »gesellschaftlicher Außenseiter«, ein Skandalmacher, der die Satten meidet, ein Verkünder der Solidarität, der sagt: Reich Gottes gibt es in Befreiungsprozessen.

Die Position mancher Gegner: *Die Jesusbewegung war eine »Sozial-Rebellion«.* Nach der These des katholischen Ordensmannes John Dominic Crossan (dt. von Peter Holbrock, 1994) war Jesus ein radikaler Sozialreformer, der alle Menschen zum gemeinsamen Mahl eingeladen hat. Jesus bricht mit dem Mittler- und Klientenwesen, mit der »Patronage«; die Kirche dagegen hat Jesus langweilig gemacht. Alle Menschen sind nach Jesus gleich, und jeder kann in seinem alltäglichen Leben Zugang zu Gott haben. Jesus setzte sich an die Spitze einer Bauernrevolte. Die Thesen des Buches von Crossan: »Die Evangelisten erfanden« eine den Prophezeiungen konforme Geschichte, und Mutterschaft ohne Verlust der Jungfräulichkeit sei symbolisch zu verstehen und bedeute einen Teil des »mediterranen Ehrenkodex«. Das Abendmahl sei »gegen die Sitten der zeitgenössischen Klassengesellschaft« gefeiert worden, »offen für alle«. Crossan ist »von der Dialektik von Herr und Knecht« fasziniert; er hat, man spürt es, seinen Hegel und Marx gelesen, auch wenn er sich hütet, diesen zu zitieren. Lieber entleiht er sich bei den Soziologen der 1920er Jahre Begriffe wie »dekrementale Deprivation« für den sozialen Frust, mit dem die Hauptfigur endlich auftritt – auf S. 300: »Dieses Buch soll von Jesus von Nazareth handeln.« Auch das kommende Reich Gottes, das Jesus verkündet, ist nicht apokalyptisch zu verstehen, sondern als das reale Reich der Bettler und Landstreicher. Jesus selbst wird so zum Aussteiger, zum Anführer von Hippies in einer Welt von Yuppies, ein Kyniker, ein Diogenes ohne Fass. Offen bleibt nur, wie ein solcher Jesus die Kultur zweier Jahrtausende prägen konnte (vgl. H. Stehle, *Die ZEIT* Nr. 52, 1994).

Sed contra: Konkretere Vorstellungen Jesu über eine kommunistische Umgestaltung der Eigentumsverhältnisse sind nicht erkennbar. Das gilt auch für die Gleichheit aller Menschen. Man kann diese Forderung aus Teilen der Botschaft Jesu ableiten. Doch es war stets misslich, bestimmte Thesen für den fraglosen Kern der Botschaft Jesu zu erklären. Damit werden Texte vergewaltigt oder an den Rand gedrückt.

Der Zeitgeist im letzten Viertel des vergangenen Jahrhunderts hat besonders viele katholische Orden intensiv getroffen, und die Thesen Crossans erklären sich in allen Einzelheiten leider mühelos von dorther. – Dass es aber nicht wenigen Auslegern immer wieder zu gelingen scheint, bestimmte Segmente der Botschaft Jesu zum Zentrum zu erklären und alles Störende zugunsten der Hauptthese mit exegetischen Künsten in diese hineinzulegen, erfüllt mich mit tiefem Misstrauen gegen ausnahmslos alle Vertreter dieses Faches. Dabei ist es unerheblich, ob dieses Zentrum eher religiös oder eher sozialgeschichtlich gefüllt ist. Als »religiöse Zentren« werden bezeichnet: Gebet, Exorzismen von Dämonen, eine Religion der Innerlichkeit ohne Formeln und Rituale, die »Liebe Gottes«, die sich gegen jedes Gericht wendet. Ein sozialistisch orientiertes Zentrum nahm schon der Sozialist Karl Kautsky (Der Ursprung des Christentums, 1920) an, Gütergemeinschaft und radikaler Pazifismus gehören ebenso dazu wie natürlich eine ökologische Lesart der Evangelien (Zentrum Mt 6,25–31).

Den Gipfel der sozialgeschichtlichen Fehldeutung erreicht m. E. der Heidelberger Exeget Theißen, der aus Joh 4,51 die Befürwortung päderastischer Praxis durch Jesus herleiten möchte, denn Jesus heile den »Knaben des Hauptmanns«. Nun kann das griechische Wort *pais* sowohl »Sohn« als auch »Sklave« als auch »Kind« bedeuten. Aber nichts legt die exklusive Deutung im Sinne von Knabenliebe nahe – außer wenn man es unbedingt will. – Im Übrigen ist hier das Bestreben, Kirche zum Ort von (sexuellen) Minderheiten zu machen, durchgeschlagen auf die Exegese von Einzelstellen, und zwar auf Teufel komm raus.

Fortschrittsglaube als Erbe der Erwartung des Reiches Gottes?

Ist das Erbe der Reich-Gottes-Erwartung letztlich ein Fortschrittsglaube? Das jedenfalls schien dabei herauszukommen, wenn man die Religion Jesu als die der grenzenlosen Humanität verstand, die nach dem Vorbild der biblischen Wachstumsgleichnisse kontinuierlich wachse oder wachsen müsse (so oder ähnlich bei J. Moltmann, Tübingen, und bei den »religiösen Sozialisten«).

Sed contra: Von einem Fortschreiten der Welt zum Besseren, und sei es auch nur ein moralisches, weiß die Bibel nichts. Das Wachstum des Reiches Gottes ist nicht im Sinne messbaren und zählbaren Erfolgs zu verstehen. Auch an Mitgliederzahlen ist es nicht zu messen, denn das Weltende, die *consummatio mundi,* ist nicht Sache der Wahrsagerei. Und dass man es zeitlich nicht festlegen kann, liegt an der Eigenart des biblischen Gottes, sich der Festlegung und Beherrschbarkeit zu entziehen. An dieser Stelle rächt es sich, dass die liberale Theologie darin von der byzantinischen Theologie zu weit entfernt war, so dass ihr die »negative Theologie«, die mystische Theologie und die Überweltlichkeit Gottes entgingen. Sie hat sich z. B. viel zu stark auf den preußischen Staat und seine Bedürfnisse eingelassen.

Ethik nur für die Zwischenzeit?

Die Position der Gegner: *Die Ethik Jesu war eine Interimsethik.* Das bedeutet, sie war für die kurze Zwischenzeit zwischen Jesus und dem Weltende gedacht. Das bedeutet gleichzeitig: Sie ist ungeeignet für eine volkskirchliche Ethik von zwei Jahrtausenden. Sie musste daher entweder umstrukturiert oder in Teilen ausgelassen werden. Rechnete die Kirche für morgen mit dem Weltende, sie dürfte heute keine »Pflichtenspiegel« für das Verhalten zur Obrigkeit entwickeln.

Sed contra: Jesu Ethik ist weder an der Naherwartung noch an der Parusieverzögerung orientiert. Die Bergpredigt ist in ihren Forderungen an Gottes Sein und Handeln ausgerichtet, die sie Vollkommenheit nennt. Weder die Nächsten- noch die Feindesliebe enthalten einen Hinweis (oder gar eine Ein- und Beschränkung) auf eine Zeit des Interim. Den Menschen, die sagen oder sagen könnten: Ich bin nicht für die Bergpredigt geschaffen und die Bergpredigt nicht für mich, könnte man sagen: Die Geduld, die euch fehlt, stellt Gott doch für sich selbst dar. So könnt ihr euch an seinem lebenden Beispiel orientieren. Aufgrund von Untersuchungen zu Apk 13,10; Röm 5,3 f. und Mk 13,13 b bin ich zu der Auffassung gelangt, dass Geduld eine ganz zentrale »Tugend« des Urchristentums ist. Denn Geduld ist die Fähigkeit, lange im Glauben die Leiden auszuhalten, die wegen des Glaubens zugefügt werden. Insofern ist Geduld ein Spiegelbild des Glaubens, wie der Glaube am Durchhalten orientiert. Und Geduld ist auch die Tugend, die der halben Bergpredigt entspricht, z. B. Mt 5,32–48.

Echtheit der Worte Jesu: die frustrierende Diskussion

Die Position der Gegner: *Die Widersprüche zwischen den Evangelien begründen die grundsätzliche Unglaubwürdigkeit dieser Religion.*

Natürlich hatte man die Unterschiedlichkeiten längst wahrgenommen. Eine erste umfassende Reaktion darauf war die Evangelienharmonie des Syrers Tatian (Diatessaron); es folgten viele ausgleichende Einzelkorrekturen in den Handschriften der Evangelien. In den frühen Synopsen druckte man die vier Evangelien nebeneinander ab, und zum Teil identifizierte man das Endprodukt mit dem vierräderigen Himmelswagen nach Ezechiel. Die Zweiquellentheorie setzte Mk und Q an den Anfang der Überlieferung der Evangelien.

D. F. Strauß (Das Leben Jesu II, 1835, K. 10, § 106) macht sich über die Berichte der Evangelien lustig, hier speziell über den Einzug Jesu in Jerusalem (Mt 21): »Das Auffallendste in diesen Berichten ist offenbar die Angabe des Matthäus, dass Jesus nicht bloß, da doch nur er allein reiten wollte, zwei Esel requiriert, sondern dass er auch wirklich auf beide sich gesetzt haben soll ... Das Muttertier soll Jesus mit dem Füllen, auf welchem er eigentlich reiten wollte, haben holen lassen, damit das junge, noch saugende Tier desto eher gehen möchte, oder soll die an das Junge gewöhnte Mutter von selbst nachgelaufen sein; allein, ein noch durch Saugen an die Mutter gewöhntes Tier gab der Eigner schwerlich zum Reiten her. Das noch üblere Reiten auf zwei Tieren suchen die einen dadurch zu beseitigen, dass sie sehr schwachen Auctoritäten zufolge und gegen alle kritischen Grundsätze bei der Angabe vom Auflegen der Kleider statt *epanoo autoon* lesen: *ep auton (ton poolon)* ... Constructionen, die den Zeiten des Faustrechts in der Neutestamentlichen Grammatik angehören, von welchen man sich freuen könnte, dass sie durch Winer und Fritzsche vorüber seien, wenn nicht auch Olshausen noch bemerkte, das *epanoo autoon* sei nichts als ungenauer Ausdruck, und daher, was das eine betraf, auch auf das andere übergetragen worden. Laut seiner Worte muss sich der Evangelist vielmehr vorgestellt haben, Jesus sei auf zwei Tieren geritten, was als abwechselndes Reiten auf dem einen und anderen gedacht, für eine so kurze Strecke eine unnötige Unbequemlichkeit gewesen wäre.«

Etwa seit 1948 begann man, die Theologie der einzelnen Evangelisten auszuloten (Redaktionskritik). Die verschiedenen Ansätze der Evangelisten stellten besonders G. Bornkamm (Heidelberg) und E. Käsemann (Göttingen, Tübingen) dar. H. Conzelmann leistete einen Ansatz, der jeweils Lukas und der Apostelgeschichte ihren Ort zuwies. Käsemann betonte die Unterschiedlichkeiten innerhalb des neutestamentlichen Kanons überhaupt. Am Ende dieser Entwicklung steht das Resultat in Gestalt von 14 neutestamentlichen Theologien: (1.) Mk, (2.) Q, (3.) Mt, (4.) Lk und Act; (5.) Joh; Paulus: (6.) Röm, Gal, Phil neben (7.) 1–2 Kor, Phm und 1–2 Thess; neben den (8.) Pastoralbriefen (1 Tim; Tit); dann (9.) Hebr; (10.) 1 Petr, (11.) 1–3 Joh, (12.) Jak, (13.) Jud und 2 Petr, (14.) ApkJoh.

Besonders Käsemann wurde nicht müde, angesichts der verschiedenen Theologien die inhaltliche Zerklüftung des Kanons zu betonen. Gegenläufig war diese Forschungsrichtung: Für die Überlieferung der Jesusworte forschte man seit Joachim Jeremias nach der *ipsissima vox,* dem mutmaßlich ursprünglichen Wortlaut. Die Absicht war wünschenswert, das Ziel freilich unmöglich, die Voraussetzungen waren dunkel und die Nebenwirkungen tödlich. Denn alles das, was man in Anfällen von Echtheitswahn für ursprünglich hielt, half dazu, das dann angeblich Unechte, in Wirklichkeit aber Ungeliebte auszuscheiden. Darunter hatte in der Folge besonders das vierte Evangelium zu leiden. Die angeblichen Urfassungen blieben in so hohem Maße abhängig von Mode und Geschmack, von Konfession und Zeitgeist, dass man am Ende sagen kann: Die Suche nach der *ipsissima vox* war für die Katz. Sie hat die Evangelien verwüstet und in keinem Punkt das Erhoffte gebracht. Sie hat auch die Apokryphen nachhaltig aus dem Verkehr gezogen.

Die Position der Gegner: *Die weit überwiegende Anzahl der Jesusworte ist unecht.*

Die Frage nach der *Echtheit* von Jesusworten ist selbst ideologiekritisch zu hinterfragen. Es könnte ja sein, dass diese Frage (Ist ein bestimmter Ausspruch nun von Jesus, oder ist er es nicht?) unentscheidbar ist. Es könnte sein, dass die Frage selbst eine Reihe von Voraussetzungen macht, die nicht gegeben sind. Dann wären andere Formen der wissenschaftlichen (!) Erörterung von Jesusworten weitaus angemessener. In diesem Sinne ist zuerst nach der Entstehung der Echtheitsfrage selbst zu fragen. Es kommen am Anfang dieser Fragestellung im 18. Jahrhundert mehrere grundsätzliche Beobachtungen und damit verknüpfte Probleme zusammen:

1. *Die synoptische Frage:* Die drei ersten Evangelien teilen einen etwa gemeinsamen Grundriss, sie unterscheiden sich aber in vielen Einzelheiten. Aufgrund dieser Unterschiede lag es nahe, zu fragen, welche Fassung denn am Anfang gestanden hätte. So heißt es z. B. in Lk 6 »Selig die Armen«, in Mt 5 »Selig die Armen im Geiste«. Was auch immer das Letztere bedeutet, die Frage ist nicht unsinnig, was Jesus denn überhaupt gesagt habe. Und überdies

könnte es ja sein, dass Jesus gar nichts in dieser Richtung gesagt hat.

2. *Die johanneische Frage:* Nur ein kleiner Teil von Jesusworten und -taten ist den drei ersten Evangelien und dem vierten Evangelium gemeinsam. Könnte es nicht sein, dass nur diese gemeinsamen Stoffe oder nur die einen oder die anderen auf Jesus zurückgehen, alle übrigen aber nicht?
3. *Die Frage der Parusieverzögerung:* War nicht schon die Erfahrung der Jünger, dass das erwartete Weltende nicht gekommen ist, so heftig, dass sich dadurch die Überlieferung von Jesus schnell sortierte? Es blieb da eben nur ein kleiner Teil erhalten. Vieles wurde weggelassen, vieles fingiert. – Auch die Katastrophe der Kreuzigung Jesu könnte auf den Überlieferungsbestand einschneidend gewirkt haben.
4. *Das Urteil des Historikers Thukydides,* dass nicht berichtet wird, was einer gesagt hat, sondern was er gesagt haben könnte, steht daher im Hintergrund der gesamten Jesusfrage. Werden also im Rahmen eines Gesamteindrucks dann »typische« Jesusworte erfunden?

Schon Albert Schweitzer hatte die drei großen »Entweder-oder« der Jesusforschung freigelegt, denn das entstehende Jesusbild sei dann »entweder rein geschichtlich oder übernatürlich«. Das Ergebnis sei eine rein geschichtliche Antwort der Forschung. Die Eigenverkündigung Jesu müsse auch vom Glauben der Urchristen unterschieden werden. Oder aber das Jesusbild sei »synoptisch oder johanneisch« geprägt. Lange Jahrzehnte und auch heute noch ist die Frage nach dem historischen Jesus identisch gewesen mit einer Bearbeitung der synoptischen Evangelien. Erst in jüngster Zeit wendet man sich verstärkt wieder dem Johannes-Evangelium zu. Schließlich sei das Jesusbild entweder »eschatologisch oder uneschatologisch« geprägt. Hier meinte man, die jüdische Endzeiterwartung davon unterscheiden zu müssen, dass Jesus stärker auf die Gegenwart der Jünger geblickt hat. Die Option ist bis heute eine mehr eschatologische Sicht. Das Interesse für weisheitliche Themen und Überlieferungen, z. B. für Berufe, tritt demgegenüber zurück (vgl. dagegen: K. Berger: Liebe bleibt. Die Weisheit des Neuen Testaments, Insel Taschenbuch 3298, Frankfurt 2008).

Die Untersuchung der in 1. bis 4. geschilderten Probleme hat über mehr als zwei Jahrhunderte hin kein Ergebnis gebracht. Noch nicht einmal im Ansatz wurden konsensfähige Kriterien entwickelt.

Interessant ist, dass in der rabbinischen Spruch-Überlieferung die Frage der Echtheit bzw. Unechtheit nirgends auftaucht. Das gilt auch für die apokalyptischen und weisheitlichen Schriften im direkten Umfeld des Neuen Testaments.

Die Lösung, die sich daraufhin für die Jesus-Überlieferung nahelegt, ist nicht naiver Positivismus (»Es ist eben alles von Jesus«), sondern ein Weg, der der Unentscheidbarkeit der hier aufgestellten Fragen entspricht.

Es könnte daher sein, dass die Frage echt/unecht nicht nur unbeantwortbar, sondern überdies falsch gestellt ist. Das bedeutet einmal, dass man einfach zur Kenntnis nehmen muss, welche wissenschaftliche (!) Erforschung von Jesusworten und -taten bisher relativ eindeutige und weitaus weniger umstrittene Resultate erbracht hat als die Frage des Joachim Jeremias nach der *ipsissima vox*. Ich finde es erschreckend, wie eine doch einigermaßen gut bestückte und international wichtige Forschung sich freiwillig in den Bannkreis einer einzigen verfehlten Fragestellung hineinzwingen lässt. Noch nicht einmal für die Abba-Anrede ist Joachim Jeremias der Nachweis gelungen, dass es sich dabei zweifelsfrei um originale Jesusworte handelt, denn nur ein einziges Mal findet sich diese Anrede im Munde Jesu (Mk 14,36), und selbst Paulus, der sonst durchaus Jesus-Überlieferung kennt (1 Kor), fühlt sich nicht genötigt, diese Anrede auf Jesus zurückzuführen. Wenn das ein so herausragendes Merkmal der Jesus-Überlieferung gewesen wäre, hätte Paulus, der doch selbst Abendmahlsworte Jesu berichtet, darauf wohl eingehen müssen. In Wahrheit ist Jeremias' Entscheidung, gerade diese Worte für absolut unzweifelbar echt zu erklären, auf die ideologische Erklärung Adolf von Harnacks zurückführbar, die Vaterliebe Gottes sei das Zentraldogma Jesu gewesen. Und eben deshalb sei etwa das Gleichnis vom verlorenen Sohn eine Art Ur-Evangelium; dabei steht es nur in Lk 15 und hat erkennbar deshalb den Auslegern des 19. Jahrhunderts gefallen, weil hier weder von Dogma noch von Sühnetod, Sakramenten und Ämtern, Konfessionen und drohendem Weltgericht die Rede ist. Kurzum, dieser Text war der erklärte Lieblingstext der Liberalen, weil er alles enthielt, was den Liberalen lieb und teuer war, und weil er auf alles zu verzichten schien, was die Liberalen am kirchlich verfassten Christentum störte. Dass Jesu Botschaft voll war von anstößigen Zumutungen und eigentlich praktischen und gedanklichen Unmöglichkeiten, wollte nicht in den Sinn kommen. Doch nicht durch einseitige Schnitte, sondern nur, indem man selbstverständlich auch Texte wie das Gleichnis vom verlorenen Sohn stehenlässt, besteht eine Chance, den ganzen und nicht einen ideologisch halbierten Jesus zu erreichen.

Aus diesen Gründen schlage ich für die weitere wissenschaftliche Erforschung der Jesus-Überlieferung des Neuen Testaments folgende Schritte vor:

1. Innerneutestamentlicher Vergleich, ohne die Frage nach Echtheit oder Priorität zur Leitfrage zu erklären; Beispiel Vergleich von Mk 14 und Röm 8.
2. Vergleich mit christlichen Apokryphen, wie z.B. dem

Thomas-Evangelium. Dabei ist es sinnvoller, mit einer gemeinsamen Tradition als mit literarischer Abhängigkeit zu rechnen (so auch G. Theißen: Der historische Jesus).

3. Religionsgeschichtlicher Vergleich. In erster Linie ist dafür das Judentum zu befragen. Dieser Vergleich umfasst auch die Geschichte der Redeformen und Redegattungen, besonders der schriftlichen (vgl. dazu K. Berger: Formen und Gattungen ..., 2005).
4. Historisch-soziologische Fragen. Dazu gehört z. B. die Feststellung, dass es ein besonderes, wenn nicht gar einzigartiges Merkmal der Verkündigung Jesu ist, auf die Belehrung in der Öffentlichkeit die Befragung im Haus folgen zu lassen, d. h., in einer an die öffentliche Belehrung anschließenden Runde im Haus können Jüngerinnen und Jünger Fragen stellen. Aus diesem Grunde z. B. beruft sich Paulus für die »Frauenregel« in 1 Kor 14 mit Recht auf Jesus selbst (vgl. dazu K. Berger: Priesterweihe auch für Frauen?, 2012, S. 77–88).

Beispiele für die neuere Diskussion um Echtheit

Die ältere liberale Position: Keine allegorische Exegese kann auf Jesus zurückgehen (Adolf Jülicher, 1857–1938), denn Allegorie ist künstlich, erbsenzählerisch und pedantisch, hat die kirchliche Auslegung im Sinn und nicht die geniale Freiheit Jesu.

Sed contra: Die Auslegung Stück um Stück oder Satz um Satz gehört zur Visions- und Offenbarungsliteratur. Sie ist insoweit weder künstlich noch akademisch, sondern jedem Juden, der in der religiösen Szene zu Hause ist, wohl vertraut. Daher besteht kein Grund, Jesus diese Art von Auslegung abzusprechen.

Nicht-Christliches geht auf Jesus zurück

Eine neue Variante vergeblicher und mittlerweile offenbar verzweifelter Fragen nach der Echtheit bringt Theißen (Der historische Jesus, S. 245 f.) ins Spiel: Wo kein spezifisch christliches Kriterium genannt wird, geht ein Wort auf Jesus zurück. Als Beispiel nennt Theißen Lk 17,34; Mt 24,40 f. (Zwei werden liegen auf einem Bett ... miteinander Korn mahlen). Es sei kein Kriterium für die Scheidung im Endgericht genannt, etwa der »Glaube«. Ich halte diesen Vorschlag für inhaltlich absurd, und zwar aus folgenden Gründen:

1. Es ist nicht möglich, spezifisch Christliches zu bestimmen. Das ist derselbe Fehlschluss wie bei der angeblichen Feststellbarkeit des spezifisch Jüdischen. So ist etwa die Rede vom »Glauben« im apokalyptischen Judentum weit verbreitet, z. B. in der Henoch-Literatur.
2. Theißen geht von der ins 18. Jahrhundert zurückreichenden Festlegung aus, jedenfalls Jesus sei kein Christ gewesen und Christliches beginne daher erst nach Jesus, d. h. nach Ostern. Ich frage: Welche großen Geister sollen denn all das Christliche erfunden haben? Sie sind dann leider namenlos geblieben. Man sollte ihnen ein (natürlich ökumenisches) Gedenkzentrum oder wenigstens eine Kirche weihen: »Den großen namenlosen Erfindern des Christentums zwischen 30 und 50 n. Chr., die es verstanden haben, aus den schwachen Ansätzen Jesu eine richtige Religion zu machen.«
3. Die Defizite, die Theißen in Lk 17,34; Mt 24,40 f. bemerkt, lassen sich m. E. einfach, ungekünstelt und ohne falsche Apologetik erklären: Der Kontext wird ab Lk 17,22–25 durch das Stichwort »Menschensohn« beherrscht. In Mt 12 ist durch den unmittelbar vorangehenden Abschnitt 12,37–39 die Beziehung zum Menschensohn sogar noch

stärker ausgeprägt. Was dieses Stichwort für die Konfrontation im Gericht bedeutet, geht aus dem gleichfalls in Q überlieferten Wort Lk 12,8; Mt 10,32 hervor. Für das Gericht entscheidend ist demnach eine Zugehörigkeit zu den Anhängern des Menschensohnes. Diese äußert sich im freimütigen Bekenntnis zum Menschensohn vor den Menschen auf Erden. Sowohl Lk 12,8 wie auch Mt 10,32 führen in eine strenge Alternative, die sich dann auch in Lk 17,34f. und Mt 24,40f. äußert. Die Zugehörigkeit zum Menschensohn und das Sich-Bekennen zu ihm sind nun im Kontext der Evangelien (und schon der Logienquelle) eindeutig auf Jesus zu beziehen.

4. Wer Jesus so vom Christentum abkoppelt, wie es bei Theißen geschieht, der leistet mit der planmäßigen Vertiefung des Ostergrabens nur einer besonderen Art von Religionskritik Vorschub, die gerne Jesus gegen das Christentum und gegen die Kirche ausgespielt hat. Demnach gehört Jesus zu einer humanistischen Interreligiosität. Alles Christliche kam erst nachher. Diese Sichtweise unterschätzt programmatisch den jüdischen Faktor. Jesus gehört nicht »allen Religionen«. Im Konzert der Religionen leistet man dem Christentum nur einen Bärendienst, indem man das Christliche bei Jesus planmäßig herunterspielt und Jesus profillos werden lässt. – Ist also die Goldene Regel, gerade weil sie nichts Christliches enthält, garantiert jesuanisch? – Ich ahne schon, welche Religion dann garantiert jesuanisch ist: die allgemeine Humanität. Das ist ähnlich wie die johanneische Grundschrift nach Bultmann: Sie ist Grundschrift, weil und insofern sie ohne kirchliche Zutaten ist, also ohne Sakramente, Amt, futurische Eschatologie, Wunder etc. Es bleibt demnach ein »nackter Jesus« ohne alle christliche Zutat, und nur das berühmte »dass« seines Gekommenseins ist der Rede wert. Jesus bleibt der ebenso reine wie blasse Repräsen-

tant des Zeitgeistes seiner (und unserer!) Zeit. Schade daher um all den Aufwand für die Vergottung Jesu.

5. Bei der Formel »Genuin jesuanisch ist das Nicht-Christliche« ist natürlich das alte Werturteil impliziert, dass das genuin Jesuanische das Wertvolle und das Herzstück des Christentums sei. – Es ist sicherlich falsch zu sagen: Jesuanisch ist nur das Christliche. Doch die Festlegung auf das Gegenteil ist sicher genauso falsch, denn die Subtraktion Christliches minus Jesuanisches ist falsch, weil man weder das Christliche noch das Jesuanische in seinem Umfang bestimmen kann. Ich bin es gewohnt seit früher Jugend, überall im Neuen Testament religionsgeschichtlich Vergleichbares zu finden. Das relevante Material hat sich seit Wettstein, grob gesagt, verzehnfacht. Da Jesus ganz Mensch ist, wäre es auch aberwitzig, auf philologisch-historischem Wege irgendwelche Zipfelchen als garantiert Christliches oder Göttliches zu erweisen. Es geht nicht um Prozente, sondern das Ganze ist etwas mühseliger zu erfassen.

Theißen meint des Öfteren, als ursprüngliches Gut habe sich das Gegenläufige und Widerborstige erhalten, weil die vorherrschende Tendenz immer darin bestanden habe, Nicht-Jesuanisches in die Jesus-Überlieferung durch fortschreitende Jesuanisierung inhaltlich einzubeziehen. Was also dieser Tendenz nicht zum Opfer gefallen sei, seien archaische, vor-jesuanische Relikte; dazu gehöre Lk 17,34.

Sed contra: Wie beobachtet gehört Lk 17 laut 17, 23 f. in die Menschensohn-Überlieferung. Diese ist wenig oder gar nicht jesuanisiert worden. Deshalb bleibt z. B. die Rede vom Menschensohn in der dritten Person erhalten, d. h., der Kontext ab 17,23 ist gar nicht widerborstig. Aus meiner Sicht gibt es daher weder für die Echtheit noch für die Unechtheit Kriterien. Die Frage ist vielmehr hier wie auch anderswo falsch gestellt. Die theologische Tendenz, die hier im Hintergrund steht, halte ich für inakzeptabel, denn die Trennung von Jesus und Christentum wird nicht nur offensichtlich gewünscht, sondern indirekt auch zum Kriterium des »Wahren« erhoben.

Die Position der Gegner: *Alle Menschensohn-Worte Jesu sind unecht.*

Diese These wird sowohl von Protestanten (Vielhauer) als auch von Katholiken, die sich dadurch als besonders kritisch erweisen können/möchten (A. Vögtle), vertreten. Demnach habe Jesus den Ausdruck Menschensohn nicht für sich selbst gebraucht. Begründung: Jesus spricht vom Menschensohn immer nur in der dritten Person wie von einem anderen. Das gilt zum Beispiel für die Worte vom kommenden Menschensohn. Als man diesen mit Jesus identifiziert hätte – lange nach Ostern –, behielt man die dritte Person bei, in der Jesus vom Menschensohn gesprochen hatte, auch bei Worten über den leidenden und auferstehenden Menschensohn, die sich nun eindeutig auf Jesus beziehen konnten, aber eben Neubildungen sind. Denn die sicher unechten Worte vom leidenden, gekreuzigten und auferweckten Menschensohn seien *vaticinia ex eventu* (nachträglich erfundene Prophezeiungen, die man dann in die Zeit vor Ostern verschoben hat); ähnlich sind ja auch die Prophezeiungen über den Untergang Jerusalems angeblich solche *vaticinia.* Die Worte vom Erdenwirken des Menschensohnes, z. B. sein Sündenvergeben nach Mk 2, sind nachösterliche Gemeindebildungen, da Jesus nirgends sonst Sünden vergibt; in Mk 2 projiziert die Gemeinde die eigene Autorität in Jesus hinein.

Mit dem Bestreiten der Menschensohn-Worte meint man, einen tragenden Pfeiler frühchristlicher Christologie getroffen zu haben. Der theologische »Sprung« hätte dann darin bestanden, den Sprachgebrauch (3. Person) beizubehalten, aber unter der Hand und ohne dass es jemand bemerken konnte, den Inhalt gänzlich auf Jesus zu beziehen.

Sed contra: Auch hier fehlt die große, maßgebliche Persönlichkeit, die das gewagt haben könnte und zu verantworten hat. Sachlich wäre dieser Schwindel, den man hier annimmt, kaum vertretbar: dass Jesu Worte, in denen er eindeutig jemanden anderen meint als sich selbst, von der Gemeinde oder vom Theologen XY so verfälscht und geradezu auf den Kopf gestellt worden seien, dass sie nur noch ihn selbst meinen konnten. Dabei bedenke man, dass der Menschensohn ein herrliches Himmelswesen und direkter Repräsentant Gottes gegenüber der Welt ist. Sein Charakter wäre in den Worten vom leidenden, gekreuzigten und auferstandenen Menschensohn total verfälscht worden. Liegen Lug und Trug hier bei der frühen Gemeinde – oder nicht vielmehr bei den Forschern, die ohne mit der Wimper zu zucken kaltlächelnd solche Mutationen postulieren? Und es entsteht für die frühesten Christen die Atmosphäre von Dreistigkeit und dauernder Vertuschung von Nicht-Gewesenem. Kurzum, eine merkwürdige Art von Betroffenheit wäre das gewesen!

Es bleiben dann nur noch einige wenige Aussagen über Gottessohnschaft, die man mit leichter Hand beseitigt hat. Das alles diente der Grundthese: Jesus hat nicht über sich, sondern über das kommende Reich Gottes gesprochen. Am Ende scheint jede positive Qualität, die einer vor dem Weltende aufnimmt oder behauptet, als ein Verstoß gegen die Rechtfertigungslehre, denn alles Positive kann nur von Gott kommen, und zwar erst im Himmelreich.

Sed contra: Der Gebrauch der dritten Person für sich (den Sprecher) selbst ist weder vor 2000 Jahren noch heute ungewöhnlich. Er bedeutet im Zweifelsfall stets besondere Autorität, auch und vor allem himmlische (vgl. Paulus über sich selbst in 2 Kor 12). Was die angeblichen *vaticinia* betrifft: Jesus konnte leicht vorhersehen, dass und wie er getötet werden würde, und das gilt auch für das Schicksal Jerusalems angesichts des fortgesetzten Ungehorsams gegen alle Propheten inklusive Johannes dem Täufer und Jesus. – Jesus und das Urchristentum sind der Meinung, dass in charismatischem Wirken (Wunder, Sündenvergebung, Sprachen, Visionen, aber auch pneumatischem Beten) Kräfte des kommenden Äons schon wirksam sind.

Auch an dieser Stelle wird deutlich, wie stark sich Katholiken und Neuprotestanten in der Einschätzung der Wirklichkeit der Welt unterscheiden. Man sollte auch nicht denken, dass ein eher negatives Urteil über die »Welt« oder den bestehenden Äon automatisch den Ruhm Gottes erhöht.

Können echte Jesusworte jüdisch sein?

Nur ein kleiner Teil des jüdischen Volkes hat sich Jesus angeschlossen. Und einigen Vertretern der jüdischen Führungsschicht war Jesu Tod zumindest willkommen, »aus Neid«, wie der Evangelist Markus jüdischen Autoritäten unterstellt, oder als Bauernopfer, wie es der vierte Evangelist versteht.

Nun hat man – wie mir scheint, unsinnigerweise – die Echtheit von Jesusworten mit ihrem jüdischen Charakter in Verbindung gebracht. In dieser Frage hat die liberale Forschung ein wahres Wechselbad veranstaltet, und dieser Zirkus dauert bis in die Gegenwart an. Einerseits hat man nämlich gesagt: Jesus muss sich vom Judentum unterschieden haben. Wo soll sonst das typisch Christliche liegen? Daher hat man eine Diskussion um die sogenannten Differenzkriterien veranstaltet (d. h., ein echtes Jesuswort unterscheidet sich vom Judentum). Und andererseits musste Jesus als jüdischer Messias durch den jüdisch-alttestamentlichen Charakter seiner Lehre erkennbar sein und bleiben. Hier spielt das jüdische Programm der »Erfüllung« eine große Rolle, denn wenn es keine Erfüllung gab, blieb die Legitimität Jesu in der Luft. Ich habe oben das Wort »unsinnigerweise« gebraucht, weil nur Gelehrte sich bisweilen an die Lehrdifferenzen klammern, während die Wahrheitsfrage viel mehr mit der Person und ihrem religiösen Charisma zu tun hat, die da auftritt. Die typisch liberale Position betont daher die Differenz zum Judentum:

Traditionell Jüdisches im Munde Jesu steht a priori im Verdacht, nicht jesuanisch zu sein. In Bezug auf die Echtheit von Jesusworten spricht man hier vom doppelten Differenzkriterium: Ein Wort Jesu ist dann »echt«, d. h. authentisch auf Jesus zurückführbar, wenn es zwar jüdisch klingt, aber dennoch gegenüber dem Judentum unübersehbare Differenzen aufweist. Das bedeutet: Es besteht einmal eine Differenz zu den nicht-jüdischen Jesusworten, z. B. zur Goldenen Regel, sodann aber auch eine notwendige Differenz zum Judentum, also ein Punkt, in dem Jesus über das Judentum hinausgeht oder kritisch von ihm abweicht. Dabei setzt man voraus, dass sich Individualität durch Lehrdifferenz zuverlässig greifen lässt.

Sed contra: Die Meinung, auch nur annähernd festlegen zu können, was »jüdisch« sei, zeugt von tiefgreifender Unkenntnis des Judentums. Ein Symptom: Der einzige Theologe, der je eine systematische Theologie des Judentums verfasst hat, war ein deutscher protestantischer Pastor des

19. Jahrhunderts (P. Weber). Es war das einzige Buch, vor dem mich schon mein Doktorvater mit Nachdruck warnte, denn das Judentum kennt keine theologischen Summen, es ist vielmehr zu jeder Zeit in äußerst lebendige und stets kontroverse Debatten in die Frage verstrickt, was denn jüdische Identität sei. Noch viel weniger kann diese Frage ein behäbiger christlicher Dogmatiker von außen her beurteilen.

Man lese das Buch Hiob oder den jüdischen Philosophen Philo von Alexandrien und versuche, die Frage zu beantworten, was denn daran jüdisch sei. Auch Jesus und die frühchristlichen Autoren inklusive Paulus sind keine Systematiker gewesen. Daher habe ich mich z. B. entschlossen, den »Pastoralbriefen« ihre Paulinizität nicht abzusprechen, ebenso wenig wie Eph und Kol. Man bedenke nur, dass das Wort »kreuz(igen)« im Röm nur einmal vorkommt. – Man kann lediglich sagen: Jüdisch sein oder jüdisch werden konnte all das, was ein Jude »in den Mund nehmen« konnte, ohne sich seiner Herkunft von Abraham zu schämen. Daher ist die Frage, ob und wieweit etwas jüdisch war oder nicht, vollständig ungeeignet, um die Echtheit von Jesusworten festzustellen. Eine kleinliche dogmatische Rechthaberei dergestalt, dass Christen (!) von außen her feststellen, was ein Jude des 1. Jahrhunderts n. Chr. sagen konnte, versucht doch nur beckmesserisch das festzuschreiben, was Juden nicht fixieren konnten. Für die deutschen Theologen des 19. und 20. Jahrhunderts stehen an erster Stelle immer die Lehre und ihre Grenzen, der »Lehrbegriff« also, für jüdische Sichtweise selbst die Machtspiele der Geschichte, die Märtyrer und Sieger, die Treuen und die Verräter. Bei den konkreten Inhalten geht es nicht um Lehren, sondern um alltägliche Riten und einen jüdischen Lebensstil und nicht zuletzt um die Familie.

Ebenso gibt es aber auch liberale Theologen, die jede ernsthafte Differenz zum Judentum leugnen oder kleinreden wollen. Diese »weiche« Position zeigt sich dann öfter darin, dass man christliches Profil verleugnet.

Der unjüdische Charakter als positives Kriterium des Christlichen bedeutet in der Konsequenz: Jesus kann und darf nicht vollständig Jude gewesen sein. Das aber halte ich für indiskutabel. Ebenso fragwürdig ist das folgende Kriterium: *Der jüdische Messiasbegriff wird im Christentum vergeistigt.* Nicht selten wird noch gelehrt, der Messias habe nach jüdischen Vorstellungen militärisch auftreten müssen, und zwar jedenfalls in Konkurrenz zu zeitgenössischen Herrschern. Erst das Christentum habe die Möglichkeit gebracht, eine Gestalt wie Jesus überhaupt als Messias anzusehen. Bestimmte Einschätzungen des Judentums sind hier die Ursache für eine Erklärung der nicht-jüdischen Eigenart der christlichen Vorstellung vom Messias.

Sed contra: »Das« Judentum hat keine einheitliche Vorstellung vom Messias. Es gibt etliche Spielarten jüdischer Eschatologie, die überhaupt ohne die Vorstellung von einem Messias auskommen; andere rechnen mit mehreren messianischen Gestalten. Darunter ist auch der »Messias des Geistes«, wie er aus Qumrantexten bekannt ist. Das Konzept des Kampfes und des Sieges über die Feinde ist schon im Judentum transformiert worden, indem die Feinde zu dämonischen Mächten und der Messias zu einer Art priesterlich-exorzistischer Figur wurden. Das Christentum leistet weder hier noch sonst eine »Vergeistigung« angeblich materialistischer jüdischer Vorstellungen. Auch im Christentum gibt es neben der Christologie andere Arten von Messianität, so etwa in der byzantinischen Reichseschatologie (die bis in die deutsche Kyffhäusertradition hinein fortlebt).

Was echt sein darf, bestimmt der Zeitgeist

Zur liberalen Jesusforschung des 19. Jahrhunderts bemerkte Albert Schweitzer: »Sie zog aus, den historischen Jesus zu finden, und meinte, sie könne ihn dann, wie er ist, als Lehrer und Heiland in unsere Zeit hineinstellen. Sie löste die Bande, mit denen er seit Jahrhunderten an den Felsen der Kirchenlehre gefesselt war, und freute sich, als wieder Leben und Bewegung in die Gestalt kam und sie den historischen Menschen Jesus auf sich zukommen sah. Aber er blieb nicht stehen, sondern ging an unserer Zeit vorüber und kehrte in die seinige zurück. Das eben befremdete und erschreckte die Theologie der letzten Jahrzehnte, dass sie ihn mit allem Deuteln und aller Gewalttat nicht in unserer Zeit festhalten konnte, sondern ihn ziehen lassen musste.«

Sed contra: Zu einer hemmungslosen hermeneutischen Versetzung Jesu in die Gegenwart gibt es keine Handhabe. Ebenso wenig angebracht ist eine durchgehende Historisierung. Es kann auch nicht Aufgabe der Theologie sein, das Ewige vom Zeitbedingten zu trennen, denn Operationen an siamesischen Zwillingen gelingen selten. Schweitzer hat auch recht darin, das subjektive Bewusstsein des Gläubigen müsse stündlich die Wiederkunft des Herrn erwarten; die Eschatologie des frühen Christentums ist nicht in ein »Bewusstsein« aufzulösen. – Vielmehr gibt es eine notwendige »Fremdheit«, die um Gottes willen nicht aufzulösen ist. Die Fremdheit ist immer wieder ärgerlich, aber sie will verstandene Fremdheit werden, und wer sie prinzipiell drangibt, verrät den Charakter des Christentums. Die kulturelle Distanz ist oft ein zusätzliches Signal für die Nicht-Konsumierbarkeit und Nicht-Verrechenbarkeit Gottes. Eschatologisch qualifiziert ist der Zustand der Welt – und nicht nur mein jeweiliges Bewusstsein.

Degradierung Jesu

Nach dem amerikanischen Jesusforscher Robert Funk soll das Ziel der Jesusforschung eine *Degradierung Jesu* sein. Seine Göttlichkeit sei unglaubwürdig, und wer an seiner Gottheit festhalte, zerstöre das Vertrauen in die Güte der Schöpfung und des Nächsten.

Sed contra: Offenbar ist an Funk die Erfahrung zweier Weltkriege spurlos vorbeigegangen. Jedenfalls in Deutschland hatte schon der Erste Weltkrieg jeden Optimismus der skizzierten Art widerlegt, und das Verbrechen des Holocaust lehrte uns, der Güte des Nächsten zu misstrauen. Auf die »Güte der Schöpfung« weisen uns immer Moslems hin, und in der Tat beginnt jedes Gotteslob bei der Schöpfung. Doch das ist nicht das Thema der Jesusforschung.

Die Frage nach der einzig original echten ipsissima vox

Es gibt unter US-Anhängern der Third-Quest-Gruppe (3. Anlauf zur Frage nach dem historischen Jesus) Gelehrte, die verkünden: Die Anzahl der echten Jesusworte ist so gering, dass man sie auf einer Postkarte zusammenstellen könnte. – Das eigentlich Abenteuerliche an dieser Meinung *(opinion)* ist wohl, dass und wie man überhaupt mit echten Jesusworten rechnet. Jedenfalls haben wir es hier mit dem vorläufig letzten Ableger jener Exegeten zu tun, die meinten, auf exegetischem Wege bis zur *ipsissima vox* Jesu durchdringen zu können (zu dem, was er nun ganz bestimmt höchstpersönlich selbst gesagt habe). Wie willkürlich dieses Vorgehen im Ganzen war, zeigen Legendenbildungen über Steinchensammeln in einer Schüssel bei Exegetentreffen, wobei die roten Steinchen »Echtheit« signalisiert, die grauen dagegen Zweifel zum Ausdruck gebracht hätten. Nach dem überwiegenden Farbeindruck wurde dann das Wort in Zukunft eingeschätzt und behandelt. Und was nun, wenn zwei Kollegen bei dem ein bestimmtes Wort betreffenden Meeting wegen Krankheit fehlen mussten? Wie sollte das geschundene Jesuswort dann gegebenenfalls mit seiner Unechtheit »umgehen«?

In Wirklichkeit ist von keinem Jesuswort erweisbar, dass Jesus es gesprochen hat – wie auch das Gegenteil, dass nämlich Jesus ein Wort nicht gesagt habe, reine Vermutung und unerweisbar ist. Mithin ist die Frage nicht sinnvoll. Die Antwort »Das kann Jesus nicht gesagt haben« halte ich für anmaßend. Da es vernünftige Kriterien nicht gibt, ist bei Echtheits- wie bei Unechtheitsvoten die Gefahr der Beeinflussung durch Ideologien besonders groß.

Die Verschiedenheit der ersten drei Evangelien untereinander und dann noch die völlige Andersartigkeit des vierten Evangeliums legten die Schlussfolgerung nahe: Es kann nicht alles von Jesus stammen, was die Evangelisten Jesus in den Mund legten.

Hat Jesus zum Beispiel an Petrus das Wort gerichtet: »Du bist Petrus, und auf diesen Felsen will ich meine Kirche bauen ...« (Mt 16,16)? Gegen die Echtheit spricht: Das Wort »Kirche« kommt sonst in der Botschaft Jesu nicht vor (außer in Mt 18), und vor allem: Wie sollte Jesus, der doch mit dem unmittelbaren Kommen des Reiches Gottes rechnete, zwischen sich und das Weltende die Kirche schieben wollen?

Daher lautet die Antwort der Exegeten: Es handelt sich um eine typische Gemeindebildung, d. h., die Gemeinde benötigte ein Jesuswort, das ihre eigene Existenz rechtfertigte. Da es aber ein solches Jesuswort nicht gab, erfand man eines. Und nur der Evangelist Matthäus hatte es nötig, ein solches Wort zu erfinden, denn er hatte eine große Gemeinde zu belehren; schon die Fülle der im Matthäus-Evangelium verarbeiteten Traditionen spricht für die Größe dieser Kirche. Oder nach Jesu Erscheinen auf hoher See heißt es in Mk 6,52f.: »Die Jünger waren außer sich über die Maßen, denn sie waren nicht verständig geworden über den Broten, vielmehr war ihr Herz verhärtet.« In der Parallele Mt 14,33 aber heißt es: »Die aber im Boot huldigten ihm, sagten: Wahrhaftig, Gottes Sohn bist du.« Hier kann nur einer recht haben. Da aber Matthäus sonst das Verstehen der Jünger gern hervorhebt, sagt man: Also hat Matthäus hier die Jünger vom möglichen Tadel befreien wollen. Er habe in bester Absicht den Lesern die Jünger als Vorbilder des Glaubens dargestellt. Er hat dafür die Geschichte gefälscht. – Vergleichbare Probleme ergeben sich bei Jesu »letzten Worten« am Kreuz (siehe oben), die bis auf Mk/Mt alle verschieden sind.

Waren also nicht die »ungläubigen« modernen Exegeten die Fälscher, sondern die Evangelisten selbst? Darf man die Alternativfrage stellen: War es nun so – oder war es nicht so? Man hat dann zahlreiche Versuche unternommen, die Echtheit von Jesusworten durch Nähe oder Distanz zum Judentum zu ermitteln. Das war irreführend, weil niemand ex post (d.h. im Nachhinein, nach 2000 Jahren) festlegen kann, was »jüdisch« oder »unjüdisch« war, was also ein Jude sagen durfte oder was nicht. Alle diese Versuche waren also für die Katz.

Man kann auch nicht sagen: Alles, was gegen den Trend gerichtet war, konnte als echt angesehen werden, da es widerständig war, und umgekehrt. Schließlich kennt man die Trends der verschiedenen Jahrzehnte nicht oder ahnt sie nur per Rückschluss. Das aber ist kein überzeugendes Verfahren.

Ich möchte einen neuen Weg vorschlagen.

1. Über echt oder unecht kann ich nicht urteilen, weil ich nicht dabei war. Und die Neigung, ein Wort Jesus zuzusprechen oder nicht, ist immer verdächtig. Wie leicht äußern sich da Vorlieben oder Legitimationswünsche!
2. Was ich lediglich versuchen kann, besteht darin, die mutmaßliche Nähe einer Überlieferung (Wort oder Tat) zum heißen Kern des Auftretens Jesu zu rekonstruieren. Wenn man von vornherein darauf verzichtet, nach bestimmten dogmatischen Festlegungen zu urteilen oder abzuurteilen, ist dieser Kern die Nähe Jesu zu Gott. So gehe ich davon aus, dass Jesus von Anfang seines Auftretens an behauptet hat, in ihm und seinem Tun sei Gott selbst gegenwärtig. Damit habe ich auf Jesus etwas übertragen, was sich zuvor bei Paulus und seiner Theologie bewährt hat: Paulus lässt sich neu und anders verstehen, wenn man die eigene Auffassung des Apostels zum Ausgangspunkt seiner Theologie macht. Das ist anhand des 2 Kor möglich (vgl. dazu auch J. Schröter: Der versöhnte Versöhner, Tübingen 1993 = Diss. Heidelberg 1992). Dem entspricht: Was man Jesus zutrauen und zumuten kann, das ergibt sich aus seiner Selbstauffassung als Gottes- und Menschensohn. (Zum Gottessohn vgl. Mk 3,11; 14,61 f., zum Menschensohn: Die Rede von sich selbst in der dritten Person bis heute bei Hoheitsträgern.)
3. Damit wird einer der bisherigen Wege, nach Kriterien der Echtheit zu suchen, umgekehrt. Denn ein Weg war, die Vergottung Jesu für den in jedem Fall spätesten Weg zu halten. Das Problem bestand dann immer darin, wie Menschen auf die Idee kamen, sich (und dem Andenken an Jesus) derartige Schwierigkeiten und Mühsale zu bereiten.

4. Anders als der liberale Protestantismus versuche ich nicht, nach Möglichkeit jede historische Erfahrung auszuschalten. Das Gegenteil ist vielmehr zielführend.

Die historische Basis des Glaubens an Jesus als Gott den Sohn liegt in Folgendem: in den Wundern, in der Verklärung und verwandten Pyrophanien (das leuchtende Antlitz), im Anspruch Jesu, die Sünden zu vergeben, und im Anspruch auf Vorzeitigkeit (»Ehe Abraham wurde, bin ich«) und darauf, aller Ehren wert zu sein. Schließlich aber nicht zuletzt darauf, dass Jesus sagt, seine Nachfolge führe ins ewige Leben.

Dabei wird, weil Jesus als Sohn Bild des Vaters ist, das Verhältnis zwischen Vater und Sohn so wahrgenommen:

- Die Taten des Sohnes sind die des Vaters. Der Sohn hat sie beim Vater abgeguckt und vom Vater her die Macht und Vollmacht übernommen.
- Worte des Sohnes gelten oft als die des Vaters (z.B. »Ehe Abraham wurde, bin ich«, »Ich bin der Weg, das Licht etc.«).
- In der Verklärung erscheint Jesus als der Licht- und Sonnengott.
- Wer wie Jesus handelt, ahmt Gott selbst nach. Hinter Gott herzugehen ist das Urbild der Nachfolge. Jesu alttestamentlich heißt das »auf Gottes Wegen wandeln« (Dtn 19,9; 28,9), d.h. auf denen er uns buchstäblich vorangeht. Dafür ewiges Leben zu verheißen (wie beim reichen Jüngling) ist ein Anspruch, den nur Gott erheben kann.

Für die Menschen bedeutet diese Bild-Funktion des Sohnes: Er ist der Erstgeborene unter vielen Geschwistern. So ist er das Urbild des neuen Menschen. Das alles führt zu der einen Aussage: Jesus tritt von vornherein als der auf, der

Gott total ähnlich ist – und zugleich Urbild für viele Geschwister.

Wundertaten als Erweis der Gottheit

Jesu Taten sind direkt Gottes Taten. So sagt es Mt 11: Blinde sehen, Lahme gehen, Tote werden auferweckt. Nach Jes 29.35 sind das alles zu erwartende Taten Gottes. Jesus bezieht nun alle diese Taten einfach auf sich. Und wenn Jesus den Blindgeborenen heilt, dann ist diese Heilung eine Neuschöpfung. Deshalb operiert Jesus auch mit feuchtem Lehm.

Wenn Jesus auf dem Meer gehen kann, weist das zwingend auf die Gottheit Jesu. Durch das Gehen auf dem Meer wird ausgeschlossen, dass es sich bei den damit verknüpften Speisungswundern nur um einen Zaubertrick handelt. Ähnlich bei der Auferweckung des Lazarus: Von anderen Wundertätern wird man sagen, dass sie zwar manche Schauwunder zustande bringen, nicht aber eine Totenauferweckung (denn sie sind nicht der Schöpfer).

Aber es gab doch auch Situationen, nach denen Jesus nicht in der Souveränität des Schöpfers aufgetreten ist? Die Antwort war so: Bei der einen Art von Ereignissen hat sich Jesu Gottheit geoffenbart, bei der anderen dagegen seine schwache menschliche Natur. So bei der Auferweckung des Lazarus die Gottheit, am Kreuz dagegen die schwache menschliche Natur.

Nicht selten formuliert Jesus provozierende Ansprüche, die seinen Rang betreffen: »Ehe Abraham wurde, bin ich« (Joh 8,58). Das heißt: Abraham gehört auf die Seite der Kreatur, die werden muss und geworden ist. Jesus dagegen gehört auf die Seite Gottes, der nicht werden und vergehen muss, sondern der einfach ist. Den Anspruch darauf, Gott zu sein, erhebt Jesus auch, wenn er bei der Affäre mit dem teuren Salböl kontert: Arme habt ihr jederzeit bei euch, mich aber nicht. Denn in diesem Zweifelsfall gebührt Gott, das heißt Jesus, alle Ehre. Notleidende Menschen kann man dabei jedenfalls in diesem Augenblick vergessen. Gott zu ehren ist wichtiger, als Arme zu unterstützen. Das ist ein skandalöser Anspruch. In der Tat gibt es in der Umwelt Jesu keinen Menschen, der den Anspruch erhoben hätte, Gott zu sein.

Wenn Jesus zu einem Menschen sagt: »Deine Sünden sind vergeben« (Mk 2,5), dann empören sich seine Gegner, wie es scheint, zu Recht. Sünden vergeben kann allein Gott. Das Wunder der Heilung des Gelähmten zum Beispiel macht das Unsichtbare sichtbar. Das Unsichtbare ist hier nach Mk 2 die Vollmacht zur Sündenvergebung, sichtbar aber kann werden die Folge der Vollmacht zum Wunderwirken.

Nun hat aber das Ende der Unsichtbarkeit Gottes außer den Effekten der Wunderzeichen auch andere sichtbare Folgen wie die Verklärung Jesu. Weil Jesus Gott so ähnlich ist, wird er hier auch Sohn Gottes genannt, und zwar von Gott selbst. Gleiches berichten Texte, nach denen die Antlitze des Stephanus, des Chananja, auch Noahs, Abrahams, der Propheten Daniel und Jeremia, aber vor allem des Mose feurig verklärt waren. Diese frühjüdischen Erinnerungen werden dann in der jüdischen Mystik entfaltet.

In Jesus hat Gott ein für uns Menschen fassbares Gesicht. Niemand hat Gott je gesehen, das wiederholt der Johannes-Prolog, aber seinen Sohn haben wir kennenlernen dürfen. So können wir uns im wahrsten Sinne des Wortes ein Bild davon machen, wer und wie der Vater ist. Damit gilt: Nicht tote Materie kann Gott darstellen, wohl aber, und zwar exklusiv, ein lebendiger Mensch, der Sohn Gottes Jesus Christus. Dieser Jesus sagt dazu: Ich bin die Wahrheit, das heißt: derjenige, der Bestand und Dauer hat.

Die griechischen Philosophen lehrten: Wahrheit ist ein

Attribut des Denkens, die Übereinstimmung von Denken und Ding. Jesus aber ist kein Merkmal nur des Denkens, er ist nicht die Übereinstimmung von Denken und Ding. Es ist ein anderer Zug des griechischen Begriffs von Wahrheit, der bei Jesus gilt: Wahrheit ist das, was bleibt. Dem dient alles Forschen der Menschen: etwas herauszufinden, das nicht gleich morgen wieder umgeworfen wird, sondern auf das man auch morgen und für immer zählen kann. Dieses aber, was bleibt, ist eine Person. Eine Person ist nicht das Kurzlebigste, was es gibt, vergänglich wie ein Hauch oder ein Blatt im Herbst. Sondern dieses ist der Anspruch Jesu: Ich bin der, der bleibt. Und das ist die ganze johanneische Christologie: Wer nach dem ewigen Leben strebt, wer also den Tod überwinden will, muss in mir bleiben. Auch schon in der griechischen Philosophie lag alles daran, um eines guten Lebens willen an der Wahrheit Anteil zu haben. Das geschah durch Studium und Erkenntnis, nicht zuletzt auch durch Liebe zur Wahrheit, die man auch »Philosophie« nennen konnte. Der überwältigend häufige Gebrauch von »Lieben« und »Liebe« im vierten Evangelium erklärt sich nicht zuletzt daher, dass das Evangelium die wahre Philo-Sophie ist. Wenn die Wahrheit eine Person ist, liegt alles daran, mit dieser Person in möglichst engem Kontakt zu stehen. Diesen Kontakt nennen die Evangelien Nachfolge, Hinterher-Gehen hinter Jesus oder Liebe.

Die Dogmengeschichte zeigt, wie stark unsere Auffassung von Person selbst durch das Gottesbild geprägt worden ist. Jede Art Menschenbild bis hin zur politischen Wissenschaft verdankt hier der Theologie Entscheidendes.

Fazit: Als der Sohn ist Jesus Abbild des unsichtbaren Gottes. Er ist das einzige Bild Gottes. »Wer mich sieht, sieht den Vater« (Joh 14,9). Er ist nicht nur gesandt, sondern er repräsentiert Gott. Der jüdische Grundsatz »Der Gesandte ist wie der Sendende« wird im Judentum außerchristlich formaljuristisch gebraucht und nicht konkret gefüllt. Aber Ähnlichkeit ist noch nicht der richtige Ausdruck, dafür ist die Identifikation zwischen Jesus und Gott zu weitgehend, sie ist intimer, organischer, eher wie Osmose. Sie erscheint als die intensivste Form der Gemeinschaft, wo Identität oder Verschmelzung allerdings nicht bestehen. Durch Jesus Christus begibt sich Gott so intensiv in die Gemeinschaft von Menschen, dass derjenige, der ihn hört, den Vater hört, dass, wer ihn sieht, den Vater sieht.

Einen Schritt weiter geht die Ausweitung, oder wenn man so will, Demokratisierung dieses Ansatzes über Jesus hinaus, wenn auch immer von Jesus aus. Die Aufhebung des biblischen Bilderverbots durch die Christen bedeutet: Zwischen Bild und Abbild besteht immer eine Art Teilhabe und keine völlige Distanz. »Bild« bedeutet nicht »nur Bild«, sondern ist in jedem Fall »immerhin Bild«.

Die Aufhebung des Bilderverbotes durch Jesus Christus (durch seine Sendung bzw. Menschwerdung) hat das Ziel, dass auch die Christen selbst zu Bildern werden. Den Menschheitstraum, wie Gott zu sein, grabschen wir uns nicht in Ungehorsam und Gewalt, sondern lassen ihn uns schenken Und wir können auch nur dann Bild Gottes sein, wenn wir einander ähnlich sind, weil wir harmonisch dasselbe lieben. Denn so ist der Kirchenbegriff des hl. Augustinus: Kirche ist die Gemeinschaft derer, die dasselbe lieben.

Das ganze Neue Testament hat nur eine einzige Absicht: die Verähnlichung des Menschen mit Gott. Das beginnt in der Taufe, die Gleichgestaltung mit Jesus Christus ist. Und es setzt sich fort in der Ethik der frühen Christen, zum Beispiel im Gewaltverzicht und in der Feindesliebe, nicht zuletzt im Besitzverzicht, denn Gott besitzt und braucht nichts. Hier wird Jesu sichtbares Handeln sichtbar nachgeahmt. Und dass Gott seine Feinde liebt, kann man an Tau und Sonne sehen.

Liberale Theologie hat die Frage nach dem Ursprung dieser Christologie einhellig so beantwortet: Es sei natürlich der »Erhöhte« gewesen, den man in dieser Rolle gesehen habe. Doch nichts weist speziell auf den Auferstandenen und Erhöhten. Viel stärkere Hinweise legen die These nahe, es könne primär der irdische Jesus vor Ostern gemeint haben, wie Gott zu sein.

Jesus hat sich und den Täufer zusammen als Gesandte von Gottes Weisheit verstanden, in der Eucharistie gibt sich die Weisheit ihren Kindern selbst als Nahrung.

Entsprechend gibt es eine Tradition im Judentum, nach der Gott sich als sich selbst, aber als Mensch, zeigen wird. Diese Hoffnungen bewegen sich im Horizont der erweiterten Bundesformel. Das heißt: Gott sagt, ich will ihr Gott sein, und sie sollen mein Volk sein, und ich will unter (mit) ihnen wohnen wie ein Mensch (oder: als ein Mensch). Philipp Kurowski ist neuestens dieser Gottes-Erwartung nachgegangen (»Der menschliche Gott«, 2011). Jesus ist von Anfang an als Gott der Sohn aufgetreten. In der Exegese der vergangenen 60 Jahre hat man unter dem Einfluss Hegels und dann der Existenzphilosophie die Dimension der Zeit in der Rede von der eschatologischen Existenz total überschätzt. Es kommt jetzt darauf an, den *Raum* wiederzuentdecken. »Herr, wo wohnst du?«

Jesu Würde nach Ostern wurde nicht im Rahmen einer sukzessiven Vergottung immer weiter gesteigert. Jesus hat sich selbst von Anfang an als Ort der Gegenwart Gottes betrachtet und wurde nicht erst im Laufe der Jahrzehnte oder Jahrhunderte immer mehr zu Gott.

Jesus ist unser Zeitgenosse als lebendiges Bild des lebendigen Gottes. Im Zeitalter des verschärften Gesprächs mit Juden und Moslems ist es ganz schlicht notwendig, den

Glauben an Jesus Christus auf den Glauben an den einen und einzigen Gott zu beziehen. In Jesus Christus begegnet man Gott ganz und ungeteilt. Das ist das Gegenteil zur Äußerung Adolf von Harnacks: »Nicht der Sohn, sondern allein der Vater gehört in das Evangelium, wie es Jesus verkündet hat, hinein« (Kümmel, S. 229).

Merksätze für eine zukünftige Erforschung von Jesusworten und -taten

1. Im Zentrum steht nicht die Echtheitsfrage, sondern a) was sagt Wort/Tat über Gott? und b) wie ist das Verhältnis von Gott und Jesus darin bestimmt? Damit wird die theologische Frage zurückgewonnen (bzw. kommt in der historischen Jesusforschung erstmals vor). Die hier unter a) und b) genannten möglichen Entwicklungen sind streng historisch zu beurteilen, d.h., es geht nicht um die »ewigen« Bauelemente zeitloser Dogmatik, sondern um Etappen in einer Theologiegeschichte.
2. Hintergrund der Erforschung sind a) Religionsgeschichte des Judentums (andere antike Religionen nur im weiteren Sinn) und b) Funktion im Leben Jesu (z.B. Legitimität). Zu diesen beiden historischen Grundschritten gehören besonders Liturgie- und Wirkungsgeschichte.
3. Bausteine für die Christologie im Judentum sind mit besonderer Sorgfalt aufzuspüren: z.B. die von Kurowski (»Der menschliche Gott«, 2011) weiterentwickelte Frage nach der Geschichte der Bundesformel.
4. Eine besondere Erforschung gebührt dem jeweiligen Sondergut der Evangelisten. Es gibt nicht nur Ansätze für die »Redaktion«, sondern eben auch für die Tradition.

Letzteres wäre neu. Stücke aus dem Sondergut sind in der Regel scharf profilierte Solitäre. Man kann sich das so vorstellen: Aufgrund ihrer jeweils ausgeprägten Eigenart hielten sie sich besser in der Erinnerung der Tradenten, so dass diese »größten Wert darauf legten«, ihr Gut in der schriftlichen Fassung der Evangelisten unterzubringen.

5. Die bisherige Forschung hat sich für die Frage nach der Echtheit immer wieder leiten lassen a) von der wachsenden Vergottung Jesu und b) von vermeintlich frühkatholischen Tendenzen. Aus dieser Schere entwickelten sich die meisten Echtheitsurteile. Da es sich durchweg nur im Vorurteile handelte, hat diese Richtung keine Zukunft.

Mogeln als Beruf: die sogenannten *vaticinia ex eventu*

Die Position der Gegner: *Alle Vorhersagen Jesu über sein eigenes Ende (sog. Leidensweissagungen) und ebenso die Vorhersagen über das Ende Jerusalems sind sogenannte* vaticinia ex eventu *(wörtlich: Wahrsagungen, die erst nach dem Ereignis aufgestellt wurden).*

Das bedeutet, die Evangelisten haben hier durch Lügen betrogen. Sie haben, nachdem bestimmte unangenehme Ereignisse eingetreten waren, wahrheitswidrig behauptet, Jesus hätte diese vorhergesehen. Nur auf diese Weise konnte er nämlich seine Souveränität bewahren, dass er es vorher wusste und sich nicht damit überraschen lassen musste. Die Mehrheit der Exegeten meinte, es handele sich um einen Trick der Evangelisten, der Jesus vor dem Vorwurf bewahrte, Opfer von etwas Unvorhergesehenem zu werden. Ein auffälliges Gottesbild bestimmt hier die Exegeten. Als gehöre es zur Göttlichkeit Gottes oder seines Gesandten, im Sinne der Prädestination alles vorher zu wissen und dann durch das Eintreffen der Ereignisse als göttlich bestätigt zu werden. Wenn das aber so fundamental wichtig ist, war es eine brisante These, die Evangelisten hätten an dieser Stelle »gemogelt« und dem Fehlen solcher Wahrsagereien abgeholfen, die sie einfach für die Überlieferungen von Jesus vor Ostern postulieren mussten. Die These der Exegeten hatte also vier Teile:

1. Jesus hätte nicht wirklich etwas vorher gewusst und auch einen derartigen Anspruch nicht erhoben.
2. Die Evangelisten hätten Jesus derartige Weissagungen nach dem Eintritt der Ereignisse untergeschoben. So hätten sie Jesu Göttlichkeit erweisen wollen.
3. Alle diese Weissagungen seien Jesus in den Mund gelegt worden, was den Betrug abrundete.
4. Und außerdem hätten die Evangelisten das, was sie für Jesu Tod und Auferstehung taten, nach 70 n. Chr. auch für die Zerstörung Jerusalems getan. So konnten sie diese Zerstörung im Sinne einer Bestrafung Israels für den Ungehorsam gegenüber dem Propheten Jesus deuten.

Sed contra: Erst das Postulat, Jesu wirkliche Lebenszeit sei weissagungsfrei gewesen, macht die These möglich, alle Weissagungen seien erfundene Betrügereien. Der Grundtatbestand ist aber schon unwahrscheinlich, denn es gehört einfach in die Gattung biographischen Materials aller Zeiten, dass der Held seinen Tod vorausahnt und darüber spricht, besonders wenn es sich um einen gewaltsamen Tod handelt. Und dass Jesus an die eigene Auferstehung »glaubte«, liegt schon dadurch nahe, dass er den Pharisäern nahestand, für die die Auferstehung der Gerechten selbstverständlich war; um wie viel eher könnte es dann eine Auferstehung von Märtyrern geben. Und Jesus rechnet mit dem Märtyrer- und Prophetentod in Jerusalem (Lk 13,32 f.). Um das vorher anzukündigen, muss man kein übernatürlich, etwa mit zweitem Gesicht begabter Prophet gewesen sein. Es lohnt daher auch gar nicht, auf dem Wege der Fälschung das in die Evangelien einzutragen, was jeder Blinde hatte sehen können. Das gilt besonders von der Zerstörung Jerusalems, die als Damoklesschwert seit Jahrzehnten über allen Köpfen hing und die man nach den Regeln deuteronomistischer Geschichtsdeutung als Reaktion Gottes auf jeden Ungehorsam gegen Propheten befürchten konnte. In diese Richtung gehen denn auch die ältesten Deutungen des Todes Jesu (1 Thess 2,15 f.). Man darf also annehmen, dass Jesus diese äußerst verbreiteten Ansichten geteilt hat. Es besteht kein Grund, sie dem »vorösterlichen« Jesus abzusprechen, um sie dann von den Evangelisten betrügerisch durch die Hintertür wieder eingeführt sein zu lassen.

Als die exegetische Theorie über die *vaticinia ex eventu* aufgestellt wurde, war die Erforschung der antiken Biographien als Vorläufer der Evangelien noch nicht weit gediehen. Das hat sich erst in den letzten 40 Jahren geändert, und daran hat der Altphilologe Albrecht Dihle gewichtigen Anteil.

Kultkritik

Die liberale Forschung geht davon aus, Jesus und die früheste Gemeinde (inklusive Paulus) seien grundsätzlich gegenüber jedem Kult ablehnend gewesen. Hinter dieser Auffassung steckt ein gehöriges Maß Antikatholizismus, denn Jesus zeige keine Liebe zum Tempel, sondern habe dessen Zerstörung und einen grundsätzlich anderen Gottesdienst angekündigt; den gesamten Sühnekult habe er durch die eigene Interzession und dann durch den eigenen Tod überwunden. Stephanus berufe sich mit seiner Kritik am sichtbaren Tempel mit Recht auf Jesus, zumal der »protestantische« Paulus durch das Lehren vom Opfertod Jesu jeglichen Kult theologisch erübrigt habe. Man kann also eigentlich nicht verstehen, wieso in einer so aufgeklärten Religion wie dem (protestantischen) Christentum so etwas wie Kult je eine Chance gehabt haben könnte. Aller Kult ist doch schließlich menschliches »Werk«. Im Zweifelsfall genügt daher ohnehin die reine Gnade. Ferner ist Kult etwas »Barbarisches«, da er von einem Tauschgeschäft mit Gott ausgeht.

Kultkritisch ist eine besondere Religion der Aufklärung zwischen dem 5. Jahrhundert v. Chr. (Griechenland) und dem 19. Jahrhundert (Deutschland, Frankreich): Man wendet sich gegen Priester, blutige Opfer, Tempel, unmoralische Mythen und gegen Beschneidungen und Fasten. Auch eine Erschaffung der Welt durch Gott oder Götter lehnt man früh zugunsten einer Evolutionslehre ab. – Dieser Religion gehörte dann angeblich auch Jesus an. Sie ist inhaltlich durch Vernunft, vernünftige Ethik und den Mangel an ritueller Praxis ausgezeichnet. Sie kennt keine nationalen Grenzen. Die durch diese Religion selbst zu Gegnern erklärten Feinde sind stets die Priester, die an Tempeln oder Kirchen dienen. Es ist historisch möglich, diese besondere »Religion« vom 4.–2. Jahrhundert v. Chr. und ebenso vom 16.–21. Jahrhundert n. Chr. nachzuweisen. Die Argumente und Positionen ähneln einander auf frappierende Weise, und das gilt besonders zwischen 1780 und 1850. Nachzügler gab es unter katholischen Intellektuellen im Rahmen des 2. Vatikanischen Konzils.

Den Gipfelpunkt seiner religiösen Auslegung erreicht etwa Ernst Käsemann mit seiner These, Vaterunser und Abendmahlsworte könnten nicht von Jesus stammen, da Jesus sich beständig gegen alle Rituale und allen Formelkram gewandt habe.

Sed contra: Im Neuen Testament herrscht nicht eine Religion von griechisch-philosophischer und dann europäisch-bürgerlicher Art. Die Religion Jesu und der Urchristen ist im Kern nicht aufklärerisch, sondern apokalyptisch und mystisch. (Zur monastischen Aufklärung des 12. Jh. vgl. oben). Die Stellvertretung, die Jesus der Gerechte durch sein Leben, sein Beten und seinen Tod leistet, ist nicht prinzipiell antikultisch und gegen sichtbare Riten gerichtet: Das wird besonders am Hebr deutlich, der den himmlischen Kult im himmlischen Heiligtum als »ewiges« Urbild der nur zeitlichen und vergänglichen irdischen Nachahmung ansieht.

Für die rationalistische Aufklärung ist die Kultkritik ein wichtiges Anliegen. Es ist daher nicht verwunderlich, dass Theißen (Der historische Jesus) das auch für Jesus immer wieder behaupten möchte. Dazu dient selbstverständlich, dass der Aufenthalt des Zwölfjährigen im Tempel eine »Legende ohne historischen Kern« genannt wird (S. 355). Dass Jesus nicht die notwendigen Reinigungsriten übernahm, spricht für seine Distanz gegenüber dem Tempel (Fußwaschung). Die Sündenvergebung durch das Trinken des Bechers (Mk 9,41) bedeutet automatisch Konflikt mit dem Tempel. Dass Jesus davon spricht, der alte Tempel werde durch einen »besseren« abgelöst, ist Ausdruck seiner »schroffen Kultkritik« (S. 384). Judas dagegen habe solche Tempelkritik nicht gekannt. Und nach Ostern erkennt man Jesus kultkritisch als das neue Opfer. – Überall also, wo es nur irgend möglich ist, erkennt Theißen eine Konkurrenz Jesu und seiner Absichten zum Tempel.

Sed contra: Vergleichbare Unterstellung einer Kultkritik bei Jesus habe ich nur bei dem Reformkatholiken Herbert Haag gefunden. Ist Theißen durch eine Weihrauchvergiftung in früher Jugend traumatisiert? Das von Theißen angenommene Konkurrenzdenken gibt es im Judentum nirgends. Den Tempelkult nur als einen Weg der Erlösung zugleich anzunehmen wie kritisch zu betrachten war seit den Propheten üblich. Keiner, der einen Psalm betete oder sich von Johannes taufen ließ, musste dieses als Affront gegen den Tempel verstehen. Wenn Jesus den Untergang des bestehenden Tempels verkündete, so war dies das im deuteronomistischen Prophetenbild für die Ermordung der Propheten vorhergesagte Gericht, aber nicht gegen den Tempel oder gar seinen Kult gerichtet; es setzt vielmehr den Tempel als Herz und größten Schatz Israels voraus. Stephanus verbindet dieses apokalyptische Wort Jesu mit seiner Kritik gegen steinerne Gotteshäuser, aber nicht die Opposition gegen den Kult steht hier im Blick, sondern das Gottesbild von Jes 66, wonach die ganze Welt Schemel der Füße Gottes ist. Ich kann mir Theißens angebliche Kultkritik Jesu nur konfessionell erklären, aber nicht reformatorisch, sondern im Sinne der traditionsreichen Religion der Aufklärung.

Irritationen durch jüdische und pagane Parallelen

David Friedrich Strauß war mit seinen Jesusbüchern (1835) ein Vorläufer der religionsgeschichtlichen Schule, denn hier wie dort sollte und konnte der christliche Glaube durch Aufweis von alttestamentlichen, jüdischen und paganen Quellen in der näheren Umwelt destabilisiert werden. Noch in meinem Studium galt der unausgesprochene Grundsatz: Je mehr religionsgeschichtliche Parallelen, desto weniger

Historizität. Heute möchte ich diesen Satz gerne umkehren: Je mehr Parallelen, desto wahrscheinlicher ist eine wirkliche historische Erfahrung.

Erläuterung: Es gibt Erfahrungen im Umgang mit Göttern oder Gott, die sich wiederholen, die sich so einprägen, dass sie zum religiösen Erbe der Menschheit gehören. Dazu zähle ich das Phänomen der Gebetserhörung, der hilfreichen Epiphanie des Gottes in höchster Not, des Wunders oder auch dass Wasserriten wie die Taufe segenbringend sind. Grundlegende Riten, wie das Erheben der Hände zum Gebet, das Falten der Hände, religiöse Waschungen und Mahlzeiten (sowie Fasten!), sind von den Religionen des Nahen und Mittleren Ostens von Osten nach Westen gewandert. Und darin vollzog sich eine grundlegende Bewegung von Westen nach Osten (vgl. meinen Beitrag in der FS für J. Nolte, 2010).

Dagegen las man ab 1835 für viele Generationen anders, besonders in Deutschland. Bis heute sind Menschen völlig irritiert, wenn sie hören, dass es Heilige nicht nur in der katholischen Kirche, heilige Schriften auch im Judentum, im Islam und bei den Mandäern und heilige Quellen nicht nur in Lourdes gibt, sondern überall auf der Welt.

Je mehr Parallelen, desto weniger Historizität

Die Argumente sind uralt und auch wieder neu, und sie irritieren jeden Studenten des Neuen Testaments ab dem zweiten Semester. Schon David Friedrich Strauß (Das Leben Jesu) hatte erklärt, dass die neutestamentlichen Verfasser aus dem Alten Testament abgeschrieben hätten, und zwar besonders einige Wunder Jesu, und dass diese deshalb unhistorisch seien. Aber genauso argumentiert auch noch Ulrich Luz über die Kindheitsberichte bei Matthäus: »Angesichts der zahlreichen Parallelen ist die Frage nach der *Historizität* hoffnungslos.«

Gegenprobe: Man lese in einer Tageszeitung den Bericht über den Rücktritt eines Ministers oder Präsidenten. Kann man dann erklären: »Angesichts der zahlreichen Parallelen ist die Frage nach der *Historizität* hoffnungslos?« Dann wäre der also gar nicht zurückgetreten, denn die Versäumnisse sind gleich oder ähnlich (mangelnde Aufsicht, Aktenvernichtung, Vorteilsnahme, Verrat von Dienstgeheimnissen, falsche Freunde). – In Wahrheit ist das Argument von Luz hoffnungslos, denn in den letzten 80 Jahren ist das religionsgeschichtliche Material zu Vergleichen mit dem Neuen Testament sicher ungewöhnlich angewachsen (dank Qumran und Nag Hammadi, Mandäerforschung, Targumforschung, Edition zahlreicher Inschriften und Papyri), so dass nun wirklich auf Schritt und Tritt Parallelen zur Verfügung stehen. Gegenüber diesem schlichten Befund kann man sich nun zweifach verhalten: Entweder man lässt den christlichen Glauben fahren, weil er nicht viel Neues bringt, oder man freut sich über jede Übereinstimmung mit anderen Aussagen der Menschheit.

Diese Entscheidung rührt in der Tat an die Grundfesten der eigenen Religiosität. Entweder man gibt auf – mangels Durchsicht oder Übersicht oder geschwächt im kulturellen Selbstvertrauen. Oder man lernt allmählich zu unterscheiden zwischen dem wirklich Eigenen, dem nur scheinbar Gleichen und dem glücklicherweise Ähnlichen. Dann kann es immer ein Gespräch geben, und das impliziert immer auch die Möglichkeit der Selbstkorrektur, z. B. dass man etwas bisher noch nicht ganz begriffen hatte, auch wenn es das Eigenste betrifft.

Die methodischen Grundregeln kann man zweifach formulieren:

1. *Non factum est quia decuit.*
2. *Factum est quia decuit.*
1. bedeutet: Weil es sich so geziemte, weil etwas erwartbar war und so zu geschehen pflegte, ist etwas ganz bestimmt nicht geschehen. – Der Ursprung dieser Deutung ist die Unterstellung, abschreiben sei leichter als authentisch erleben. Dieses ist die Position der kritischen Schule, nach der alle Wahrnehmung stets überdeckt wird durch die Schemata unseres Gehirns. Das betrifft die Worte und den gesamten Ablauf. Die Übereinstimmungen mit älteren Texten weisen hier stets darauf hin, dass es keine authentische Wahrnehmung rezenten Datums gab. Vielmehr lassen sich dann leicht betrügerische Absichten vermuten, weil der, der etwas erlebt zu haben vorgibt, sich etwas erschwindeln will. Da aber die Welt böse und die Natur des Menschen verdorben ist, muss man zuerst stets misstrauisch den Betrug argwöhnen.
2. bedeutet: Das Übliche und Erwartbare ist auch geschehen. Es müsste »mit dem Teufel zugehen«, wäre es anders. Zum Beispiel verläuft eine Vision immer nach wenigen vorgeprägten Mustern. Das bedeutet indes nicht, es habe die Vision nicht gegeben. Vielmehr ist der Ablauf nach traditioneller Ordnung geradezu ein notwendiges Merkmal der Legitimität einer Vision. Denn wenn sie nach Schema verläuft, ist sie so weit rechtens. Es gibt leider kaum ein anderes Mittel, Verdacht abzuwehren, als dass es »so war wie immer schon«. Der konservative Charakter klassischer Religiosität hat hier seinen Ursprung, denn wo so vieles unsichtbar, ungreifbar und unbeweisbar ist, liegt immer alles am Vorhandensein der wenigen Legitimitätskriterien. Das gilt bis hinein in die strengen Regeln des Puppenspiels, das ich seit 1948 praktiziere. Wenn zum Beispiel der Teufel erscheint, muss es immer nach Qualm stinken, den man unbedingt auch sehen können

muss. Wenn das fehlt, »war es nichts«. Nach römisch-katholischen Erwartungen muss die Figur, die erscheint, auch unbedingt rechtgläubige Dinge reden. Hört man dagegen fremdartige Inhalte, so steht der Charakter der ganzen Erscheinung auf dem Spiel. Und vor allem gilt immer wieder das Kriterium »an ihren Früchten werdet ihr sie erkennen«. Die Beliebtheit dieses Kriteriums lässt die Verlegenheit erkennen, in der man sich befindet, wenn man über pure »Metaphysik« urteilen soll.

Offenbarung und Innovation

Eine ähnliche Funktion wie festgelegte Inhalte haben konstante Erwartungen an eine bestimmte Gattung. Dazu gehört etwa, dass in Erscheinungsberichten der Erscheinende, z.B. ein Engel, zuerst spricht. Überdies beginnt der Bote Gottes oft mit einer doppelten Nennung des Namens des Adressaten (um Verwechslungen auszuschließen). Oft sagt der Engel oder der Bote Gottes: »Ich bin gesandt, zu ...«, oder: »Ich bin gekommen, zu ...«

In der liberalen Forschung besteht offenkundig grundsätzlich Unklarheit über das Verhältnis von Tradition und Innovation in einer Offenbarungsreligion. Wenn man fragt: Was bedeuten denn die vielen »Parallelen« für die Frage der Historizität?, so müsste die Antwort lauten: Die Existenz von Parallelen kann kein Argument gegen ein Faktum sein. Vielmehr ist eher das Gegenteil wahrscheinlich, und zwar aus folgenden Gründen:

1. Im Ablauf der religiösen Erfahrung hat ihre Traditionalität die Funktion, diese Erfahrung selbst zu vervollständigen, das zu ergänzen, was eventuell fehlt, und dieses Ereignis einzureihen unter verwandte Erfahrungen. Es

kann geschehen, dass eine genuine religiöse Erfahrung nur rudimentär ist. In einen solchen Fall kann die traditionelle religiöse Erfahrung, die in der Regel ja auch schriftlich niedergelegt ist, das möglicherweise mit Defekten Wahrgenommene abrunden. Der aus der Dogmatik bekannte Ausdruck »Konkomitanz« ist hier vielleicht angebracht. Das bedeutet: Etwa fehlende Elemente werden zur Abrundung des Ganzen mit-erfahren. Formgeschichte ist daher nicht nur für den Philologen und Historiker interessant, sondern in erster Linie für den Menschen, der eine religiöse Erfahrung macht. Fazit: Es kann sein, dass ein nur rudimentärer Ansatz einer religiösen Erfahrung besteht. Es kann geschehen, dass dieser aus der Fülle des Erwarteten ergänzt wird. Zu dieser Fülle des Erwarteten gehört erfahrungsgemäß auch die Kunstgeschichte. – Theologisch kann man das hier Beschriebene im Einzelfall wohl auch als das Verhältnis von Natur und Gnade bezeichnen. Jedenfalls ist die Gnade das Verwandelnde.

2. Die Traditionalität ist für die oftmals umstrittene Legitimität von herausragender Bedeutung.
3. Wenn der Träger der Erfahrung einen anerkannten Ruf hat, darf man im Einzelfall nicht Betrugsabsicht unterstellen, sondern muss bis zum Erweis des Gegenteils von einer guten und ehrlichen Absicht ausgehen.
4. Man kann eine »vorliegende« religiöse Erfahrung grundsätzlich nicht sezieren, um Tradition von Neuem oder Authentischem zu scheiden. In der Regel ist jede Erfahrung beides zugleich. Am Beispiel der ApkJoh kann gezeigt werden, dass es sich einerseits um Gelehrsamkeit (Schrift) und sehr bewusst durchgeführte Konstruktion handelt (z. B. in sieben Siegeln oder drei Weherufen etc.), dass man aber andererseits keine »echte« Vision aus dem Ganzen herauslösen kann. Ähnlich dürfte es sich auch

mit den anderen Erfahrungen in einer Offenbarungsreligion verhalten. – Die Frage, wo das Menschliche aufhört und das Göttliche anfängt, wie weit Gelehrsamkeit und Konstruktion reichen und wo Offenbarung einsetzt, ist offenbar von Anfang an falsch gestellt. Man sollte öfter und intensiver fragen, welchen Sinn das unentwirrbare Gemisch hat. Dieser Sinn erschließt sich am besten, wenn man von den an der Oberfläche gesetzten Signalen ausgeht und sie nicht überhört.

Umkehrung des Grundsatzes von den Parallelen

Den Satz *Je mehr Parallelen in der Religionsgeschichte, desto weniger Historizität* kann man aus meiner Sicht getrost umkehren: Eine wirkliche religiöse Erfahrung ist umso wahrscheinlicher, je häufiger Menschen Ähnliches im religiösen Umfeld erlebt haben, denn oft genug sind die Menschen in ihren Erwartungen gewissermaßen vorbereitet. Daher gibt es in den christlichen Kirchen zur Vorbereitung z. B. auf Weihnachten oder auf Ostern wochenlange Zeiten der Erwartung, in denen man sich auf das Fest vorbereitet. Schließlich kann man das, worauf man sich vorbereitet, dann leichter wahrnehmen, wenn es so weit ist. Diese Rolle spielen religionsgeschichtliche Parallelen in Vorbereitung auf das Christentum. Man hat dann von »Erfüllung« gesprochen. Das gilt nicht nur von biblischen Prophetensprüchen (z. B. Jes 7,14), sondern auch von Erwartungen im religiösen Umfeld. Eindrücklich finde ich z. B. die persische Erwartung der Geburt des Retterkindes in einer Höhle. Darin erstrahlt mit einem Male ein helles Licht, in dessen Mitte ein Kind sichtbar wird. Magier (Anhänger der persischen Religion) kommen dann zur Höhle, um das Kind anzubeten.

So sagt es ein Bericht aus der Chronik von Zuqnin (dt. Übersetzung bei Berger/Colpe: Religionsgeschichtliches Textbuch, 1987, Nr. 180, S. 114). Moderne Massenblätter leben von der »nie da gewesenen Sensation« (wie früher der Zirkus). In der Religionsgeschichte verläuft Geschichte etwas anders. Nicht zufällig sind Weisheit und Magie die stärksten Bindeglieder zwischen den Religionen, weil es um echte Gemeinsamkeiten geht (vgl. dazu meine Sammlung der Gleichnisse aus den großen Weltreligionen: Gleichnisse des Lebens, 2002). Für mich haben Gemeinsamkeiten etwas Aufbauendes, z.B. die zwischen Wilhelm von St. Thierry und Martin Luther nach K. Berger/C. Nord (Übers. W.v.Th., Der Römerbrief, 2012).

Wunderkritik

Indigene Skepsis

Die frühen Christen, denen wir das Neue Testament und die zugehörigen Apokryphen verdanken, waren nicht so leichtgläubig, unkritisch oder naiv, wie es oft dargestellt wird. Im Rahmen ihrer Möglichkeiten waren sie auf Glaubwürdigkeit höchst erpicht. Dass immer wieder auf Pseudo-Propheten und Pseudo-Christusse warnend hingewiesen wird (z.B. Mk 13,22), hat seinen Grund darin, dass der Gegenstand ihrer Frömmigkeit im Prinzip ungreifbar und im Einzelnen unbeweisbar ist. Nicht zuletzt der bekannte hellenistische Schriftsteller Lukian macht durch einige Spottschriften auf die Möglichkeiten des Missbrauchs aufmerksam. – Die frühen Christen konnten auf dem Gebiet der Religionskritik vom Judentum einiges lernen, das über künstlich inszenierte

»Wunder« in paganen Religionen nicht genug Spott ausschütten konnte (vgl. z. B. Bel et Draco/Dan 14 und Ps 115).

Ich möchte daher mit diesem Abschnitt ausdrücklich darauf hinweisen, dass die frühen Christen gegenüber »mystischen« und visionären Erfahrungen äußerst skeptisch waren. Jedenfalls haben sie auf ihre Weise alles nur Mögliche getan und überlegt, um nicht Opfer eines Wunschdenkens oder Trugs oder Betrugs zu werden. Die Skepsis bezieht sich hauptsächlich auf die allerdings lebenswichtige Frage,

1. ob der Erscheinende ein bloßer Geist und damit ein todbringender Totengeist (gr.: *phantasma*) ist.
2. ob eine Heilung oder ein Mengenwunder durch Dämonen verursacht ist, die stets Nachahmer-Geister sind und die Menschen dann zum Götzendienst verführen. Jesus kann den Erweis, dass er mit Gottes Geist die bösen Geister austreibt, nur durch seine Auferstehung erbringen, denn Auferweckungen werden stets allein durch Gottes Geist bewirkt.
3. ob nicht ein Defekt in der menschlichen Wahrnehmung besteht. Ein solcher Defekt kann durch Wiederholung ausgeschlossen bzw. ausgeschaltet werden. Einmal wird der Name des Visionsempfängers von dem Erscheinenden zweimal genannt, damit ein Irrtum ausgeschlossen ist (z. B. Saul, Saul, warum ...). Zum anderen werden zum selben Thema im Zweifelsfalle mehrere einander ähnliche Wiederholungen aufgereiht, so etwa bei der Berufung des Apostels Paulus (Act 9.22.26), oder Visionen bestätigen sich gegenseitig, etwa im Falle des Petrus nach Act 10. Für die Erscheinungen des auferstandenen Jesus nennen Lukas, Matthäus, Ps.-Markus und Johannes jeweils eine ganze Kette. Paulus legt in 1 Kor 15,4 Wert auf die 500 Zeugen, die »nicht irren« können. Auch die Reihung von Wundergeschichten z. B. in den Evangelien hat den

Sinn, dass sich diese Wunder gegenseitig bestätigen. Alle Geheilten sind dann Zeugen des Wunderwirkens.
4. Vergleichbar ist die Kritik an der Solidität von Träumen, Traumdeutungen, Wahrsagung, Zeichendeuterei und Entsprechendem in Sirach 34 (gr. 35) 1–8. Die Kritik bezieht sich auch darauf, dass diese »Wissenschaften« fest in der Hand der »Heiden« waren.

Diese kritische Position ist nicht rationalistisch, sondern eher juristisch orientiert, denn immer wieder wird die Dreizeugenregel aus Dtn 19,15 herangezogen: Wenn zwei oder drei Zeugen vorhanden oder benennbar sind, dann kann darauf ein Prozess »ruhen«. Bei den Osterberichten wird das Bemühen erkennbar, immer wieder neue, verschiedene Personen zu benennen; so ergibt sich eine ganze Kette von Visionen (Mk und Ps.-Mk; Lk; Joh). Eine besondere Rolle spielen auch die Feinde als Augenzeugen. Das ist besonders bei der Auferstehung wichtig (Paulus; die Soldaten nach Mt und PetrEv). Regelmäßiges Gebet (Act 10,2) und rechter Glaube gelten als zusätzliche Erweise der Legitimität.

Mirakelkritik

»Mirakel« ist ein böses Wort für Wunder. Ein Mirakel ist ein Wunder, das man angafft und das in seiner massiven Körperlichkeit jede subtile Kritik der Vernunft überwindet. Dazu zählt die Polemik besonders die im Spätmittelalter für Wunder gehaltenen Phänomene wie z.B. die Bluthostien oder in Wunderbüchern zu ganzen Serien aufgereihte Wunder. Nur vereinzelt gibt es das auch in der Neuzeit. In der Regel bestand der Sinn solcher gesammelter Mirakel darin, bestimmte Wallfahrtsorte zu bewerben. Doch auch die neutestamentliche Formgeschichte hat sich mit einer ähnlichen

Gattung zu beschäftigen, die man Aretalogie nennt. Derartige Sammlungen hat es zwar nicht wirklich gegeben, aber man (z. B. R. Bultmann) braucht sie, um die Verdienste neutestamentlicher Evangelisten herauszustellen. Sowohl der Evangelist Markus als auch der Evangelist Johannes hätten nämlich angeblich solche Wundersammlungen (Aretalogien) vorgefunden und großenteils in die Evangelien aufgenommen. Dabei hätten sie diese »naive« Wundertheologie dann grundlegend kritisiert, indem sie diese zu Leiden und Kreuz in kritische Beziehung setzten (Markus) oder überhaupt das Sehen problematisierten (Johannes). Mir ist bei meinen Recherchen zu den »antiken Gattungen« im Neuen Testament allerdings keine einzige Aretalogie begegnet (vgl. ANRW 25.2, 1218–1231). Daher bleibt nur der Schluss, dass diese Gattung von Exegeten des Neuen Testaments regelrecht erfunden und konstruiert worden ist, um die Evangelien davon abheben zu können. »Mirakel hat man schon gereiht, aber doch nicht bei uns!«

Das Erzählen von Wundern selbst schon betrachteten derartige Exegeten als Lebensäußerung einer illegitimen »theologia gloriae«, die man der angeblich allein legitimen »theologia crucis« entgegensetzte. Die »theologia gloriae« setzte man mit der katholischen Neigung gleich, die tröstlichen Spuren des Himmels in der Gegenwart zu entdecken oder jedenfalls nicht zu leugnen. Diese systematische Position ist reformatorischen Ursprungs und wird etwa bei Bultmann zur Quellenkritik am Johannes-Evangelium ausgeweitet. Schließlich tut es immer gut, wenn man die eigene Orthodoxie im Neuen Testament wiederfinden kann.

Das Resultat einer kritischen Untersuchung der These Bultmanns ist: Seine Quellenkritik ist ein Musterfall für die Umsetzung von Dogmatik in Exegese. Bultmann zeigt sich hier weitaus heftiger als neu-reformatorischer Systematiker denn als Anhänger Heideggers. Der Gegensatz von Theologie des Kreuzes und Theologie der Herrlichkeit führt hier zu der – rein exegetisch gesehen – abwegigen Meinung, der Evangelist Johannes erzähle nur deshalb Wundergeschichten, weil er sich von ihnen distanzieren wolle. Denn eigentlich sei er der Meinung, dass Glauben ohne Sehen das allein wahre Glauben sei.

Sed contra: Wenn der Evangelist so intensiv das Sehen gegenüber dem Glauben abwertet – warum schreibt er dann überhaupt ein Evangelium? Der Evangelist Johannes lässt vielmehr sehr regelmäßig das Gläubigwerden beim Sehenkönnen beginnen. Und aus diesem Grund sind »Zeugnis« aufgrund von Augenzeugenschaft und »Bezeugen« so wichtig. Beides wird möglich, weil das Wort Mensch geworden ist und Gott damit irgendwie auch anschaubar. Das ist im Sinne des Evangelisten die Folge der Selbstoffenbarung Gottes im Wort. Weil der Anfang immer beim Sehen liegt, wiederholt sich der Aufbau »Wunder – Dialog – Monolog« zwischen K. 5 und 11 immer wieder.

Die Position der Gegner: *Die Grundschicht des Evangeliums nach Johannes ist wunderkritisch.* Daran hat auch die Einarbeitung der Semeia-Quelle nichts geändert. Diese Wunderkritik trifft sich wunderbar mit der präsentischen Eschatologie, über deren Vorhandensein sich Bultmann so gefreut hat, denn beides, Kritik an Wundern und Leugnung einer zukünftigen apokalyptischen Eschatologie, entspricht »zufällig« genau dem Glaubensstand des durchschnittlichen Protestanten in Deutschland.

Sed contra: Die angeblichen Belege für die Wunderkritik des Johannes-Evangeliums sind im Einzelnen zu besprechen. Kein »Beleg« ist auch nur im Entferntesten überzeugend. Immer wieder stellt sich überdies die Frage, warum der

»Evangelist«, wenn er doch so wunderkritisch war, massenhaft (K. 2–11) zum Teil sehr anstößige Wunder in sein Evangelium aufgenommen und diese Berichte nicht vielmehr unterdrückt hat. Niemand hat ihn dazu gezwungen, jeden größeren Bericht mit einer ausführlichen Wundergeschichte zu beginnen. Kurzum: Die »kritische« Exegese der letzten 50 Jahre zu diesen Texten riecht gewaltig nach Ideologie.

Der Zusammenhang zwischen Sehen und Glauben scheint nach Joh 20,30 gestört zu sein (Selig, die nicht sehen und doch glauben). Berger/Nord übersetzen: Selig, die zwar nicht sehen, aber auf das Zeugnis der Augenzeugen hin glauben. Die Augenzeugen sind nämlich die Brücke zwischen dem biblischen Geschehen und den Lesern. Das Johannes-Evangelium betont immer wieder ihre enorme Bedeutung (19,34; vgl. auch 1 Joh 1,1–4). Diese Bedeutung teilt das Evangelium mit seinen Lesern. Als Zeugnis ragt es in jede Gegenwart des Lesers hinein. Der Leser sieht zwar das Wunder nicht, aber dank des Evangeliums kann er dem Augenzeugen folgen. Joh 20,30 äußert mithin keine Wunderkritik, sondern ein Lob des Zeugenberichtes.

Nach Joh 2,22 f. »bekannten sich viele zu seinem Namen«, »weil sie seine Wundertaten sahen«. »Jesus selbst aber war ihnen gegenüber nicht auf gläubiges Vertrauen angewiesen, sondern er hatte sichere Erkenntnis über aller Herzen. Zeugnisse anderer über Menschen brauchte er nicht, denn er wusste sehr genau über der Menschen Inneres Bescheid.« Auch hier liegt es an der Übersetzung. Die meisten übersetzen: »Jesus aber vertraute sich ihnen nicht an, denn er wusste, was im Menschen ist.« Um Wunderkritik geht es hier jedenfalls nicht. Es wird auch nicht das Glauben aufgrund von Wundern kritisiert. Das ist eine Erkenntnis von außen nach innen. Jesu Erkenntnis aber ist anders und einfacher: Er blickt direkt in das Innere der Menschen, unvermittelt.

Er braucht keine Wunder der Menschen dazu. Und die tun sie ja auch nicht, die gibt es ja auch nicht. Es sind also ungleiche Partner mit ungleichen Erkenntniswegen, denn er ist eben Gott, nicht einfach nur armer Mensch. Joh 2,22f. ist daher zur Stützung der These von der Wunderkritik nicht geeignet, auch wenn das dem Skeptiker des 21. Jahrhunderts helfen könnte.

Nach Joh 4,48 sagt Jesus vor der Heilung des Sohnes des Beamten in Kapernaum: »Nur wenn ihr Zeichen und Wunder seht, glaubt ihr.« Daraufhin allerdings heilt er den Sohn. Heilt er ihn also, obwohl er selbst nicht daran glaubt? Heilt er ihn aus Mitleid mit dem unterentwickelten Publikum, macht er ein Zugeständnis wider bessere Überzeugung? Macht er anderen etwas vor? Oder ist die Bemerkung Jesu nur ein Seitenhieb des Evangelisten gegenüber einer leider unaufgeklärten Hörerschaft? Will der Evangelist sich doch irgendwie rächen?

Sed contra: Der Evangelist berichtet über Wunder, die Jesus jeweils vor Zeugen wirkt. So berichtet der Evangelist in Joh 1,14: »Wir haben seine Herrlichkeit gesehen.« Das bestätigt 2,11 bei dem Wunder auf der Hochzeit von Kana (»Jesus offenbarte seine Herrlichkeit«), denn in Jesus ist das Wort Mensch geworden. So wie man seine Wunderzeichen sehen kann, ist auch die Eintracht der Gemeinde vor den Menschen als ein Stück Herrlichkeit sichtbar (Joh 17). Der Zusammenhang von Sehen und Glauben ist daher für den Evangelisten ungebrochen. Er ist das Ziel der Menschwerdung des Wortes. In Joh 4,48 geht es daher nicht um Kritik des Wunderglaubens, sondern Jesus sagt in diesem Satz: Ihr Menschen braucht das Wunder, deshalb könnt ihr dankbar sein, wenn eines geschieht. Und in dem Falle seid ihr dann unentschuldbar, wenn ihr nicht glaubt.

Auferweckungen können nicht sein, weil sie nicht sein dürfen

Die Position der Gegner: *Lazarus hat gar nicht gelebt; daher erübrigt sich der Streit um seine Auferweckung.* Seit dem 19. Jahrhundert ist die Auferweckung des Lazarus (Joh 11) in der Mitte des Streits zwischen Liberalen und Konservativen angekommen. Damals handelte es sich um die Auseinandersetzung zwischen Protestanten in Tübingen (Baur und seine Schüler) und Berlin (Hengstenberg). Wo heute katholische deutsche Exegeten stehen, macht ein Heft des Katholischen Bibelwerks Stuttgart deutlich (*Bibel heute* 32 [1996], S. 166–191: »Lazarus, komm heraus!«). Das ganze Problem wird dadurch, wie man meint, »elegant« entsorgt, dass es Lazarus gar nicht gegeben haben soll. Angeblich könne man leicht erkennen, und zwar an den Dialogen, dass Joh 11 nur eine Lehrerzählung sein soll. Die könne dann schon von der Gattung her nur erfunden sein. Eine Entsorgung auf diesem Niveau ist sicherlich gewagt. Da war das 19. Jahrhundert mit seinen langen Debatten zu diesem Kapitel doch erfindungsreicher!

Die Position der Gegner: *Alle Totenerweckungen sind nachösterlich. Man hat die Legende über Jesu Auferweckung nur ausgeweitet.*

Wenn schon Christologie und christlicher Glaube sich erst nach Ostern entfalten konnten, dann gilt das umso mehr für die »steilen« und »anstrengenden« Wunder. Da diese unter keinen Umständen geschehen können, muss man diese Legendenbildungen der »Gemeinde« zutrauen und sie so gewissermaßen entsorgen. Denn die Gemeinde kann erfinden, was man Jesus »ehrlicherweise« nicht zutrauen kann. Bis zum Ende des 1. Jahrtausends n. Chr. ist die Wahrnehmung von Tod und eventueller Auferweckung aus dem Tod nicht biologisch-medizinisch geprägt wie bei uns unter dem Einfluss der modernen Medizin. Vielmehr wird der Tod als Schwäche wahrgenommen. In dieser Schwäche aber steht ein Mensch nicht allein. Das ist auch sonst, wie an dem Phänomen »Stellvertretung« zu beobachten ist, nicht der Fall. Trotz aller soziologischen und psychologischen Betrachtung des Menschen steht in unserer Wahrnehmung der Mensch letztlich in sein Türmchen eingeschlossen allein da. In der Antike dagegen kann dem Menschen jemand helfen, wenn er mächtiger ist als der Tod. Der Tod trifft die Schwäche des Menschen, aber wenn der Mensch mit einem Mächtigeren im Bund steht, kann dieser den Kampf gegen den Tod gewinnen. So formuliert es die Sequenz des Ostersonntags: *Mors et vita duello conflixere mirando. Dux vitae mortuus regnat vivus … tu nobis victor, rex miserere.* »Tod und Leben kämpften einen staunenswerten Zweikampf. Der Fürst des Lebens war tot, aber er regiert lebendig. Du Sieger, du König, erbarme dich unser.« Das heißt: Das Evangelium handelt von einem Kampf, und darin ist Christus der Stärkere. Diese Botschaft wird durch Zeichen verdeutlicht und glaubhaft. Zu diesen Zeichen gehören alle Totenerweckungen Jesu. Sie bilden mit den sog. Osterereignissen eine einheitliche Botschaft: In Jesus begegnet Gott der Schöpfer den Menschen. Als der Schöpfer ist Gott seit eh und je Ursprung des Lebens. – Wir dagegen starren als moderne Menschen auf das biologisch-medizinische Ereignis des Todes, über das an sich nichts hinausführt. Die jüdisch-christliche Botschaft dagegen plaziert Auferweckung Toter als Teilgeschehen innerhalb einer langfristigen Gotteserfahrung innerhalb der ganzen Geschichte Israels und der Welt. Es gehört zu diesem Gottesbild, dass der Gott der Väter die Mächtigen vom Thron stürzt, die Niedrigen erhöht, die Hungrigen speist und die Toten auferweckt. Weil es diesen Gott gibt, der so etwas tut, und weil es Jesus gibt, der diese Vollmacht hat, stellt sich die Frage nach der Faktizität der Auferweckungen ganz anders als bei uns. Was gemeint ist, wird an Kontrasterfahrungen erkennbar: Laut Bibel ist es für einen Menschen abträglich, wenn er diese Botschaft nicht glaubt und deshalb keinen Kontakt mit der Macht und Kraft Gottes hat. Die Faktizität muss dann nicht bewiesen werden, wenn es einen solchen Gott gibt. Der Mensch des Neuen Testaments fragt nicht: Hat Gott hier …? Sondern: Wenn es Gott gibt, liegt alles daran, seinen Namen zu erfahren und mit ihm wirksam in Kontakt zu kommen. Dann verliert nämlich der Tod seinen Schrecken, weil es eine größere Macht gibt.

Im Übrigen ist das Problem nur aufgeschoben, aber nicht gelöst, wenn man zu Ostern in die Kirche geht, aber die ansonsten in den Evangelien und in Act berichteten Totenerweckungen für nachösterliche Phantasieprodukte hält.

Fundamentalismus?

Es hat sich eingebürgert, die Alternative zu der hier dargestellten und kritisch besprochenen liberalen Exegese als Fundamentalismus zu bezeichnen. Das Wort wirkt dabei wie eine Keule, die mit dem kritisierten Fundamentalismus sehr viel gemeinsam hat. So, wie ich das Wort verstehe, meint Fundamentalismus in dem hier diskutierten Zusammenhang Folgendes:

1. Man versucht nicht, den Leser mit Argumenten zu überzeugen, sondern ihn einzuschüchtern oder ihn mit schrecklichen Konsequenzen, die aus seinem Standpunkt angeblich folgten, zu bedrohen.
2. Bei historischen Texten wird ein plattes 1:1-Verhältnis

von Text und Wirklichkeit vorausgesetzt. Es bleibt daher kein Spielraum für Subjektivität in der Wahrnehmung oder für Freiheit in der Darstellung; diese bestünde zumindest darin, nach eigener Entscheidung wegzulassen oder zur Erläuterung zu ergänzen.

3. Es wird nicht vorausgesetzt, dass Glaubensanschauungen oder Dogmen eine Geschichte haben, die sich regelt nach Frage und Antwort, nach dem Bedarf und der Weise, wie man darauf eingeht.
4. Das bedeutet: Ein Fundamentalismus ließe die Dimension der Geschichte aus und damit die Vielfalt auch in der Weise der Wahrnehmung und gedanklichen Verarbeitung.
5. Fundamentalismus bedeutet daher Starrheit, weil nur eine Version bestehen kann und darf. Er ist damit das Resultat einer Machtkonstellation, die dem unterlegenen oder scheinbar unterlegenen Part keine Chance gewährt. Niemand ist vor dem Ausnutzen der eigenen Machtposition gefeit. Doch ich selbst habe wiederholt die bittere Erfahrung gemacht, dass eine Theologie dann am wenigsten davor gefeit ist, die eigene Macht zu missbrauchen, wenn sie sich als »liberal« bezeichnet.
6. So ergibt sich, dass das eine ohne das andere nicht denkbar ist, die liberale Theologie und der als Fundamentalismus gebrandmarkte Gegner. Beide haben einander zur Profilierung nötig.
7. Um es den Gegnern etwas schwerer zu machen, habe ich stets die Anlehnung an meinen Lehrer Nicolaus Cusanus (1401–1464) als hilfreich empfunden, der philosophisch, theologisch und juristisch der Vielheit in der Einheit ein legitimes Recht einräumt.
8. Fundamentalismus hat den Geruch der Unfreiheit um sich. Wer diesen Verdacht abwehren will, sollte auf biographische Fakten verweisen können.
9. Jedem Bibel-Fundamentalismus unterstellt man, er neh-

me die Texte wörtlich. Natürlich ist es sehr gut und nützlich, die biblischen Autoren beim Wort zu nehmen. Das kann man ohne Sinn und Verstand tun oder auch mit Geist. Und man kann jederzeit die Autoren bei diesem Geschäft über den Tisch ziehen und ihnen Dinge unterschieben, die sie nicht im Traum sagen wollten oder konnten. Das Misslingen auch dieser Kommunikation hat etwas mit Gewalt zu tun.

10. Jeder Fundamentalismus will zur Bekehrung zwingen. Der Nachweis dieser Absicht ist das eigentliche Kriterium.

Warum kein Fundamentalismus vertretbar ist

Der Fundamentalist ist der Eindimensionale. Im Verhältnis zu erzählenden Texten wird nicht nach den Kriterien der Gattungen unterschieden, sondern wird nur die Frage gestellt: War es so – oder war es nicht so? Daher ist der Fundamentalist derjenige, der angesichts des Gleichnisses vom barmherzigen Samariter zwischen Jericho und Jerusalem nach den Fundamenten des Gasthauses graben würde, in dem der unter die Räuber Gefallene auskuriert wurde. D.h., er würde die Erzählung des Gleichnisses, da er nicht weiß, was Gleichnisse sind, für die Wiedergabe eines historisch zu verstehenden Vorgangs halten und eben nicht für eine Gleichnis-Erzählung. In der Annahme nur einer einzigen gültigen Ebene von Wirklichkeit unterscheidet sich der Fundamentalist gar nicht vom sprichwörtlichen Positivisten des 19. Jahrhunderts. Für den Positivisten ist alles sprachlich Erfasste entweder so passiert – oder eben gar nicht. Und wenn Jesus sich »Bräutigam« nennt, ist nach dem Gretchen in seiner Nachbarschaft zu suchen – oder wenn er in einem koptischen Fragment von »meine(r) Frau« spricht, wird daraus geschlossen, dass man endlich einen Beleg dafür hätte, dass Jesus verheiratet gewesen sei. – Auch wenn die Gegenseite so schließt, ist es fundamentalistische Manier.

Aus der Gattungsforschung ist dabei auch zu lernen, dass bei metaphorischer Rede wie bei Metaphern nach dem Vergleichspunkt zu fragen ist, dem *tertium comparationis.* Wenn man also von Jesus als dem Bräutigam spricht, dann richtet sich das Interesse des Forschers darauf, was denn in Person und Wirken Jesu die Merkmale hatte, die sonst auch ein Bräutigam hat. Bei einigen Punkten meldet das Vergleichen Treffer: Jesus hat eine »Braut«, denn die Vorgeschichte der Metapher gibt zu erkennen, dass damit das Verhältnis zwischen Gott und Gottesvolk (Israel) beschrieben ist. Es ist wie das zwischen Bräutigam und Braut. Und er liebt diese Braut auf hingebungsvolle Weise, die jede andere (dann nicht-metaphorische) Braut ausschließt. Und es gibt einen Hochzeitstermin (die Wiederkunft Jesu zur »Hochzeit des Lammes«). – Ein fundamentalistisches Verständnis könnte sich mit diesen Auskünften nicht zufriedengeben. Da müsste dann auch beantwortet werden, wer denn die Schwiegermutter des Bräutigams sei, wer die blumenstreuenden Kinder, wer der Brautführer. In der Regel sind es nur wenige (bis zu drei) gemeinsame Merkmale, die das Verhältnis der Metaphorik begründen. Und diese Merkmale sind es denn auch, die am ehesten historisch tragfähig zu sein pflegen.

Fundamentalismus schließlich beruht stets auf einem Mangel an Intelligenz, denn man setzt beim Verfasser des Textes dieselbe Unbeweglichkeit des Geistes voraus, mit der man selbst ausgestattet ist. Leider gibt es nun auch das Gegenteil. So kann man einem Kollegen vorwerfen, er verträte ein »Nebeneinander mehrerer Wahrheiten«, also einen Relativismus der Wahrheiten, den Benedikt XVI. stets bekämpft. Gemeint ist das Gegenteil von Fundamentalismus, nämlich die Annahme einer gewissen Vielfalt in den Aussagen von Texten, und zwar auf verschiedenen Ebenen. Und auch hier betrifft es wieder das Phänomen der Metaphern.

Das kann man gut verdeutlichen an der doppelten Ersetzung des Blutes Jesu am Kreuz, durch das die Sünden der Welt vergeben werden können. Wenn ich z. B. den Satz »gewaschen durch das Blut des Lammes« erläutere, dann setzt das voraus:

1. Jesus wird durch das Lamm abgebildet, weil er der schlechthin Gerechte und Fleckenlose ist.
2. Das Taufwasser bildet das Blut Jesu ab (eine Flüssigkeit), wenn und insofern man es von Jesus trennen kann.
3. Üblicherweise taugt Blut nicht zur Reinigung und zum Waschen, im Gegenteil. Hier wird also eine Metaphorik aufgebrochen.
4. Das Blut des Lammes wird sonst in der Urkirche dargestellt durch den Wein beim Abendmahl. Diese Metaphorik und Realsymbolik wird hier gleichfalls aufgebrochen. Vielmehr kann das am Kreuz vergossene Blut Jesu im Urchristentum durch zwei verschiedene Flüssigkeiten dargestellt werden: durch Wein bei der Eucharistiefeier und durch Wasser bei der Taufe. Das ist keine doppelte Wahrheit, sondern eine je in sich logische metaphorische Verwendung.
5. Die Texte »spielen« daher mit der Möglichkeit, das Blut durch zwei verschiedene Flüssigkeiten metaphorisch abzubilden. Um einen metaphorischen Vorgang muss es sich handeln, da leider nicht genügend Kreuzesblut vorhanden war und ist. Schon die Gralslegende versucht, diesem Mangel auf ihre Weise gerecht zu werden.
6. *Die Wahrheit des Matthäus-Evangeliums ist daher eine andere als die der Offenbarung des Johannes, in beiden Fällen bezogen auf Jesu Blut. Was sich bei Matthäus eucharistisch abspielt, wird in der Johannesoffenbarung*

tauftheologisch vollzogen. Die eine Wahrheit ergänzt auf subtile Weise die andere.

7. Im Übrigen hat zumindest Nicolaus Cusanus recht behalten mit der katholischen Formulierung *una religio in rituum diversitate.*

Vielfalt als Irritation der Einheit?

Speziell der deutsche Kardinal aus Kues an der Mosel ist eine exzellente Waffe gegen jede Art von Fundamentalismus. Ihm geht es um nichts anderes als um die Wahrheit. Doch er weigert sich, diese nur an einem einzigen Ort, in einer einzigen Formel, bei einer einzigen Gruppe zu finden; das alles wäre Fundamentalismus. Was wir haben, sind allemal Konjekturen, Mutmaßungen. Ihr Raum ist die eine universale Kirche.

Fundamentalismus gibt es außerhalb der Kirche bei Leuten, die in ihrem Irrtum beharren, und innerhalb der Kirche bei denen, die ihre Rechtgläubigkeit als Knute oder als Zange benutzen. An die Stelle der alten und starren Formeln setzt der Cusaner neue, die Verschiedenheit in der Einheit zulassen, denn die Einheit ist nicht etwas, das eine Behörde zulassen müsste oder gewährleisten könnte. Sie ist auch nicht einfach zu verwalten, sondern bleibt in jedem Falle ein Gottesgeschenk. Sie ist auch, soweit es irgendwie geht, sichtbar zu machen, aber sie lebt im beständigen Ausgleich zwischen dem Einzelnen und dem Ganzen.

Der cusanische Ansatz hätte sich schon längst im Umgang mit der Verschiedenheit der vier Evangelien bewähren können.

Wäre man zum Beispiel dem Denkmuster des Cusaners gefolgt, hätte man die unterschiedlichen Ausprägungen der urchristlichen Theologie jeweils für sich bestehen lassen können, ohne sich selbst dem Zwang auszusetzen, alles jeweils scheinbar »andere« als »sekundär« zu disqualifizieren. Man hätte nicht wie ein übereifriger Zahnarzt bei jedem Zahn erst alle Füllungen und andere Konstruktionen (Brücken, Implantate, Kronen, Jacketkronen) beseitigen müssen, um am Ende den restlichen Stumpf des Zahnes als das Ursprüngliche zu finden – mit dem man aber nicht kauen kann. Oft findet man nicht nur keinen Stumpf, sondern rein gar nichts. Deshalb ist alles Bohren nach der Vergangenheit und dem Ursprünglichen eine letztlich fatale Suche, oft eine Suche nach Phantomen.

Ein Vorgehen nach dem Denkmuster des Cusaners hätte auch an einem weiteren, bisher hier noch nicht diskutierten Punkt Nutzen gebracht, nämlich bei der Diskussion des Sonderguts der Evangelisten. »Sondergut« nennt man Textabschnitte, die sich exklusiv bei einem bestimmten Evangelisten finden. Zum Beispiel ist die Geschichte von der Anbetung der Magier und dem Kindermord zu Bethlehem Sondergut des Evangeliums nach Matthäus. Viele Exegeten erklärten das so: Der Text sei redaktionell matthäisch und als solcher Erfindung und Produkt des Matthäus. Diese Erklärung ist freilich rein spekulativ.

Aus meiner Sicht hilft allein weiter, diesen Text als integralen Bestandteil des ersten Evangeliums zu betrachten. Deshalb muss er nicht als Erfindung des Matthäus abgewertet werden. Es hilft auch nicht, ihn zur Legende zu erklären, um mit seinen Informationen fertig zu werden. Dann kann man diesen Text als Anfang der Passion lesen (»König der Juden« bei Mt nur hier und nur dort; Tötungsabsicht gegen Jesus; Name Herodes in beiden Teilen des Evangeliums für den feindlichen Herrscher). Im Übrigen hilft die religionsgeschichtliche Betrachtungsweise, den Text in seiner Absicht aus der Tradition verständlich zu machen. Zudem sagt die Parallele zu Moses den judenchristlichen Lesern etwas über die Rolle Jesu im Vergleich mit der des Moses. Dieser Vergleich hilft den Lesern, dass sie auch ihr Judentum bestätigt finden können (vgl. Mt 5,17). Ganz gleich also, wie alt und wie »historisch« dieser Textabschnitt ist, auf jeden Fall erfüllt er im Matthäus-Evangelium eine einmalige und wichtige Funktion. Ich gehe davon aus, dass der Evangelist diesen Abschnitt in seinem Überlieferungsgut vorgefunden oder – wenn er ihn selbst schriftlich formuliert hat – zumindest als mündliche Tradition erhalten hat. Unter keinen Umständen bin ich bereit, den Text als bloße Legende zu erklären, weil sich keine Parallelen finden, denn die Ankündigung der Geburt eines Herrschers durch einen Stern gehört zur alltäglichen Astrologie der jüdischen und paganen Zeitgenossen.

Kausaldenken wie im 19. Jahrhundert

Zum Phänomen des Fundamentalismus gehört auch die Annahme, dass zwischen der Kompetenz (Vollmacht) und deren Auswirkungen (geleistete Veränderung) ein gesetzmäßiger, automatischer, quasi-kausaler, mechanischer Zusammenhang besteht, ein naturwissenschaftliches Entweder-oder: Entweder einer besitzt die Kompetenz, dann muss er auch wirken können, oder er besitzt sie nicht, dann kann man das daran erkennen, dass der Erfolg ausbleibt. Daher kann die Angabe in Mk 3,6, dass Jesus kein Wunder wirken konnte, nach dieser Sicht nicht auf Versagen zurückgeführt werden – das kann es nicht geben bei einem, der alle Vollmacht hat und allmächtig ist –, vielmehr nur auf Jesu Willen, die Ungläubigen für ihren Unglauben zu bestrafen. An fehlender Kraft darf es also nicht liegen. Das ist die Logik eines Mechanikers in einer Reparaturwerkstatt. – Ebenso ist es mit der Nicht-Erhörung von Gebeten. Da Jesus die strikte

Erhörung von Gebeten versprochen hat, wenn man nur glaubt, wird ein Kausalzusammenhang zwischen Ursache und Wirkung im Sinne der klassischen Mechanik angenommen. Wenn man also um Heilung gebetet hat und das Kind stirbt trotzdem, kann es nur am mangelnden Glauben der Beter liegen, wenn der Erfolg des Gebetes ausbleibt. Solche Fälle führen dann regelmäßig zu schweren Schuldgefühlen auf der Seite der erfolglos Bittenden.

Fundamentalistisch daran ist: Hier wird zwischen Gebet und Wirkung derselbe kausale Mechanismus angenommen, den man auch auf der Gegenseite annimmt: Wenn einer krank wird, liegt das daran, dass er nicht sittsam oder fromm genug war. Dass schon das Neue Testament einen Zusammenhang von Sünde und Krankheit bestreitet, lässt man dabei nicht gelten. Schließlich ist es wichtig, bei denen, die erfolglos gebetet haben, ein schlechtes Gewissen zu erzeugen. Da sie unmoralisch waren, werden sie doppelt bestraft (durch Krankheit und Nicht-Erhörung des Gebets).

Fundamentalistisch ist hier auch, dass Jesu Wort buchstäblich-wörtlich genommen wird: Wer glaube, der werde erhört, wenn sein Glaube intensiv genug sei. Aber ist diese strikte Abfolge nicht im Sinne des Wortes Jesu? Baut Jesus hier nicht selbst eine Misserfolgsfalle? Oder anders gefragt: Wäre ein fundamentalistisches Verständnis dieser Jesusworte nicht das angemessene?

Sed contra: Nein, deshalb darf man die Worte über die sichere Gebetserhörung nicht im Sinne des Fundamentalismus wörtlich nehmen, weil Jesus kein Kind des Positivismus des 19. Jahrhunderts ist. Wer betet, begibt sich in Gottes Hand. Er vertraut sich diesem König an, so bedeutet es Verzicht auf Souveränität, sich diesem Rettungsschirm anheimzugeben. Der Beter verzichtet auf eigene Zukunftspläne nach Maßgabe eigener Wünsche. Er gibt, modern gesprochen, die Haushaltsrechte ab. Der wahre Souverän kann nur der eine und einzige Schöpfergott sein.

Aber ist das Unternehmen »Gott und Welt« nicht längst pleite? Das können wir nicht beurteilen, da wir nicht von außen her beurteilen können und da wir die Souveränitätsrechte über den Himmel nicht besitzen. Aber meint nicht Jesu Wort an Petrus über die Himmelsschlüssel (Mt 16,19) genau dieses? Es meint eher die Regelung der Zugehörigkeit zur Gemeinde/Kirche, aber selbstverständlich nicht die volle Souveränität.

Ein typisches Kennzeichen von Fundamentalismus könnte man bei der liberalen Theologie darin erblicken, dass sie insbesondere die Entsorgung des Unpassenden zu ihrer Sache macht: Darunter verstehe ich, dass all das für sekundär, unecht oder dekadent erklärt wird, was sich nicht stromlinienförmig in die jeweils geltende modernste Linie einfügt. Dazu gehört z. B. Jesu Wort an Petrus: »Du bist Petrus, der Fels, und auf diesen Felsen ...« (Mt 16,17). Wer dieses Jesuswort für echt hält, gilt den linken Fundamentalisten als ein rechter Fundamentalist.

Kündigung des Personals

Den Teufel gibt es nicht

Die Position der Gegner: *Die Berichte über Jesu Versuchung in den Evangelien (Mk 1; Mt 3; Lk 3; Lk 22,27) sind zu entmythologisieren. Sie sollen nur Jesu Gesetzesgehorsam bzw. Jesu Gehorsam gegenüber Gottes Willen demonstrieren (U. Luz: Mt-Komm.).* Es stünde der Kirche nicht gut an, gerade im Zusammenhang mit Jesus den Teufelsglauben anzufeuern. So wenig wie es Engel gibt, gibt es auch den Teufel nicht. Beide Figurengruppen verfälschen das monotheistische Gesamtgefüge unserer Religion. Vom Teufel zu reden weckt zudem Ängste, von denen man dann die Menschen erst wieder befreien muss. Das Gleiche gilt in noch höherem Maße vom Dämonenglauben. Jesus hat die Menschen vom Dämonenglauben befreit, und das sollte die Kirche nicht rückgängig machen.

Sed contra: Wenn Theologie und Kirche sich nicht um die Nachtseite der Wirklichkeit kümmern, tun es umso erfolgreicher Medien (besonders: Filmindustrie), Esoterik und okkulte, sehr gewalttätige Gruppierungen. Die Bibel führt Teufel und Dämonen nicht ein, und von einem Glauben an diese Wesen kann keine Rede sein. Denn »Glauben« nennt die Schrift die Orientierung des Menschen an der unsichtbaren Wirklichkeit Gottes, auf der der Glaubende seine Existenz gründet. Glauben ist immer etwas anderes gewesen als die schlichte Annahme der Existenz unsichtbarer geschöpflicher Wesen. Mit der Existenz von Teufel und Dämonen zu rechnen ist vielmehr Ausdruck des biblischen Realismus, denn es sind bestimmte und keineswegs harmlose Erfahrungen, die es einfach nahelegen, mit dieser Art unsichtbarer Wesen zu rechnen. Dazu kommt dann sogleich die Frage, ob Teufel und Dämonen »Personen« sind. Ja, aber nicht Personen in unserem Sinne und nicht in der juristischen Bedeutung des Wortes. Doch sehr wohl in dem Sinn, wie man in der Spätantike von Personen spricht: Wesen mit bestimmter Rolle und festem Profil, mit der Fähigkeit, zu hören und zu gehorchen oder auch etwas zu suggerieren und einzuflüstern, kurzum also Wesen mit »Intelligenz«, denn immerhin ringt Jesus mit dem Teufel um das Verständnis der Schrift. Es ist eine Art von Intelligenz, die Goethes Mephisto eindrücklich darstellt. Sie ist platt, aber stets auf das alltäglich Nützliche gerichtet und daher »völlig vernünftig«. In ihrem Licht ist Glaube allzeit Wahnsinn und dem gesunden Menschenverstand entgegengesetzt. Verführung zum Nächstliegenden ist das wahrhaft Teuflische. Christen blicken dagegen auf das Übermorgen. – Der Teufel wird daher in der Bibel nicht genannt, um unnütz Angst zu verbreiten, sondern um die Gefahren und Abgründe zu nennen und zu klären. Zuletzt wird vom Teufel nur gesprochen, weil er besiegt werden kann. Eine Entmythologisierung seiner Person führt genau zu der von ihm erwünschten Plattheit. Daher leisten auch hier die Bibelfälscher dem Glauben einen Bärendienst.

Jesus schafft nicht den Glauben an die Dämonen ab, sondern er besiegt sie. Nur insofern beseitigt er die Angst vor ihnen, aber ihre Existenz ist auch nach ihrem Ausgetrieben-Werden gesichert, da sie zurückkehren können. Deswegen werden, wie Jesus sagt, die letzten Dinge ärger als die ersten.

Engel gibt es nicht

Ein Hinweis auf den legendarischen Charakter von Texten ist für die Gegner, wenn darin das Vorkommen von Engeln behauptet wird. Schließlich glaubt man ganz genau zu wissen: Engel gibt es nicht. Wo ein Erzähler daher solche Wesen auftreten lässt, liegt das nicht an der Wirklichkeit, sondern an der mythologisch gerahmten Weltsicht des Erzählers. Dass es Engel »nicht gibt«, lässt daher die Kindheitsgeschichten (inklusive Weihnachtsgeschichte) sowie die Berichte über das leere Grab und die Himmelfahrt Jesu zur Legende werden. Auch der schon genannte U. Luz versteht sich darauf, die Engel von Mt 18,10 zu entmythologisieren: Die Vorstellung der Schutzengel wurzele »in einem vergangenen Weltbild« (Mt-Komm., II,31 f.). In der damaligen Sprache sei ein »sachliches Anliegen« ausgedrückt, nämlich die besondere Nähe Gottes zu den »Kleinen«, Niedrigen und Verachteten. Auf die konkrete Schutzengelvorstellung müsse verzichtet werden (S. 32), weil diese »heute nicht mehr selbstverständlich« sei. Luz bietet daher eine sozialmoralische Deutung: Die Niedrigen und Verachteten zu schützen und zu schonen wird das besondere Anliegen der Perikope.

Sed contra: Die Existenz von Engeln muss man (wie auch die Existenz Gottes) nicht beweisen. Seit den ältesten Zeiten der biblischen Religion ist die Verbindung von Gotteserfahrung mit Wesen von Licht und Macht vorgegeben. Engel sind ein Teil der Gotteserfahrung. Hier kann man daher weder teilen noch subtrahieren.

In einem kürzlich erschienenen Artikel über Peterson (Das Neue durch den Abbruch hindurch schauen, in: G. Caronello [Hrsg.], Erik Peterson: Die theologische Präsenz eines Outsiders, Berlin 2012, S. 53–86) zitiert B. Nichtweiß zu einem Aufsatz Petersons über Engel dessen Äußerung gegenüber Maritain: »(Man werde ...) heute fast für einen Verrückten gehalten (...), wenn man in der Theologie von Engeln zu sprechen wagt.« Den Aufsatz publizierte Barth unter dem Titel »Der Lobgesang der Engel und der mystische Lobpreis« in »Zwischen den Zeiten«. Nichtweiß bemerkt dazu: »Diese Ausführungen über die Engel und den mystischen Lobpreis haben damals, von wenigen Ausnahmen abgesehen, nur Kopfschütteln und Befremden ausgelöst und ihren Autor dem inzwischen wohldokumentierten Spott von Studenten ausgesetzt.« Und: »Man kann auch heute noch Karl Barth und seinen Mitstreitern Respekt dafür zollen, einen solchen Beitrag zu veröffentlichen, der in seiner Art nicht nur quer stand zu allem, was man sonst in theologischen Zeitschriften zu finden pflegt, sondern überdies noch die Anliegen der Herausgeber massiv kritisierte« (S. 74).

Und »die Kleinen« von Mt 18 mögen schutzbedürftige Minderheiten sein, aber dass die Exegese zugunsten einer allgemeinen Betroffenheitsmoral hier die Engel vor Gottes Angesicht kurzerhand abschafft, bleibt dem Niveau nach weit unter dem legitimen Recht des Exegeten, um das Verständnis von Texten zu ringen. Matthäus meint immerhin die Angesichtsengel; höhere Engel gibt es nicht; sie sind direkte Vertraute Gottes ähnlich wie der Menschensohn. Damit stoßen wir hier auf ein Motiv aus der unmittelbaren Nähe der Vorstellungen vom Menschensohn. Daher ist hier auch die Christologie betroffen – in einem frühen judenchristlichen Stadium. Das bedeutet: Die bekannte Anwaltsfunktion des Menschensohnes (vgl. Mt 7) haben hier (parallel dazu oder »noch«) Engel inne (zu den Angesichtsengeln vgl. Apk 1 und Jub 2). Man kann nicht munter vom Menschensohn reden, aber so tun, als seien unmittelbar verwandte Wesen Teil eines vergangenen Weltbilds. Durch solche Manöver wird jede Art von Hermeneutik unglaubwürdig.

Zum Verhältnis Menschensohn/Engel des Angesichts (EdA):

1. Der EdA steht Gott überhaupt am nächsten, so wie der Menschensohn nach Dan 7,9–11. – Zwischen ihm und Gott ist kein Dolmetscher nötig. Er steht bei Gott wie der Menschensohn nach Act 7,56. (Das ist Königsmystik, vgl. 1 Sam 22,6; 25,27); in der Hierarchie ist er nächst Gott der Höchste (Test XII Juda 25,2). Das aber entspricht der Rolle des Menschensohnes.
2. Für den EdA (und die er repräsentiert) und den Men-

schensohn (und die ihm nachfolgen) gilt dieselbe absolute Dialektik von Hoheit und Niedrigkeit, denn »die Kleinen« sind die Kleinsten auf Erden, der Menschensohn aber ist der Größte im Himmel. Gleichzeitig gilt das »Was ihr ihnen tut, das habt ihr mir getan«.

3. Der EdA ist der »Mittler zwischen Gott und den Menschen« (Test XII Dan 6,2), er ist der Offenbarer (Jub 2,1; er soll für Moses aufschreiben).
4. Der EdA ist Fürbitter für Israel (Test XII Levi 5,6 f.), so wie der Menschensohn Anwalt der Seinen vor Gott ist.
5. Der EdA kann auch durch Metatron dargestellt werden. Henoch/Metatron/Menschensohn aber sind in der Henoch-Literatur austauschbare Figuren.
6. Der EdA kann auch in Zweizahl oder in Siebenzahl (Apk 1,4; 4,5) oder neben einem zweiten Engel vorgestellt werden. In unbestimmter Anzahl sind die EdA als Aufschreiber der Taten der Menschen vor Gott tätig: Hen[slav] 19,4; auch hier ergibt sich eine Überschneidung mit Henoch bzw. der Figur des Richters im Endgericht. Unbestimmt ist die Anzahl auch in Jub 2,18.
7. Nach Ez 1,5 liegt die Menschengestalt ihm nicht fern.

Fazit: Es ist nicht möglich, die Figur des »Engels des Angesichts« ins theologische Abseits (oder hier passender: »Jenseits«) zu befördern und dann aber von Jesus als dem Menschensohn zu sprechen. Eine sozialpolitische Lösung des Problems der »Kleinen« ist unpassend, da es hier um die Theodizee-Frage geht.

Schon im Jahre 1961 publizierte der Bultmann-Schüler Günter Klein ein Buch mit der kühnen Hypothese »Die zwölf Apostel – Ursprung und Gehalt einer Idee«. An diesem Buch überrascht nach wie vor die saloppe Leichtigkeit, mit der hier grundsätzliche Tatbestände des Urchristentums wie mit einem Staubtuch weggewischt werden. Man kann es auch Frechheit nennen. Die Zwölf seien also nur eine Idee, nicht mehr. Die Argumente: In der Apostelgeschichte spielen die Zwölf inklusive dem nachgewählten Matthias keine nennenswerte Rolle. Das ganze Geschehen ist gut auch ohne sie vorstellbar. Und das bisher stärkste Argument, der formelhaft wiederholte Titel »einer von den Zwölf« für Judas ist abgesehen von der dubiosen Existenz des Judas doch nur eine Formel. Dass kein anderer Apostel dieses Attribut erhält, lässt die Existenz der Zwölf nicht gewisser werden. 1 Kor 15,5 aber reflektiere ein frühnachösterliches Geschichtsbild; wenn Paulus selbst dagegen von Jerusalem und seinem Besuch dort spricht, spielen die Zwölf keine Rolle. – Typisch ist auch, dass man schon lange die Aussendung der 70 (72) Jünger nach Lk 9 für gefälscht hält. Das sei ein klar erkennbarer nachösterlicher Eintrag in die Geschichte Jesu. Vor allem habe Jesus ja nie an Mission gedacht.

Sed contra: Immerhin spielen die Zwölf in den vier Evangelien, bei Paulus, in Act und Apk eine Rolle. Innerhalb der Verkündigung Jesu bilden die Zwölf eine erkennbare Beziehung zu Israel. Darin sind die Zwölf dem Menschensohn verwandt, und diese Parallelität kommt z. B. in Mt 19,28; Lk 22,29 zum Ausdruck. Überdies ist zwölf die ideale Anzahl für Augenzeugenschaft. Daher gibt es auch namentliche Kataloge in den drei ersten Evangelien und in Act 1, denn man konnte die Zwölf für ihr Zeugnis persönlich haftbar machen. – Zur Rolle der 70 (72) ausgesandten Jünger nach Lk 9: Diese Aussendung inklusive Rückkehr ist eine prophetische Zeichenhandlung Jesu, denn sie ist real, demonstriert aber dennoch eine weit über das kurze Ereignis hinausgehende Absicht Jesu. Und da 70 (72) die Zahl der »Ältesten« ist (gr.: *presbyteroi*), kann man in dieser Zeichenhandlung die Gründung des christlichen Ältestenamtes sehen (das Wort *presbyteros* wird später zu »Priester«). Anders und dem nicht widersprechend ist die Stiftung der Eucharistie in der Zeichenhandlung mit den Zwölf beim Abendmahl. Beides ergänzt einander im Sinne der ältesten Kirchenstruktur: Apostel und Presbyter, bis heute erkennbar an der analogen Zuordnung von Bischof und Pfarrer – in der Alten Kirche Episkopos und Presbyterium.

Manipulation von Passionstexten

Seit dem 12. Jahrhundert sind die Kindheitsberichte und die Passionstexte ein besonderes Thema der Volksfrömmigkeit (Bernhard von Clairvaux, später Franziskus von Assisi). Hier erreichte man das Herz der Menschen. Es ist daher nicht besonders erstaunlich, dass die liberale rationalistische Kritik gerade im Feld dieser Themen wahre Triumphe gefeiert hat. Die Kindheitsberichte wurden samt und sonders weginterpretiert, so dass nichts blieb. Und auch bei den Passionstexten wurde alles Mögliche beseitigt. – Daraus geht hervor: Offenbar war es der rationalistischen Kritik doch mehr um die Destruktion der Herzensfrömmigkeit zu tun, also um Breitenwirkung und Macht, als um alles andere. Für die Kindheitsberichte wird wohl der dritte Band des Jesusbuches von Benedikt XVI. Abhilfe anbieten. Was die Passionsberichte betrifft, so harren Hunderte von Passions-Evangelien der Aufarbeitung (Descensus-Literatur; Nikodemus-Evangelien; Pilatus-Akten; Gamaliel-Evangelien; Acta des Simon von Cyrene; Passionsspiele). Die anrührenden Legenden entfalten doch nur das, was die Texte der Evangelien als Historie berichten. Allerdings verwechselt die Exegese der Gegner gerade Legende und Historie und meint, das sei alles identisch, nämlich nicht ernst zu nehmende und dazu noch verlogene Legende.

Judas gab es nicht

Die Position der Gegner: *Judas gab es nicht.*

Judas sei vielmehr eine Erfindung der antijüdischen Kirche, die in ihm den Bösewicht dingfest machen wollte.

Man sagt: Historisch gesehen ist die Figur des Judas völlig überflüssig und daher funktionslos und deshalb unhistorisch. Schließlich sei Jesus in Jerusalem bekannt gewesen »wie ein bunter Hund«. Es habe also nichts zu verraten gegeben. Vielmehr weist der Name »Judas« (d.h. der aus Judäa) darauf, dass mit seiner Gestalt das Judentum getroffen werden soll. Das Judentum habe den jüdischen Messias an die Römer ausgeliefert, die Jesus hinrichteten. In dieser Rolle also ist in Judas das Judentum symbolisch verdichtet und personifiziert. Dass er »einer der Zwölf« genannt wird, entspricht dabei nur der symbolischen Darstellung Israels, des Zwölfstämmevolkes, durch die zwölf Apostel.

Sed contra: Die Figur des Judas zu erfinden würde eine etwas mühselige Konstruktion zur Folge haben. So ist zum Beispiel das Johannes-Evangelium mehrfach bemüht (z.B. Joh 6,70f.; 13,18), die Blamage kleinzuhalten, die es für Jesus selbst bedeutete, seinen »Übergeber« erwählt und berufen zu haben. – Außerdem musste Judas nicht erst Jesu Fluchtort verraten, Jesus musste nicht erst gesucht werden. Vielmehr hat Judas – wie die mitgebrachten gut gerüsteten Männer dokumentieren – Jesus zu einer Zusammenkunft mit den Honoratioren Israels zwingen wollen, um ihm Ideen bezüglich des Königreiches Gottes auszutreiben. Judas wollte durch diese Begegnung größeren Schaden für sein Volk verhindern. Dieser Schaden wäre eingetreten, wenn Jesus ungestört in Jerusalem weiter so hätte wirken können, wie er es mit seinem Einzug in die Stadt begonnen hatte, denn die Römer hätten jede Art von messianischem Reich in der

Stadt unterbunden. – Im Falle der Nicht-Existenz des Judas wäre auch die Nachwahl des Matthias eine Fiktion.

Ein leeres Grab, nicht das leere Grab

G. Theißen (Der historische Jesus) nennt als eine Basiserfahrung von Ostern »ein leeres Grab«, nicht »das leere Grab« (S. 439), denn es sei natürlich nicht zu erweisen, dass das gefundene leere Grab das Grab Jesu sei. Dass bereits Markus sich erhebliche Mühe gegeben hat, diesem Einwand zuvorzukommen, indem er in 15,47 die Frauen namentlich nennt, die für die Stelle des Grabes bürgen, in 16,1 aber drei Frauen, die die Identität des Ortes bezeugen, ist sichtlich uninteressant, weil der Bibelgelehrte offenbar selbst zu bestimmen hat, was er für »genügend« hält.

Die Frage nach Ostern ist daher wie folgt zuzuspitzen: Wie viele leere Gräber gab es eigentlich rund um Jerusalem zur Zeit der Hinrichtung Jesu?

Letzte Worte *(ultima verba)* Jesu

»Ultima verba« (letzte Worte) sind die letzten Worte eines Sterbenden an der Grenze zwischen Leben und Tod. Sie sind ein Topos klassischer Biographien, denn in den letzten Worten fasst, so sagt man, der Sterbende sein Leben noch einmal kurz zusammen.

Die Position der Gegner: *Die unterschiedlichen »letzten Worte« Jesu am Kreuz belegen die Unhistorizität aller dieser Worte.*

Die Texte: Mk 15,34; Mt 27,46: »Mein Gott, mein Gott, wozu ...«; PetrEv V(19): »Meine Kraft, meine Kraft, du hast mich verlassen«; Lk 23,46: »In deine Hände lege ich mein Leben«; Joh 19,30: »Es ist vollendet«. Diese Versionen sind so verschieden, dass entweder nur eine stimmt oder aber gar keine. Da es aber nicht gleichgültig ist, was Jesus an so markanter Stelle gesagt hat, muss man davon ausgehen, dass die Überlieferung hier unsicher und völlig unzuverlässig ist. Die »letzten Worte« (*ultima verba*) eines Menschen sind jedoch stets wichtig und für die jeweilige Persönlichkeit typisch, daher erweist die Überlieferungslage an diesem Punkt die Berichte insgesamt als blühende Phantasie.

Sed contra: In jedem Einzelfall entspricht das, was Jesus am Kreuz gesagt hat, der Christologie des jeweiligen Evangelisten. So hat nach Mk; Mt Gott Jesus verlassen, d. h., er hat es aufgegeben, »mit« ihm zu sein. Das Mit-Sein bedeutete aber nach der Deutung der Evangelisten, dass Gott Jesus mit der Kraft, Wunder zu tun, ausstattete. Das wird durch die Formulierung in Joh 3,2 bestätigt (»Gott ist mit ihm«, weil er viele Wunder tut). – Das Petrus-Evangelium nimmt auf jüdische Leser besondere Rücksicht und vermeidet deshalb den Gottesnamen an dieser Stelle parallel zu Mk 14,62, doch unabhängig davon ist an der Stelle Gottes »die Kraft« genannt. – Lk 22,46 ist mit Act 7,59 (»Herr Jesus, nimm mein Leben auf«) eng verwandt, und zwar über Ps 31,6. Jesus wird dadurch – wie es auch sonst im Lukas-Evangelium geschieht – als frommer jüdischer Beter und zugleich als Märtyrer erwiesen. Auch frühe Märtyrerberichte enthalten nicht zufällig diese Bitte als *ultima verba* des jeweiligen Märtyrers. Joh 19,30 entspricht der Auffassung des vierten Evangelisten, dass Jesus in seinem Leben und Sterben den Dienstauftrag Gottes befolgt hat; denn er war Gottes Gesandter, der in 19,30 das Ende der Sendung verkündet. Die

Übereinstimmung mit Phil 2,6 (»gehorsam bis zum Tod am Kreuz«) entspricht dieser Sicht nicht zufällig, denn hier handelt es sich um alte Übereinstimmungen zwischen vorpaulinischem und vorjohanneischem Gut. Daher wird es sich kaum um eine redaktionelle Erfindung des Verfassers des Johannes-Evangeliums handeln.

Die Verschiedenheiten in der Überlieferung der letzten Worte Jesu sind mit Sicherheit der Verworrenheit in dieser Lage der Katastrophe zu verdanken. Jesus kann sie alle geäußert haben. Die verschiedenen Versionen zeigen nur, was für den jeweiligen Evangelisten das Wichtigste war.

Joh 21 – das angebliche Nachtragskapitel

Nahezu alle neueren Exegeten stimmen darin überein, dass Joh 21 nicht vom Evangelisten stammt und irgendwann später komplett von einem Redaktor angehängt worden ist. Die Argumente: Der ursprüngliche »Schluss« sei 20,30f. (inklusive abschließender Zielangabe »Dies ist geschrieben …«). In Joh 21.24f. sei dann ein neuer, zweiter Schluss hinzugefügt worden. Dort melde sich die Gemeinde (1. Pers. Plural) und spreche über den Verfasser. Ferner: In 21,14a sei eine Zählnotiz erhalten wie in 4,54. Zudem sei das Ganze stark kirchlich orientiert (Symbolik der 153 Fische und Einsetzung Petri). Die Folgen für die Theologie des vierten Evangeliums wären gravierend: Die Einsetzung des hl. Petrus zum Hirten wäre der Theologie dieses Evangeliums fremd – und das trotz der bekannten Hirten-Metaphorik in K. 10.

Sed contra: Diese Hypothese ist der klassische Fall eines Missbrauchs der Literarkritik zu Zwecken der Quellenscheidung. Denn so gewiss mit Joh 21,1 Neues beginnt, ebenso gewiss ist die Annahme einer neuen Quelle stets das letzte Mittel und aus formgeschichtlichen Gründen hier nicht zu rechtfertigen:

1. Jeder halbwegs geschickte Redaktor hätte den »störenden« ersten Schluss in Joh 20,30f. abschneiden können.
2. Die Bestellung eines Nachfolgers gehört in verwandten biographischen Texten auch sonst in ein extra abgesetztes Schlusskapitel, bisweilen auch in eine Vision nach dem Tod. Der Neueinsatz mit 21,1 hat daher formgeschichtliche Gründe: Die Einsetzung des Nachfolgers ist vom Lebensbericht abgehoben als ein eigenständiger juristischer Akt. (Vgl. dazu: K. Berger: Im Anfang war Johannes, 3. A., S. 21–24; Einführung in die Formgeschichte, 1987, S. 95–102). Vgl. zusätzlich: 1 Q 22 und Josephus, Ant 4,323–326 (Mose setzt Eleazar und Josua zu Nachfolgern ein), ferner aus der äthiopischen Baruch-Apokalypse die Einsetzung von Absalom und Abimelech, aus den Paulus-Akten die visionäre Bestellung von Titus und Lukas zu Nachfolgern des hl. Paulus und aus den Thomas-Akten die entsprechende Einsetzung von Sifar und Vasan durch Thomas. – In jedem Falle werden »Schüler« durch diesen abschließenden Akt (bei Moses: auf dem Berg) als Nachfolger legitimiert. In jedem Falle geschieht das durch einen besonderen Akt am Schluss, in den apokryphen Apostelakten nach dem Eingehen des Apostels in den Zwischenzustand. Wichtige Henoch-Apokalypsen nennen die Traditionsträger vor der endgültigen Entrückung. Auch für das, was durch diesen Schlussakt jeweils erreicht wird, kennt schon das Judentum einen Fachausdruck: Diadoche (»Nachfolge«, so Sir 48,8 b). In der äthiopischen Baruch-Apokalypse lautet der Schlusskommentar: »Wenn ich, Baruch, euch alles erzählte, was ich sah und hörte, würden all die Bücher es nicht fassen. Der Geist

Gottes diktierte es Absalom und Abimelech, den Priestern Jerusalems« (vgl. Joh 21,23!). Die Stellung von Joh 21 ist daher nicht quellenkritisch, sondern zureichend bereits formgeschichtlich zu lösen. Wenn Quellenkritik das »letzte Mittel« ist, dann ist sie in Joh 21 überflüssig.

3. Den Bestreitern des Petrusamtes ist sehr daran gelegen, außer Mt 16,17f. auch Joh 21 auszumerzen.
4. Der Lieblingsjünger hat genau jene Funktion auch hier, die er seit K. 13 wahrnimmt: Er bestätigt, dass es mit allem, was das Zeugnis und die Rolle des Petrus betrifft, seine Richtigkeit hat. So sieht er nach Joh 20 als Erster das Grab leer, geht aber nicht hinein. Dadurch wird für den Augenblick, als Petrus am Grab anlangt, zweierlei sichergestellt: Einer außer Petrus hat das Grab leer gesehen, und er war nicht darin, um etwas zu manipulieren. Ähnlich ist es in Joh 21: Der Lieblingsjünger erkennt als Erster Jesus als den Herrn (21,7), so dass ein unabhängiger Zeuge einen Irrtum in der Person aktiv ausschließt. Dann läuft Petrus dem Herrn entgegen, dann wird er eingesetzt. Viele Ausleger haben das Verhältnis zwischen Petrus und dem Lieblingsjünger im Sinne professoraler Männerfeindschaft gedeutet, beide Figuren seien durch finstere Konkurrenz miteinander verbunden. Das Gegenteil ist wahr: Wo immer Petrus und der Lieblingsjünger gemeinsam vorkommen, bestätigt der Lieblingsjünger als unabhängiger Zeuge, dass es mit dem Zeugnis (und der Beauftragung) des Petrus seine Richtigkeit hat. Er ist der stützende Zeuge. Dadurch, dass der Lieblingsjünger den Sachverhalt feststellt (das Grab ist leer, der Erscheinende ist der Herr), ist die nachfolgende Erfahrung des Petrus abgesichert.
5. Auch die Vorhersage des Kreuzestodes an Petrus wird im Kontrast zur Aussage über das Geschick des Lieblingsjüngers entfaltet. Das Gürten und »Führen, wohin du

nicht willst«, das Petrus nicht selbst vornehmen wird, sondern das ein anderer ihm »antut«, meint in beiden Teilen der Aussage das Los des Sklaven, denn Petrus wird den Sklaventod sterben – die Kreuzigung.

6. Das Wunder des reichen Fischfangs und die Bestellung als Hirte gehören inhaltlich zusammen. Das Wunder liefert eine zusätzliche Legitimation des Herrn, der Petrus einsetzt. Es ist der Schöpfergott selbst, der dieses tut. Und das Wunder besitzt außer der wörtlichen auch eine symbolische Dimension, denn Fische zu fangen ist schon im Judentum ein Bild für missionarisches Wirken. Dabei besteht zwischen Fischen und Schafen ein gewisser Kontrast, die Leser haben es aber zu keiner Zeit der Auslegungsgeschichte versäumt, die zweite Metapher (Hirt/Schafe) als Bestätigung der ersten (Fischer/Fische) aufzufassen. Dabei geht das Wunder auf die überwältigende Menge Fische, das Bild von den Schafen dagegen eher auf die fürsorgliche Rolle des Hirten.
7. Ein enger inhaltlicher Bezug besteht zu Joh 10 (Hirtenrede). Denn überall sonst, wo von Hirten und Schafen im Neuen Testament bildlich gesprochen wird, bezieht es sich auf die Hirten, die später kommen. Nur in Joh 10 werden die Hirten genannt, die vorher da waren. Dieser (im Vergleich mit den übrigen Stellen) »fehlende« Zug aber wird nun in Joh 21 nachgeholt. In Joh 10 waren die anderen Hirten in Wahrheit nur Mietlinge, hier dagegen geht es um den legitimen Hirten, der auf Jesus folgt.
8. Der Herr fragt dreimal, weil ihm die Liebe des Petrus extrem wichtig ist. Sie ist die Voraussetzung für die Beauftragung. Es ist schon eigenartig: Obwohl der Hirte für die Schafe da ist – entscheidet sich doch alles daran, ob er den Herrn liebt.

Die Erzählung scheint voller Anspielungen an Bekanntes zu sein. Sie erinnert an den Fischfang nach Lukas 5,1–11, denn dort ist die Situation ähnlich: Eine Geschichte am See, die Jünger sollen ihre Netze auswerfen. Nach einem Einwand fangen sie sehr viel. Petrus steht im Mittelpunkt. Alle Seegeschichten, auch diese, spiegeln zugleich die Situation der Gemeinde wider. Die späteren Gemeinden haben sich in dem jeweils kleinen Jüngerkreis oft wiedererkannt.

Johannes 21 erinnert auch an die Emmausgeschichte: Jesus bleibt zunächst unerkannt, erst beim gemeinsamen Mahl wird er erkannt. Ferner erinnert Johannes 21 an das Essen des Fisches nach Lukas 24,43 f. Nachdem die Augen der Jünger zunächst »gehalten« sind, erkennt in der Mitte der Erzählung der Lieblingsjünger Jesus, den »Herrn«. Dann stürzt sich Petrus ins Wasser, dem Herrn entgegen, ähnlich wie in Matthäus 14,26–32.

Der Unterschied zu anderen Bootsgeschichten: Hier herrscht kein Sturm. Doch das sichere Ufer, auf dem Jesus zu finden ist, nehmen die mittelalterlichen Ausleger für die Auferstehung in ihrer Solidität im Kontrast zum bewegten Wasser der Welt (sie verbinden mit Joh 6,21).

Eine geheimnisvolle Erzählung: sieben Jünger, davon zwei namentlich genannt. Deutet die Zahl »alle« Jünger an? Petrus umgürtet das Hemd und rafft es auf diese Weise, um besser schwimmen zu können. Am Ufer hat Jesus – ungeachtet des Fischfangs der Jünger – schon ein Mahl bereitet. Er hat das wunderbar bereitet, wonach er die Jünger nach 21,5 gefragt hatte. Die Jünger getrauen sich nicht, ihn zu fragen (Vers 12), obwohl sie alle wissen, wer es ist. Das ist schüchterne Distanz, ähnlich wie es bei Maria Magdalena in Joh 20,17 von Jesus selbst nahegelegt wird: Sie darf Jesus nicht kniefällig verehren; hier getrauen sich die Jünger nicht zu fragen. Es ist keine selbstverständliche Erscheinung, sondern es ist eben »der Herr«; Jesus trägt hier den Gottesnamen der griechischen Bibel.

Und dieser Herr lebt, an den Zeichen der Fülle kann man ihn erkennen.
Niemand soll fragen, ob die Jünger so viele Fische (153) zum Frühstück (!) »brauchten«. Nein, für den Hunger nicht. Paulus redet von der Überfülle in 2 Kor 8,7. Bei den Speisungsberichten mit den körbeweise übrigen Stücken ist es genauso wie bei der Hochzeit von Kana: Nur die Fülle zählt. Die Zahl der 153 Fische bleibt rätselhaft. Man kann davon ausgehen, dass diese Zahl wie die 666 in Apk 13,18 symbolisch ist. Darauf weist etwa im Leben des Pythagoras (von Jamblichus), dass der weise Lehrer bei einem reichen Fischfang zuvor die genaue Zahl angeben kann, vielleicht geht es auch hier um eine pythagoreische Zahl. Der Kirchenvater Hieronymus dagegen gibt in seinem Kommentar zu Ezechiel an, 153 sei die Gesamtzahl der Fischarten; weitere Belege fehlen. Ich möchte einen anderen Vorschlag machen: Nach dem apokryphen Hebräer-Evangelium (Synopse Aland, S. 153) ist die Zahl der Wunder Jesu 53. »Einhundert« aber ist die Zahl der Fülle (100 Schafe, hundertfache Frucht usw.). 153 bedeutet daher 53 plus 100, die absolute Fülle. Um eine Addition geht es ja auch bei den 99 plus 1 Schafen.
Dass schon für den Evangelisten die Fische hier nur symbolisch stehen für die Kirche, ist freilich ebenso unbeweisbar wie die Deutung des nachfolgenden Mahles auf das Herrenmahl.

Gnadenlose Säkularisierung

Das Gottesbild der Aufklärung

»Ich glaube an die Vernunft, und an Gott glaube ich nur, sofern er Vernunft ist«, so lautet das persönliche Bekenntnis eines bekannten deutschen Neutestamentlers. Derselbe Kollege sagt, er fühle sich in Moscheen am wohlsten, denn deren Ausstattung und Darstellung kämen seinem Glauben am nächsten. Der gemeinsame Nenner für beides ist die europäische Aufklärung. Anders, als viele Menschen glauben, ist auch in der Aufklärung der Islam (jedenfalls der europäische) ein durchaus zentraler Faktor. Navid Kermani machte mich in diesem Zusammenhang aufmerksam auf eine intensive Protestantisierung des Islam seit ca. 1720. Er teile sie nicht. Auch das Islam-Bild Lessings verdankt sich dieser Beleuchtung des Islam.

Meine einschlägige Studie (Ist Gott Person? Ein Weg zum Verstehen des christlichen Gottesbildes, 1. A. Gütersloh 2004, 208 S.) beginne ich mit einer Kritik des Gottesbildes Karl Rahners, der regelmäßig vom »namenlosen Geheimnis« spricht. Das kommt dem modernen Menschen entgegen, aber das ist eben nicht der Gott Israels, auch nicht der Gott Jesu und Mariens. Die Annäherung an den Gott der Bibel – wenn man denn Frömmigkeit so nennen mag – setzt etwas mehr Anstrengung voraus, denn der Gott der aufgeklärten Exegese ist kein persönlicher Gott mehr, zu dem man beten könnte. Das Gebet aber gehört zu den am gründlichsten missverstandenen Gattungen der Bibel. Daher gibt es denn auch so gut wie gar keine neueren Darstellungen zum Thema Gebet aus der wissenschaftlichen Exegese in den letzten 50 Jahren. Vielleicht ist die Erneuerung der formgeschichtlichen Fragestellung hier ein bescheidener Versuch des Neubeginns (K. Berger: Formen und Gattungen des Neuen Testaments, 2005).

Das systematische Problem betrifft die Personhaftigkeit Gottes und damit den Wert oder Unwert von Metaphern – besonders im Bereich der Liturgie, mit dem wir es hier zu tun haben. Wenn ich nämlich einen Stein prüfe oder ein Stück Käse bearbeite, brauche ich keine Metaphern. Sowie ich mit Personen rede, ist der Gebrauch von Metaphern naheliegend und oft auch hilfreich. Deshalb sind schon die biblischen Psalmen eine Einführung in die Metaphernkunde (z.B. Hirt, Fels, Befreier), und hier gibt es mannigfache Überschneidungen mit der Poesie der Antike, sei es altägyptische Liebeslyrik, sei es der Römer Catull, sei es chinesische Lyrik.

Ein erschreckendes Beispiel gedankenloser Säkularisierung liegt auch vor in dem bekannten Bibelzitat:

»Die Wahrheit macht euch frei«

»Die Wahrheit wird euch freimachen« ist ein Zitat aus Joh 8,32 (»Und ihr werdet die Wahrheit erkennen, und die Wahrheit wird euch befreien«). Der Satz wird in höchst populärer Auslegung auf die Durchleuchtung menschlichen Fehlverhaltens bezogen, insbesondere während der Diktaturen des 20. Jahrhunderts. Die Befreiung, die Lohn dieser Aufklärungsarbeit sein soll, wird nicht näher beschrieben. Gemeint ist wohl die Befreiung von falschen Ansichten, zum Beispiel über freundliche Nachbarn oder Familienmitglieder, die in Wahrheit mit dem »System« zusammengear-

beitet haben. Vielleicht ist sogar die Befreiung von diffusen Ängsten gemeint. Schließlich geht es auch um ein Bürgerrecht auf freie Sicht, die durch kein korruptes System verstellt wird. Da der Staat selbst diese Art von Befreiung auch finanziell ermöglicht, wird am Ende eine höchst bürgerliche Freiheit errungen. Der Zusammenhang mit Erkenntnis (»Klarsicht«) ist auch durch Joh 8,32 gegeben. So ist das Gemeinte, wie man denkt, am Ende eine Befreiung von bedrohlichen Fehleinschätzungen. Sie entlarvt undemokratische Diktaturen.

Sed contra: Der Gebrauch dieses Zitates ist ein lupenreines Beispiel für Säkularisierung von Jesusworten im Sinne bürgerlich-politischer Aufklärung. Dadurch bringt man nicht nur dieses Jesuswort um seinen Sinn und verdirbt für Jahrzehnte seinen angemessenen Gebrauch. Es wird auch – im Blick auf die ostdeutsche Geschichte der vergangenen 60 Jahre – der Eindruck erzeugt, die evangelische Kirche als Kirche der Freiheit sei weiterhin hauptsächlich zuständig für die Aufklärung menschlicher Schandtaten, und »Freiheit« biblisch verstanden bedeute vor allem nichts als dieses; insofern hätte Jesus die Funktion eines Vorbilds für den modernen Enthüllungsjournalismus. Doch das alles ist Missbrauch und Quatsch, denn die Wahrheit ist nach dem Johannes-Evangelium Jesus in Person (»Ich bin die Wahrheit, der Weg und das Leben«, Joh 14,6), und die Freiheit, die er bringt, ist die Freiheit von der Sünde, wie aus der unmittelbar anschließenden Diskussion in Joh 8,34 hervorgeht. – Nach der »Befreiung« durch politisch-historische Aufklärung blieb immer die Frage im Raume stehen: Ja, und was nun? In dieser Frage war und ist die religiöse Frage verborgen, wie man denn um des Himmels willen von all der massenhaften Schuld loskommen kann, die Journalisten und Juristen immer wieder nachweisen. Nach dem Zweiten

Weltkrieg hatte man noch so viel Vertrauen zu Kirchen und Pfarrern, dass die Nazi-Größen oft kirchliche Beichtväter aufsuchten. Nicht zuletzt dadurch wurde mancher Neuanfang möglich. Die Befreiung von der Sünde durch Jesus geschieht, indem man sie ihm auflädt.

Die Domestizierung des Apostels Paulus

Express-Beseitigung unliebsamer Texte

Die Position der Gegner: *Schon Paulus kennt keine Spur der innerkirchlichen Autorität »apostolischer Lehre«,* weshalb selbst Wilckens – in Übereinstimmung mit Bultmann – Röm 6,17 für eine nachpaulinische kirchliche Glosse hält: »Früher wart ihr Sklaven der Sünde, jetzt aber gehorcht ihr nicht mehr wie unter Zwang, sondern von Herzen der apostolischen Lehre (gr.: *didache*), die euch überliefert worden ist.« D. h., die apostolische Lehre hat jetzt die Rolle inne, das Leben zu regulieren, und zwar nicht für Menschen, die unter einer Sucht versklavt sind, sondern in frei gewollter Zustimmung von Freunden. Das Ärgernis für liberale Exegeten heißt an dieser Stelle: apostolische Lehre. Deshalb soll – ohne irgendeinen Hinweis in der Textgeschichte – der Text eben eine Glosse sein, denn diese Bedeutung apostolischer Lehre hält man für unvorstellbar: Der Sklaverei unter der Sünde sind die Christen entronnen. Doch nun sollen sie sich einer neuen, anderen Sklaverei unterwerfen, nämlich der von den Aposteln (und später dann von den Bischöfen) ausgeübten. Nein, so sagt man, Protestantismus heißt: Kirche der Freiheit! Und da kann und darf Paulus gar nicht in kirchliche Richtung danebengetappt sein. Und es wird nicht lange dauern, dann wollen auch deutsche antirömische Katholiken diese missliche Stelle abschaffen. Denn wenn schon die Textgeschichte nicht hilft, muss man sie eben auf eigene Faust und ohne Anhaltspunkte korrigieren.

Sed contra: Eine wie auch immer geartete Korrektur von Röm 6,17 hat nicht den geringsten Anhalt an der Textgeschichte. Fast 1900 Jahre lang hat man es ertragen, dass die – unbeanstandete – paulinische Formulierung »Da ihr von der Sklaverei der Sünde befreit seid, könnt ihr jetzt Sklaven der Gerechtheit werden« (Röm 6,18; vgl. auch V. 19 b: wie Sklaven in den Dienst der Gerechtheit) in 6,17 kirchlich konkret wurde.

Doch eben das scheut man: Im Allgemeinen und unverbindlich geht man gerne von der Sklaverei in die Freiheit über. Doch es darf keine neue Bindung entstehen. Die Freiheit muss unverbindlich bleiben, und ein Apostel oder gar seine Nachfolger haben eben freien Christen nichts zu sagen! (An dieser Stelle wird dann der sehr neuzeitliche hypertrophe Kult des Gewissens eingeführt, der ebenso aufklärerisch wie unbiblisch ist).

Dabei wird gerne übersehen, dass an einer weniger prominenten Stelle des Röm, nämlich in Röm 16,17, sachlich nahezu Identisches steht: »Zum Schluss ermahne ich euch: Hütet euch vor denen, die Zwietracht säen und ärgerliche Diskussionen anzetteln und euch von der Lehre (gr.: *didache*), die ihr anfangs empfangen habt, abbringen wollen. Geht ihnen aus dem Weg. Solche Irrlehrer dienen nicht unserem Herrn Jesus Christus, sondern ihrem eigenen Bauch ...« Hier in 16,17 steht nur das »Empfangen« an der Stelle des »Übergeben« von Röm 6,17. Beides ist freilich, was man unter allen Umständen für Paulus vermeiden wollte, »rabbinische Traditionsterminologie« (K. Wegenast), und hier trifft wieder das jüdische Gegenüber auf den katholischen Konkurrenten. Schließlich darf Tradition nicht sein, weder als Lehre noch in Gestalt frivoler Wortspielchen wie in 6,17, dass nämlich die Christen selbst der Lehre übergeben werden. Röm 16,17 hat man stehen gelassen, weil man bei Lektüre und Colleg des langen Römerbriefes in der Regel nicht bis zu K. 16 gelangt. Und ferner, weil man überdies auch geneigt ist, das ganze Kapitel für unpaulinisch zu halten. Allerdings wieder ohne Anhalt an der Textgeschichte.

Im Übrigen wird übersehen, dass die in Christus erlangte Freiheit vom Gesetz nicht dessen Abschaffung bedeutet, sondern dass sie eine Befreiung vom steten Verurteiltwerden durch das Gesetz ist, denn erfüllen darf, kann und soll ein Christ das Gesetz weiterhin, und zwar in seiner radikalsten Form, zugespitzt auf Liebe.

Die Beschimpfung des kirchlichen Amtes

Die Position der Gegner: *Das kirchliche Amt ist eine Jesus völlig entgegengesetzte Erfindung und bedeutet Rückfall ins Judentum.*

Da es sich bei diesem Urteil um eine gänzlich blinde Vorentscheidung jenseits der Fakten handelt, muss geklärt werden, woher sie kommt. Im 19. Jahrhundert unterstellte man Jesus eine anarchistische Gesinnung. Die angebliche Gesetzeskritik Jesu sei bei Paulus mit der Abschaffung des jüdischen Gesetzes nur systematisiert worden. Inzwischen weiß man allerdings, dass Paulus das jüdische Gesetz nicht abgeschafft hat, sondern in der Gabe des Heiligen Geistes einen Weg sieht, das Gesetz durch Liebe zu erfüllen. Jesus war kein Anarchist, auch wenn speziell russische Anarchisten wie Leo N. Tolstoi das so gesehen (und sich dafür auf die Bergpredigt berufen) haben. In Russland fußte Tolstoi auf populären religiösen Bewegungen des 15. und 16. Jahrhunderts.

Erst lange nach dem Zweiten Weltkrieg hat man sich daran gewöhnt, dass Jesus das Gesetz nicht abgeschafft hat. Man hat Jesus als Juden im Sinne von Mt 5,17 sehen können (das war zu Zeiten meiner Dissertation 1967 noch anders, und deshalb durfte ich nicht Priester werden). Fazit: Weder war Jesus radikal gesetzeskritisch oder Anarchist, noch hat Paulus das Gesetz abgeschafft.

Doch geblieben ist der Eindruck, Jesus habe weder Strukturen noch eine Institution noch ein Amt gewollt. Die antijüdischen Implikationen dieser Position hat man mittlerweile vergessen. Die Sehnsucht nach der völligen Konturenlosigkeit des Anfangs ist im Übrigen auch Resultat einer verlogenen und zu Unrecht glorifizierenden Sicht der jeweiligen eigenen Kindheit. Man muss schon religiös so streng leben wie wohl möglicherweise manche Quäker, wenn man daraus ein halbwegs lebensfähiges Gemeindemodell schaffen möchte. Doch das Modell der »antiautoritären« Erziehung in den 70er Jahren des vorigen Jahrhunderts zeigt Nachwirkungen. Gerade so aber wollte man die »herrschaftsfreie« Urgemeinde nebst ihrem »Liebes-Kommunismus« sehen. Nicht zu vergessen ist freilich die beträchtliche Rolle der reformatorischen Wiedertäufer und ihres Kommunismus für das Zustandekommen dieser Brille bzw. Forschungsstereotype.

Sed contra: Das urchristliche Amt ist eine direkte Folge einer apokalyptischen Eschatologie. Mit dem Verlust der Endzeit-Perspektive oder mit Verbürgerlichung oder Anpassung an staatliche Strukturen hat es nichts zu tun. Begründung:

1. Grundlegend ist eine Entsprechung zwischen Menschensohn-Christologie und dem Zwölferkreis (Mt 19,28 f. und Lk 22,29 f.: Der Menschensohn auf seinem Thron ... ihr auf zwölf Thronen, die zwölf Stämme des Volkes Israel regierend).
2. Diese Entsprechung gilt stets auch dann, wenn die Autoritätsfragen im Zusammenhang mit dem Menschensohn diskutiert werden, denn für die Gemeinde-Autoritäten

gilt dieselbe Abfolge von Niedrigkeit und Hoheit wie für den Menschensohn.

3. Die Namen der zwölf Apostel sind grundlegend für das himmlische Jerusalem (Apk 21). Anderswo kann auch Christus dieses Fundament sein (1 Kor 3; Eph).
4. In Apk besteht eine erkennbare Relation zwischen den 24 Ältesten und den 12 Aposteln. Diese Struktur gilt als das Gegenüber von Bischöfen und Presbyterium für das Amt in der Kirchengeschichte. In den Evangelien kennt besonders Lukas die parallelen Aussendungen der 70 (bzw. 72), die traditionell »Älteste« heißen, und der Zwölf. Hier wird ein Zusammenhang von Mission und Endgericht erkennbar (Sendung der Engel ist parallel zur Sendung der Jünger in den Evangelien), beides hat mit »Ernte« zu tun. So kann auch Paulus noch sein Auftreten als Apostel mit dem Auftreten eines Engels vergleichen. Das ist nicht ohne Grund, denn die paarweise Sendung von Engeln entspricht der im Urchristentum üblichen paarweisen Sendung von Missionaren.

Fazit: Die Zukunft des Menschensohnes wird seine Regentschaft sein, bei der die Zwölf über Israel regieren. Diese werden auf zwölf Thronen sitzen oder die himmlische Stadt (das Reich Gottes) strukturieren. Auch das Miteinander und Gegenüber von Aposteln (Bischöfen) und Presbyterien ist schon im Neuen Testament wiederholt angelegt, nicht zuletzt dadurch, dass Apostel Älteste einsetzen. – Bis weit in die Alte Kirche hinein (und in der Orthodoxie bis heute) gilt eine Entsprechung von Aposteln und Engeln.

Der Menschensohn ist daher keine Einzelfigur, sondern im Neuen Testament wie bereits an seinem Ursprung in Dan 7 auf das ganze Volk Israel bezogen. Man muss schon gewaltige interpretatorische Anstrengungen unternehmen, wenn man Jesus und Menschensohn trennen will.

Petrus und Paulus – wie Hund und Katze

Auch an einer anderen Stelle rechnet die liberale Exegese mit einem bleibenden Abbruch der Kommunikation und Gemeinschaft im frühesten Christentum, nämlich was das Verhältnis der angeblichen Antipoden Petrus und Paulus angeht. Hier ist besonders die Position der Tübinger Schule F. C. Baurs einflussreich gewesen. Das zunächst von Schelling entwickelte Schema der Dialektik überträgt man auf das Verhältnis der beiden Apostel Petrus und Paulus. Petrus verkörpere die judenchristliche »These«, Paulus dann die heidenchristliche »Antithese«; eine beide Positionen überhöhende »Synthese« habe erst die frühkatholische Kirche in der Gestalt z. B. des Johannes-Evangeliums gefunden. Dieses Schema hat dank der Beliebtheit des dialektischen Schemas besonders unter dem Einfluss Hegels lange und bis heute gewirkt. Es war anregend, aber es hat letztlich zu einem theologisch unhaltbaren Antijudaismus geführt. Seine Folgen waren daher – gelinde gesagt – verheerend. Es zeigt sich daran, wie misslich es ist, ein philosophisches Schema auf die Geschichte aufzupressen. Überdies hat man sich auch leider daran gewöhnt, die konfessionelle Zweiteilung Nordeuropas im Gegenüber von Petrus und Paulus wiederzufinden, indem man den angeblichen Judenchristen Petrus zum angeblichen Katholiken, den Heidenapostel Paulus zum angeblichen Protestanten erklärte. Diese Schematisierung ist dann mindestens ebenso absurd wie die antijüdische Deutung. Dass die »Orthodoxie« in diesem Schema nicht vorkommt, fällt dann schon gar nicht mehr auf.

Sed contra:

1. Petrus ist kein typischer Judenchrist. Solche äußern sich z. B. in Gestalt getaufter Pharisäer auf dem Apostelkonvent laut Act 15. Sie plädieren als Christen (!) für Be-

schneidung und Bewahrung der ganzen Torah. Das hat Petrus nie getan. Act 10 (Petrus-Vision) berichtet daher zutreffend über den Standpunkt des Apostels Petrus. Wenn es in Gal 2,8f. heißt, Petrus sei zu den Menschen gesandt, die beschnitten waren, dann heißt das nicht, dass er sie zum Zwecke des Christwerdens beschneiden ließ. Act 10 zeigt, dass er auch die Reinheitsgesetze – dank visionärer Belehrung – aufgegeben hat. Typische Judenchristen gibt es in der späteren Kirche mutmaßlich in den Pseudo-Klementinen und im Ebioniten-Evangelium.

2. Petrus war nach Gal 2 zu denen gesandt, die beschnitten waren, also zu Juden und anderen Völkern des östlichen Mittelmeerraumes, in denen kleine Jungen beschnitten wurden.
3. Auch Paulus war kein radikaler Heidenchrist, denn weder schafft er die Torah ab, noch verbietet er Judenchristen, ihre Buben zu beschneiden. Und wenn man den späten Paulus des Römerbriefes hinzunimmt, rechnet er sogar mit einer Einbeziehung des Volkes Israel in die Christenheit, wenn dereinst alle Juden in Jesus ihren Messias erkannt haben. Insbesondere dass Paulus überall an der Schrift als Argumentationsbasis festhält, zeigt ihn als Judenchristen. – Das wirkliche Heidenchristentum findet seinen Niederschlag erst außerhalb des Kanons, etwa in der Didache, wo Schriftzitate ebenso fehlen wie eine Einbeziehung Israels in die Heilsgeschichte. Die griechischen Apologeten gegen Ende des 2. Jahrhundets n. Chr. sind im gleichen Maße heidenchristlich wie z. B. die sibyllinischen Bücher. Unter dem wirklichen Heidenchristentum, wie es ab dem 2./3. Jahrhundert erstarkt, leidet vielmehr auch stets die Rezeption des Apostels Paulus und seiner Briefe. So kann man dann Röm 9–11 nur noch als Traktat über die Prädestination lesen und versteht auch die Schriftbeweise z. B. in Gal 3f. nicht. Auch später hat man

öfters den katholischen Volksglauben ohne jeden Bezug auf das Alte Testament weitergegeben, jedenfalls ist es dann so angekommen.

4. Die Kernstelle für das angeblich unheilbare Zerwürfnis zwischen Petrus und Paulus ist Gal 2,11–14: »Petrus betrug sich so unmöglich, dass ich mich offen gegen ihn stellen musste. Zunächst hielt er bedenkenlos Mahlgemeinschaft mit Heidenchristen, bis einige Leute aus dem Kreis des Herrenbruders Jakobus kamen. Daraufhin zog er sich – offensichtlich aus Furcht vor den nichtchristlichen Juden – von den gemeinsamen Mahlzeiten zurück. Auch die anderen Judenchristen taten dies ... Ich musste also feststellen, dass sie von der verlässlichen Botschaft des Evangeliums ganz erheblich abgewichen waren. Daher sagte ich in aller Öffentlichkeit zu Petrus: ›Du hast doch als Judenchrist offen mit Heidenchristen gegessen, hast also nicht nach jüdischen Regeln, sondern sozusagen heidnisch gelebt. Da kannst du nun doch nicht von den Heidenchristen verlangen, dass sie dir zuliebe jüdisch leben und nach jüdischen Regeln essen ...‹« (Übers. Berger/Nord). Deshalb hatten wohl die Christen aus dem Kreis des Jakobus darauf hingewiesen, dass Beschnittene auch nach der Torah leben müssen. Das heißt also: dass sie jüdisch leben sollten. Das hatte Petrus aber nicht so verstanden. Die Vision in Act 10 berichtet ja davon, dass Petrus die Reinheitsregeln weder für sich noch für seine Gemeinden zu beachten hatte. Nur weil Petrus dem Drängen der Leute um Jakobus nachgegeben hatte, entstand der Streit mit Paulus. – Der Streit ging nicht darüber, ob Judenchristen nach der Torah leben müssen, sondern darüber, ob Beschnittene alles tun und halten müssen, was für Judenchristen gilt. Jakobus wollte nur alle Beschnittenen zu Juden machen. Dass sie das nicht per Dekret sein können oder wollen, zeigt Andreas Blaschke in seinem Standardwerk »Beschneidung« (1997);

darin wird demonstriert, wie weit verbreitet Beschneidung in der Antike (und bis heute) war und ist.

5. Petrus hat dann mit Wahrscheinlichkeit in Korinth (1 Kor 1,15) gepredigt, Paulus sicher auch in Rom. D.h., ein Nebeneinander ist weitaus wahrscheinlicher als ein Gegeneinander. – Zumal in der Bildung des Kanons kann man einen Petrusteil (vier Evangelien und 1–2 Petr) und einen Paulusteil (Paulusbriefe inklusive Hebräerbrief) feststellen (nur wenige Schriften liegen außerhalb), während Act von beiden parallel berichtet und Apk von Rom, dem gemeinsamen irdischen Ziel beider. Fazit: Wer Petrus und Paulus sich wie Hund und Katze vorstellt und so lehrt, gewinnt nur scheinbar didaktische Klarheit. In Wirklichkeit geht diese Polarisierung auf Kosten des Judenchristentums, das als reaktionär und »gesetzlich« erscheint. Das, was Petrus und Paulus gemeinsam vertreten haben, hat sie weitaus mehr geeint als entzweit.

Paulus – der Frauenfeind

Antifeminismus des Apostels Paulus. Die Position der Gegner: *1 Kor 14,34–36 (Die Frau soll in der Gemeindeversammlung schweigen) ist textkritisch und/oder theologisch zu entsorgen, denn hier kommt Paulus als Frauenverächter zum Zuge.* Dabei kann man Paulus nicht unterstützen, sondern ihm ist hier ein Riegel vorzuschieben. Solche Frauenfeindschaft kann sich das Christentum des 21. Jahrhunderts nicht leisten.

Sed contra: Die textkritische Entsorgung hat nicht geklappt; der Text fehlt in keiner alten Handschrift. Manchmal ist er umgestellt, aber das ändert am Inhalt nichts. – Zum Inhalt:

Paulus bezieht sich auf den Text als Herrenwort. Das ist richtig, denn Paulus erinnert damit an die singuläre Praxis Jesu, an den öffentlichen Vortrag die Möglichkeit anzuschließen, »im Haus« Fragen zu stellen. Jesus gibt bei der Gelegenheit dann, wie die Evangelien zeigen, Konkretionen (Anwendungen, Zuspitzungen, Verdeutlichungen) seiner öffentlichen Rede. Mit Antifeminismus hat diese seelsorgerlich liebevoll eingeführte Sitte nichts zu tun (vgl. dazu: K. Berger: Priesterweihe auch für Frauen?, 2012, S. 77–87).

Paulus – der Judenfeind

Die Antithese zum Judentum ist Kriterium des echt Paulinischen. – Maßstab ist seit Baur der Galaterbrief. Dieser gilt innerhalb der Paulusbriefe als der paulinischste, denn der antijüdisch-polemische Paulus ist bis heute für viele der wahre Paulus (K. Haacker, *ThZ* 65 [209], S. 213). Man sagt dann, das, was man als Honig daraus saugt, sei nicht Rassismus, sondern die angeblich abweichende christliche Theologie des Gesetzes.

Zu diesen Fehlurteilen hat besonders beigetragen, dass für Luther Gal wichtiger war als Röm (K. Haacker, ibid., S. 212), und zwar speziell in seinem Kampf gegen den Katholizismus. Ein besonders trauriges Kapitel ist die Verbindung von Antikatholizismus und Antijudaismus geworden. Diese Verknüpfung verdankt sich der Tatsache, dass die antirömische Reformation hauptsächlich mit den antijüdisch gedeuteten paulinischen Positionen gegenüber dem »Gesetz« geführt wurde.

Insbesondere das Letztere ist noch immer nicht wirklich durchgestanden, denn dass Jesus wie Paulus, vergleichbar mit Bauunternehmer und Vorarbeiter am Bau, Hand in

Hand arbeitend das jüdische Gesetz hätten beseitigen wollen, ist eine religiös (weil antikatholisch) wie politisch (weil antijüdisch) extrem folgenreiche Fehleinschätzung des Neuen Testaments. Im Vorfeld der mit Abstand größten verbrecherischen Aktion namens Holocaust haben sich diese beiden Faktoren trotz voneinander unabhängiger Entstehung gegenseitig verstärkt (vgl. den folgenden Abschnitt).

Die Verschmelzung von katholischen und jüdischen Gegnern geschieht mindestens bis zu Wilhelm Raabe (Der Hungerpastor) hin im Sinne eines Zweifrontenkrieges. In der Tat waren »Katholiken« und »Juden« die großen politischen, zu Gegnern erklärten Machtpotenziale außerhalb des Protestantismus, und sie waren doch in Deutschland die engsten Nachbarn.

Wer nicht protestantisch war und damit der »Zukunftsreligion« (Beschluss des Deutschen Reichstags vom 25.6.1888) angehörte, musste überall außerhalb auf Juden oder Katholiken stoßen. Werkgerechtigkeit und Gesetzlichkeit als theologische Kriterien verbanden sich zu einem Syndrom der Beurteilung der Nicht-Protestanten. Zudem galten Juden und Katholiken in der Zeit von 1870 bis 1945 als die national unzuverlässigen Deutschen, da sie entweder ultramontan (Katholiken) oder international (Juden) waren. In dieser bemerkenswerten ideologischen Situation musste die liberale Theologie mit den beiden unliebsamen Tatsachen fertig werden, dass – soweit erkennbar – alle neutestamentlichen Autoren Juden(christen) waren und dass man den Kanon von der katholischen Kirche hatte übernehmen müssen und nichts daran ändern konnte.

Aus diesem Grund z. B. hält F. G. Baur die beiden Thessalonicherbriefe für unecht, da sie ungeprüft jüdische Apokalyptik übernommen hätten (Haacker, ibid., S. 213).

Selbst Schnackenburg urteilt in seinem Kommentar zum

Eph: »Die paulinische Stoßrichtung gegen den jüdischen Heilsweg aufgrund von Gesetzeswerken ist nicht mehr zu spüren« (1982,23), und es fehle auch die paulinische Kreuzestheologie. Daher sei Eph nicht paulinisch.

Doch keine Verstockung der Juden?

Die Position der Gegner: *Paulus hat nicht über die Verstockung und erst recht nicht über die Verwerfung Israels geredet: 1 Thess 2,15 f. ist unecht, d. h. spätere Hinzufügung von nicht-paulinischer Hand (C. Colpe).* Die Stelle ist mit den Israel-freundlichen Stellen bei Paulus nicht auszugleichen. Der Text lautet: »Die Juden haben erst die Propheten getötet, dann Jesus, unseren Herrn, und schließlich haben sie uns verfolgt, um zu verhindern, dass wir den Heiden die Botschaft der Rettung predigen. So gefallen sie Gott nicht, denn ihr Tun ist menschenfeindlich. Schon immer haben sie Sünden aufgehäuft, jetzt aber ist das Maß voll. Gottes Zorn ist schon für immer auf sie gekommen.« Colpe meint, die nachpaulinische Einfügung hätte nach der Zerstörung Jerusalems im Jahre 70 n. Chr. stattgefunden. Da war Paulus längst tot.

Sed contra: Der Brief ist lange vor der Zerstörung Jerusalems (70 n. Chr.) geschrieben. Daher ist der Zorn wohl auf die endgültige Verstockung Israels zu beziehen (so auch Röm 9,22, im Kontext ab Röm 9,18). Das heißt: Israel kann das Evangelium nicht mehr wahrnehmen. Doch in Röm 11 ändert Paulus seine Position. Israel findet am Ende das Erbarmen Gottes (Röm 11,25–32). Etwas anderes anzunehmen als die paulinische Verfasserschaft von 1 Thess 2,15 ist aus Gründen moralischer Betroffenheit verständlich. Doch an dieser Stelle selbst deutet Paulus keine Lösung des zerrütteten Verhältnisses zwischen Israel und Gott an. Und man darf hier auch nicht mit einem paulinischen Gesamtsystem argumentieren. Offenbar ist Paulus hier selbst noch nicht so weit gekommen, dass er eine Lösung anbieten kann. Erst mit dem Römerbrief ist Paulus dazu in der Lage. Unsere Auslegung bleibt historisch. Das heißt, sie darf nicht – Paulus gewissermaßen belehrend – dort Dinge eintragen, wo Paulus noch nicht den endgültigen Tiefgang von Gottes Handeln erfasst hatte. Indem wir ein perfektes System eintragen, nivellieren wir die Spannung zwischen 1 Thess und Röm, die eine Spannung ist, in der Paulus selbst gestanden hat. Das gehört auch zum Leben eines Heiligen dazu. Auf Kosten seiner Biographie dürfen wir nicht scheinbare Erleichterungen einführen, die doch am Ende nur uns selbst, nämlich unserer eigenen Beruhigung, dienen sollen. Doch es ist gut zu wissen, dass Paulus am Ende seines Wirkens offenbar ein versöhnlicheres Verhältnis zu Israel findet, denn er rechnet damit, dass Israel zum Glauben an seinen Messias finden wird.

Paulus argumentiert in 1 Thess 2,15 f. zunächst mit der deuteronomistischen Tradition vom gewaltsamen Geschick der Propheten (Steck). Dieses theologische Denkmodell findet sich schon in Neh 9 und ist im ganzen Frühjudentum und auch in den Evangelien verbreitet (auch in der Alten Kirche). Demnach wird Israel für die Verfolgung und Ermordung der Propheten mit der Zerstörung Jerusalems und dem folgenden Exil von Gott bestraft. Für die darauffolgende Epoche rechnet dieses theologische Geschichtsbild dann mit Umkehr und Heimkehr Israels. Zunächst rechnet Paulus damit in 1 Thess 2,15 f. noch nicht. Er verkürzt daher anfänglich die »Tradition« um ein Glied, das er in Röm 9–11 dann umfassend nachtragen wird, aber auch in Röm 9,22 f. war ja zunächst von Israel als den Gefäßen des Zornes die Rede. Paulus hat daher seine ältere Position nicht einfach vergessen oder abgeschafft.

Die Verharmlosung der Gesetzesfrage

Auch unter sehr zeitgenössischen Studierenden der Theologie ist »Gesetz« immer eine Schreckensgröße. Zu sehr hat sich über Jahrhunderte hin eingeprägt, dass sich Gesetz und Evangelium wie Hund und Katze (also ähnlich wie Petrus und Paulus!) zueinander verhalten. Und die Beliebtheit der Dialektik im 19. Jahrhundert in der Hegelschule und darüber hinaus trug erheblich zur Verfestigung dieses Gegensatzes bei. Auf der Seite des Gesetzes sah man dann Juden, Katholiken und den neuzeitlichen Polizeistaat. Die entsprechende theologische Gegenreaktion der liberalen Exegese: Jesus und Paulus waren die großen Befreier von der Gesetzlichkeit und dem damit verbundenen Leistungsdenken. Mit dem reformatorischen »tertius usus legis« wollte man sich je länger, desto weniger anfreunden. Zur Zeit meiner Promotion zum Dr. theol. (1967) war man sich von Tübingen bis München darin einig: Jesus hat das Gesetz kritisiert, wo er nur konnte, und Paulus hat es aufgehoben. Man kann das, was da mit der Schrift selbst geschieht, nur Verharmlosung der Gesetzesfrage nennen. Haben Jesus und Paulus das Gesetz wirklich (nur) »liberalisiert«?

Die Professorenthese von einem Antinomismus bei Jesus und Paulus ist ein äußerst folgenreiches exegetisches Syndrom. Man unterstellt Jesus wie Paulus, beide hätten jeweils auf ihre Weise das jüdische Gesetz aufgehoben. In der Auslegungs- und Wirkungsgeschichte war diese Auslegung nicht nur falsch, sondern verheerend. Die liberale Exegese hat hier das Erbe der Reformation, wie man es zu verstehen meinte, gehorsam weitergetragen. Das betrifft beide Aspekte, den antikatholischen wie den antijüdischen, denn der gemeinsame Nenner von Katholiken und Juden war »das Gesetz«.

Bei den Katholiken betraf das Gesetz das Kirchenrecht, die Kirchengebote, die Beichtkasuistik, die rituellen Regeln der Liturgie und nicht zuletzt die hierarchische Ordnung. Das mittelalterliche Stellenbesetzungsrecht zeigte zudem, wie man findig genug war, um jede Vorschrift mit einer besonderen Steuerart zu verknüpfen. Man zählte bis zu 30 verschiedene Arten kirchlicher Steuern.

Bei den Juden betraf das nicht nur die zahlreichen Gebote der Torah, sondern deren kasuistische Auslegung in Mischnah, Talmud, Tosefta etc. Praktische Auswirkungen hat das bis heute durch Beschneidung, Speise- und Reinheitsgebote. Es ist daher alles andere als zufällig, dass die Bewahrung der Beschneidung auch heute noch bei rund 20 bis 30 % der Bevölkerung lebhaften Protest (Verletzung der Menschenrechte) hervorruft und dass nicht wenige Christen ihre Religion als Befreiung von diesem steinzeitlichen Ritual feiern. Dabei hat Paulus beschnittene Judenchristen ausdrücklich akzeptiert, und in noch höherem Maße tat dies auch Petrus, der ausdrücklich zu den Beschnittenen gesandt wurde (Gal 2,8).

Bei Jesus ging man zunächst aus von dem »Ich aber sage euch« der Bergpredigt, denn hier ersetze Jesus angeblich die Autorität des Moses durch seine eigene. Die Forderungen Jesu seien moralischer und nicht juristisch-formalistischer Art, sie seien innerlich und nicht rituell zu verstehen gewesen. In Gestalt der »revolutionären« Forderung »Innerlichkeit gegen Ritus« meinte man zudem, auf der Seite der Propheten zu stehen. Dass die Propheten des Alten Testaments schon die Verselbständigung des Ritus gegenüber der Moral geißelten, führte zu einem tiefverwurzelten völligen Unverständnis gegenüber Liturgie in jeder Gestalt. So führt die schlichte Tatsache, dass evangelische Kandidaten des Predigtamts in einem Predigerseminar beten und beten lernen, noch heute dazu, dass ihnen ein aufgeklärter Professor der systematischen (protestantischen) Theologie vorwerfen kann, sie lernten dort, unverständliche mittelalterliche Formeln zu lallen. Offensichtlich weiß sich dieser Theologe durch die Existenz von Gebetsformeln grundlegend in seiner Menschenwürde geschädigt. Der benediktinische Grundsatz, dass man einen Christenmenschen an seiner Haltung in der Liturgie und zur Liturgie erkenne *(ab oratione christianus cognoscitur)*, gilt hier in vollem Umfang. Form und Formeln werden hier als Symptome derselben Krankheit angesehen. Offenbar weiß man sehr genau, dass es der sicherste Weg zur Abschaffung der biblischen Religion selbst ist, wenn man sie strikt auf die reine Innerlichkeit des Menschen beschränkt und jede Gestaltwerdung in was für Zeichen auch immer untersagt. Insofern sind unsere Brüder, die Quäker, wenigstens ehrlich, da sie diese Zeichenlosigkeit zum Programm erhoben haben. Hier ist der radikale Schritt in die reine Innerlichkeit vollzogen.

Gesetzesfreiheit nach Paulus?

Dass Paulus das Gesetz abgeschafft bzw. aufgehoben habe, meinte man besonders aus dem Galaterbrief erschließen zu können. Nach Gal 5,1 gilt: »Zur Freiheit hat uns Christus befreit. Seid also standhaft und lasst euch nicht wieder einfangen unter das Joch der Sklaverei.« In 5,3 ergänzt Paulus: »Jedem, der sich beschneiden lässt, kann ich nur bescheinigen: Er muss dann das Gesetz vollkommen erfüllen. Wenn ihr auf dem Weg der Gesetzeserfüllung gerecht werden wollt, dann habt ihr euch von Jesus Christus losgesagt und seid aus der Gnade herausgefallen.« – Andererseits spricht Paulus in Gal 5,14 davon, dass das ganze Gesetz durch das Gebot der Nächstenliebe erfüllt werde. Demnach besteht es also weiterhin, und zwar verpflichtet es jeden, denn nach 5,13 sind die Christen zur Freiheit berufen. »Doch missversteht Freiheit nicht als Freibrief für hemmungslose Ichsucht, sondern leistet einander Sklavendienst durch Liebe. Denn das ganze Gesetz wird erfüllt, wenn man das eine tut: Liebe deinen Nächsten wie dich selbst.« – Paulus versteht nach Gal 5,22 Liebe als Frucht des Heiligen Geistes. Dieser Heilige Geist aber kann erst zu den Menschen gelangen, wenn sie Jesus Christus als ihren Anwalt anerkennen, der den Fluch der Sündenschuld wegnimmt, damit der Segen als Heiliger Geist sie erreicht. Diese Beseitigung des Fluchs klärt für die Gesetzesfrage auch das Problem der Reinheit und des Zugangs zu Gott, denn alle diejenigen Bestimmungen des Gesetzes, die das Hintreten vor Gott und die Blockierung dieses Zugangs durch Sünde und Schuld betreffen, sind durch Jesu stellvertretenden Tod erfüllt. So ist das jüdische Gesetz zwar nicht aufgehoben, aber in seiner kultisch-rituellen Hälfte durch Jesus Christus erfüllt. Es ist, wie wenn eine reiche Tante für mich die Steuern zahlen würde: Die Forderung des Gesetzes ist damit erfüllt, und ich bin frei von Steuerschuld. Damit ist jedoch das Steuergesetz selbst nicht aufgehoben. Alle übrigen Forderungen des Gesetzes, z. B. alle Sozialgebote, bleiben weiterhin bestehen.

Aus diesem Grund kann daher von einer Aufhebung des Gesetzes nicht die Rede sein. Und in den Liebes- und Sozialpflichten ist es weiterhin zu erfüllen. Nur nach seiner kultischen Seite und in allen Fragen der grundsätzlichen Annäherung zu Gott ist es durch den stellvertretenden Tod Jesu ein für alle Mal erfüllt, denn Jesus ist auch in der Folge unser bleibender Anwalt bei Gott. Und wer einen solchen Anwalt hat, kann sich immer an ihn wenden, auch dann, wenn er befreit werden will von Sünden nach der Taufe. – Die Liebes- und Sozialforderungen des Gesetzes kann man erfüllen, wenn man sich dem Heiligen Geist anheimgibt.

Wenn Paulus daher im Zusammenhang mit Gesetz von Freiheit und Befreiung spricht, wie in Gal, dann meint er die Befreiung davon, dass das Gesetz den Übertreter beständig und immer wieder verurteilt. Wer davon frei ist, hat die

Freiheit von der Gouvernante erlangt, deshalb sagt Paulus, dass die Christen frei sind »von unter dem Gesetz«.

Religion der Freiheit?

Paulus hat daher das jüdische Gesetz weder aufgehoben noch auch nur ermäßigt, geschweige denn liberalisiert. Paulus ist daher nicht der Kronzeuge für einen vermeintlich modernen Protestantismus, der sich als *Religion der Freiheit* bezeichnet (wobei einkalkuliert wird, dass die Menschen Freiheit im Sinne von »was mir gefällt« oder »König Kunde« verstehen), und zwar aus folgenden Gründen:

1. Paulus und Luther verstehen unter Freiheit immer die Freiheit von Sünde, Tod und Teufel. Damit meinen sie die Befreiung des Menschen von der Verurteilung seiner schlechten bzw. unzureichenden Werke. Diese Verurteilung entfällt dort, wo sich Christen in den Windschatten ihres Anwalts stellen. Dieser Anwalt der Freiheit ist Jesus Christus. Die Verurteilung würde letztlich von Gott ausgehen.
2. Die Freiheit, von der Luther und Paulus sprechen, meint nicht diverse Arten von Emanzipation oder Entfaltung der Persönlichkeit. Das ist der große Irrtum, der die meisten Menschen in unserem Land befällt, wenn sie von Protestantismus als Religion der Freiheit hören. Sie denken an die durchaus neuzeitlichen bürgerlichen Freiheiten, die angeblich westliche Demokratien von Diktaturen unterscheiden. Doch Paulus so zu lesen, das wäre das denkbar größte Missverständnis.
3. Vielmehr hat es jahrhundertelang niemanden gestört, die autoritäts- und regimefreundlichen Verse Röm 13,1–7 (»Jedermann sei untertan der Obrigkeit ...«) neben den

paulinischen Aussagen über die Gesetzesfreiheit zu lesen. Im Sinne des Apostels Paulus war das gut möglich. Allerdings gilt, dass Röm 13 ein landesherrliches Kirchenregiment nicht begründet. Apostel und Bischöfe, Älteste und Diakone wurden auch zur Zeit des Paulus nicht vom römischen Staat ernannt. Die staatliche Ernennung geschah erst in Mitteleuropa ausgerechnet als Folge der Reformation. Doch eine »Freiheit der Kirche« (sc. vom Staat) gab es auch im 1. und 2. Jahrhundert n. Chr. nicht, höchstens Heimlichkeit und Verborgenheit.

Fazit: Wer mit Paulus bürgerlich-emanzipative Freiheiten – und sei es die der Kirche als Kirche – begründen will, ist etlichen Lesefehlern aufgesessen. Man kann das anders versuchen, z. B. mit Act 5,29 (Gott gehorchen, nicht den Menschen), aber auch dort geht es nicht um Emanzipation, sondern um Gehorsam.

Die Position der Gegner: *Ein Teil der Paulus zugeschriebenen Briefe im Neuen Testament ist unecht, da er nicht evangelisch genug ist* (K. Haacker, in: *ThZ* 65 [2009], S. 217). Zum Beispiel fehlt des Öfteren die Rechtfertigungslehre. Als Merkmale sieht man das Vorkommen von Glaube und Gnade, von Kreuz, Rechtfertigung und Freiheit an. Luther: *Crux sola nostra theologia:* Unsere Theologie steht auf dem Grundsatz »allein das Kreuz«.

Sed contra: Als Zisterzienser-Familiare der Abtei Heiligenkreuz habe ich allen Anlass, für paulinische Kreuzestheologie in welcher Gestalt auch immer dankbar zu sein, und zwar inklusive ihrer kirchlichen Rezeption. Doch zum Inhalt der paulinischen Kreuzestheologie hat schon H.-W. Kuhn (*ZThK* 72 [1975], S. 1–46) mit Recht bemerkt, dass es dabei nicht um Sühnetod-Theologie geht, sondern um den

Kontrast zu den bürgerlichen und kreatürlichen Werten. Zum anderen aber wird gerade daran erkennbar, dass es sich bei den Aussagen des Apostels zum Kreuz wirklich um einen »Nebenkrater« handelt. Die Christen in der Nachfolge Jesu sind mit ihrem Herrn dadurch verbunden, dass sie keine Angst vor der Teilhabe an der Religion der Schande haben, denn Kreuz bedeutet Schande.

Die Position der Gegner: *Frühkatholizismus als Schimpfwort.*

Frühkatholizismus ist der Sammelbegriff für eine aus Sicht der liberalen Exegese verhängnisvolle Epoche bzw. Strömung im frühen Christentum. Diese Geisteshaltung setzt schon in frühen Jahren ein. Frühkatholizismus hat folgende Merkmale: Entwicklung einer normativen Tradition, die bis auf die Apostel zurückreichen soll, Ab- und Ausgrenzung von Irrlehrern, Entfaltung einer Dogmatik, massiver Wunderglaube und anderer Aberglaube; Einführung der Sakramente, Bestellung von Amtsträgern, Anfänge von Kirchenrecht, Glaube an eine apokalyptische futurische Eschatologie, Rejudaisierung u.a. durch Wiedereinführung von Reinheitsbegriffen, Entfaltung von Askese. Alle diese Phänomene hat man auf vier Ursachen zurückgeführt: Verlust der Naherwartung, Anpassung an die »Welt«, Institutionalisierung und Angleichung an das Judentum. Der Name Frühkatholizismus ist deshalb passend, weil es sich insgesamt um Phänomene handelt, die sich zu dem auswachsen sollten, was man später katholische Kirche nennt. Im Neuen Testament findet man diese Phänomene besonders im lukanischen Schrifttum (Evangelium, Apg), ferner ausgeprägt in den Pastoralbriefen (1.2 Tim; Tit), in den sogenannten katholischen Briefen (Jak; 1.2 Petr; Jud; 1–3 Joh), in 2 Thess und in der Johannesoffenbarung, teilweise aber auch im Markus-Evangelium, und zwar in seiner *theologia gloriae,* die Wunder glorifiziert und als solche der paulinischen *theologia crucis* entgegensteht, ebenso dann eben beim »kirchlichen« Redaktor des Johannes-Evangeliums, der massive Wunder, futurische Eschatologie und Sakramente einführt, die es in der Grundschrift nie gegeben habe. Schon Eph und Kol sind der große Abfall von Paulus, besonders das massive Phänomen Kirche in Eph.

Sed contra: Die Rede vom Frühkatholizismus ist protestantisch gesehen bereits eine Auflösung des Prinzips der *sola scriptura* (so auch K. Haacker, ibid., S. 218), denn der Kanon des Neuen Testaments selbst wird so zerrissen, und zwar in den positiven Teil, zu dem vor allem die »echten« (und eben deshalb auch für echt gehaltenen) Paulusbriefe gehören (Gal, Röm, 1–2 Kor, Phil, Phm; 1 Thess), und in den durchweg negativ und abschätzig bewerteten frühkatholischen Teil, als dessen angeblich aberwitzigsten Part man mit Fleiß 2 Petr darstellt, aber auch massive Wunder aus der Semeia-Quelle, die sich angeblich aus dem Johannes-Evangelium rekonstruieren lässt. Für Ernst Käsemann (1906–1998), der vom Frühkatholizismus besonders gern sprach, wurde mit dieser Hypothese die Einheit von reformatorischem Bekenntnis und liberaler Theologie begründet. In ähnlicher Weise war es auch Bultmann um diese beiden Strömungen und ihre Versöhnung gegangen. Nur war bei Bultmann der Weg zu dieser Bekräftigung nicht die Hypothese vom Frühkatholizismus, sondern die rationalistische Entmythologisierung gewesen. Käsemann hielt aufgrund seiner These vom Frühkatholizismus dann eben vom neutestamentlichen Kanon nichts mehr, den er tief gespalten hatte. (Daher rührte auch seine Theorie, der neutestamentliche Kanon begründe eher die Zerspaltenheit als die Einheit der Kirche).

Die Phänomene, die als Frühkatholizismus bezeichnet werden, hat es tatsächlich alle gegeben. Umstritten ist aber von Anfang an ihre Bewertung. Dazu gehört auch die Frage, ob es sich um eine zwangsläufig katastrophale Entwicklung handelte, also das Problem der Folgerichtigkeit. Jedenfalls schob man die Hauptursache auf die Parusieverzögerung und im Übrigen auf das Problem »Amt« sowie »Glaube und Welt«. Beides sind aber eher Probleme des 19. Jahrhunderts als des 1. Jahrhunderts n. Chr.

Die theologische Grundfrage ist, ob die Herausbildung kirchlicher Strukturen immer schon an sich ein Unheil ist. Diese Frage belastet zusätzlich zu allem anderen das Verhältnis der Konfessionen seit dem 19. Jahrhundert. Mehr als 1000 Jahre lang haben Christen immer neu versucht, Modelle von Kirche zu finden, die für Missbrauch nicht so anfällig sind wie die Großkirchen. Es stellte sich seit dem 19. Jahrhundert heraus, dass die Hermeneutik des Verdachts, die mit der These vom Frühkatholizismus stets verbunden war, zusätzlich zur Spaltung der Christenheit beitrug und auch bis heute das Gespräch zwischen den Konfessionen vergiftet.

Insofern ist die These vom Frühkatholizismus die spiegelbildliche Entsprechung zur historischen Destruktion der neutestamentlichen Berichte. Wer nämlich erklärt, das alles sei nicht geschehen, was berichtet wird, und zwar von Mariae Verkündigung bis Himmelfahrt, der untergräbt mögliche Orientierungspunkte einer Gemeinschaft ebenso wie einer, der jede frühkirchliche Struktur für einen erneuten Sündenfall hält. Wenn das nicht geschehen ist, was geschehen sein soll, dann ist das genauso arg, wie wenn man zu der Auffassung gelangt, seit Markus sei »nichts gut gewesen in der Kirchengeschichte« (Abwandlung des Ausspruchs von M. Käßmann: »Nichts ist gut in Afghanistan« vom 3. 1. 2010). Auch wenn man zugibt, dass alle Menschen nur arme Sünder sind, ist doch die Frage damit nicht beantwortet, ob jede Struktur qua Struktur böse ist. Das ist zwar nicht die explizite These, aber doch der generelle (und vor allem auch emotionale) Hintergrund der Einschätzung des Christentums und seiner Geschichte. Die Quellen dieser Auffassungen sind eine Mischung aus Reformation (Sündenbewusstsein), liberaler Theologie und pietistischem Privatismus (d. h. der Auffassung, nur in einer Kirche mit den Ausmaßen eines Kämmerchens bzw. Hauskreises sei wahrer Herzensglaube möglich).

Die Position der Gegner: *Paulus kann kein (Nasiräats-)Gelübde abgelegt haben (zu Act 18,17–22).*

Alles weist darauf hin, dass Paulus nach Act 18 über sein Nasiräatsgelübde berichtet. Das wird jedoch vehement bestritten, und zwar aus Gründen der Rechtfertigungslehre. Der Bericht der Apostelgeschichte wird »korrigiert« bzw. richtiggestellt, weil deutsche Exegeten finden, ein Gelübde gehöre sich für Paulus nicht, da er in seiner Rechtfertigungslehre anderes verkündet habe. Jedes Gelübde sei nach der Regel *»do ut des«* einzuordnen, die Paulus ein für alle Mal überwunden habe. Also könne er kein Gelübde gemacht und ausgeführt haben. Der historische Verlauf wird also nach der modernen Auslegung der Lehre korrigiert, denn was nicht sein darf, das kann es auch nicht gegeben haben. Man schließt sich hier an Luthers Polemik gegen die monastischen Gelübde an.

Fazit: Mit den Notizen über das Gelübde des Paulus inklusive Haarescheren kann man nichts anfangen, weil das Ablegen eines Gelübdes nach Ansicht der Exegeten gegen die Rechtfertigungslehre verstieße und weil Paulus unter keinen Umständen ein Nasiräat abgelegt haben kann. In der Exegese verbinden sich hier antikatholische und antijüdische Elemente. Daher lässt man die Angelegenheit eher im Dunkeln, als für den Apostel Paulus jüdische oder katholische Züge zuzugeben. Und leider ist seit langem das jüdische Paulusbild vom protestantischen abhängig. Wäre man hier weniger verkrampft, würde sich vieles glücklich lösen lassen.

Sed contra: Ich bin nicht der Meinung, dass es eine paulinische Einheitstheologie gegeben habe, in die auch die Pastoralbriefe zwangsmäßig einzuordnen seien. Es führt kein Weg daran vorbei, innerhalb der paulinischen Theologie verschiedene Ansätze und Blöcke wahrzunehmen. Erst wenn man dazu vorurteilsfrei in der Lage ist, kann es möglich sein, zum Beispiel auch die Pastoralbriefe eigens zu gewichten, in ihrem eigenen Profil zu erkennen und als Äußerung einer bestimmten paulinischen Strategie zu werten.

Nach Apg 18,18 lässt sich Paulus in Kenchreä »das Haupt scheren, wie er es einmal gelobt hatte«, und pilgert zu Fuß nach Jerusalem (V. 22: »hinauf«). Hängt vielleicht beides zusammen? Lukas berichtet scheinbar nebenbei von einem Gelübde und, wie ich annehme, von dessen Erfüllung in Jerusalem, was Paulus doch als praktizierenden Juden ausweist. – In Apg 21,23–24 rät man Paulus, die mitgebrachte Kollekte dazu zu verwenden, den Abschluss des Nasiräats von vier Christen zu bezahlen. Nach V. 24 soll Paulus eine Zeitlang wie sie und mit ihnen leben. Nach 21,26 unterwirft Paulus sich ihren rituellen Regeln und geht regelmäßig in den Tempel. Er bezahlt das Abschlussopfer für jeden Einzelnen der vier. Dazu könnte passen, dass die »sieben letzten Tage« in Act 21,27 sich eben auf das Ende der Nasiräatszeit beziehen. Nach 24,18 war Paulus im Jerusalemer Tempel, »den Vorschriften des Nasiräats gehorchend«.

Schon längst hat man diskutiert, ob es sich hier um ein Nasiräatsgelübde handeln könnte (wie in Act 21,23 f.). Das Scheren der Haare (vgl. V. 18) steht am Ende des Nasiräats. Dass es sich bei der Aktion in Kenchreä um das Ende eines Nasiräats handelt, wird durch den Text nicht ausgeschlossen. Das Ende des Nasiräats findet ferner laut Nu 6,13 ff. in wesentlichen Teilen in Jerusalem (Tempel!) statt. Von daher gewinnt die Notiz vom Besuch in Jerusalem (in V. 22 erschlossen!) Sinn. Davon aber, dass auch der Beginn des Nasiräats in Jerusalem anzusetzen sei, steht in Nu 6,1–21 gar nichts. Ich kann daher keinen Grund dafür sehen, dass Paulus nicht ein vollständiges und ordnungsgemäßes Nasiräat hat vollziehen können. Das lief dann so ab: Eine unbestimmte Zeitlang hat Paulus nach einem Gelübde auf Wein und Haareschneiden verzichtet. In Kenchreä lässt er die inzwischen gewachsenen Haare schneiden. Er zieht weiter nach Jerusalem, um dort das Nasiräat auf entsprechende Weise zu beenden (mit Opfern etc.).

Dass Exegeten meinen, ein Nasiräat des Apostels Paulus widerspreche total seiner Gnadenlehre (so Haenchen), sagt nur etwas über die ideologische Voreingenommenheit der Ausleger. Das gilt in diesem Falle besonders der sichtbaren Darstellung von Religion. Dass Nasiräat rund um die Urgemeinde praktiziert wurde, sollte man ebenfalls nicht übersehen (vgl. K. Berger, in: Tradition und Offenbarung, 2006, S. 409–434). Ein Widerspruch zu irgendeiner paulinischen Lehre ergibt sich auch nicht, da das Nasiräat weder dem Heilserwerb dient noch nach dem primitiven Schema *do ut des* funktioniert (wie Haenchen argwöhnt), sondern ganz schlicht Dank und Bekenntnis gegenüber Gott sichtbar ausdrückt – so wie es eben eine Wallfahrt bei Altgläubigen tun kann.

Zu Lob und Dank hatte Paulus hier angesichts der geglückten Gemeinde-Gründung in Korinth Anlass (18,1–16). Aber hat Paulus in dem hier praktizierten Sinn weiter als Jude gelebt? Galt er nicht als abgefallener Jude, da er mit Heiden Tischgemeinschaft hielt? Hier werden wir umlernen müssen, wenn 1 Kor 9,20 a gilt. Paulus hat eben nicht wie ein liberaler Pastor in Dortmund gelebt, sondern zumindest, wenn es um ihn selbst ging, als frommer Jude. Deshalb besteht auch kein Zweifel daran, dass er die jüdischen Tagzeitengebete einhielt und das dann auch für Heidenchristen sogar zu übersetzen versuchte (1 Thess 5,17).

Die Position der Gegner: *Paulus kann nicht Verfasser der Pastoralbriefe sein.*

Bis ins 19. Jahrhundert hinein hielt man an der paulinischen Verfasserschaft fest, die auch für die Reformatoren selbstverständlich gewesen war. Die Herkunft des 1 Tim von Paulus hat zuerst Schmidt (1804) bezweifelt, ebenso dann Schleiermacher (1807); die Echtheit aller drei Pastoralbriefe wurde zuerst von Eichhorn (Einleitung, 1812) bestritten. Im 19. Jahrhundert war der am häufigsten genannte Grund für die Bestreitung der Echtheit die Annahme, Gegner der Briefe seien Gnostiker des 2. Jahrhunderts gewesen. Insbesondere bei F. G. Baur in Tübingen war die angeblich gnostische Gegnerschaft der Hauptgrund, den man gegen den paulinischen Ursprung ins Feld führte. Mittlerweile ist indes von gnostischen Gegnern nicht mehr »flächendeckend« die Rede, in Deutschland freilich die Bultmann-Enkel ausgenommen. Ich halte die Gnostiker-Hypothese und damit die Spätdatierung der drei Briefe für möglich, aber für alles andere als zwingend. Jedes einzelne Argument pro Gnostiker kann, wenn man es nicht von vornherein zu einer kohärenten These verschmilzt, ebenso gut oder gar besser (nämlich ohne anachronistische Elemente) anders erklärt werden. Auch die Diskussion über 1.2 Kor und Kol.Eph hat diese Diskussion durchmachen müssen. Die Pastoralbriefe sind alles in allem häufig das Schlachtfeld für den letzten Rest der neutestamentlichen Gnostiker-Hypothesen, die einst das Johannes-Evangelium und fast alle Gegner der Briefe des Neuen Testaments umfassten.

Das berühmteste und zugleich kühnste Argument ist,

dass 1 Tim 6,20 auf die Schrift »Antithesen« des Markion hinweise, aber weder »Erkenntnis« noch »Antithesen« sind notwendigerweise schon technisch zu verstehen. Für beide Größen ist das hier noch nicht nötig. Sodann nennt man immer den Satz »die Auferstehung sei schon geschehen« (2 Tim 2,18). Der möglicherweise im Vorfeld (!) der Gnosis stehende Text »Rheginusbrief« enthält eine parallele Formulierung (»... dass nichts auferstehen wird, das nicht schon auferstanden ist«).

Der Topos der schon geschehenen Auferstehung aus Toten gehört freilich in die Bekehrungsliteratur und hat nicht speziell schon immer etwas mit Gnosis zu tun. Die Voraussetzung ist: Der Sünder ist tot (wie die Götzen, die er angebetet hat). Durch die Bekehrung zum lebendigen Gott ist er nun selbst lebendig geworden. Dieses Bild ist in Lk 15,24 genauso vorausgesetzt wie in Röm 6,11.13 und vor allem in Joh 5,21.24. Die Verfechter von 2 Tim 2,18 haben damit Taufe/Bekehrung besonders stark betont, aber das geschieht in Kol 2,12; Eph 2,6 genauso. Auch in Eph.Kol ist daraufhin von einer künftigen Auferstehung nicht mehr die Rede. Es könnte sich daher um eine Position handeln, die Eph.Kol nahesteht.

Mittlerweile sind längst Argumentationen mit angeblich frühkatholischen Elementen dieser Briefe an die Stelle der Gnostiker-Hypothese getreten: Die Pastoralbriefe seien nicht paulinisch, weil sie Elemente des frühkatholischen Verständnisses von Theologie und Kirche enthielten (Amt, Tradition, Rechtgläubigkeit nebst zugehöriger »Ausgrenzung« in Gestalt von Gegnerpolemik, Verblassen der Naherwartung).

So hält man (zum Stichwort Amt und Amtsstrukturen) eine Szene wie 1 Tim 4,14 für historisch undenkbar, wonach Paulus dem Timotheus im Kreis der Ältesten die Hände aufgelegt habe. Dieses Amtsverständnis widerstreite nämlich gänzlich paulinischer Theologie (Rechtfertigung, Gnadenlehre, Kirchenverständnis). Ich meine, es könnte sich bei alledem auch um Zirkelschlüsse handeln, deren Grundintention war und ist, Paulus von »Kirche qua Institution« fernzuhalten. Eine plausible Begründung gibt es indes nicht.

Ähnlich steht es mit dem Argument, die Rechtfertigungslehre der Pastoralbriefe sei theologisch gegenüber Paulus viel zu flach (es fehlt praktisch die Größe Gesetz darin), und andererseits sei die Polemik gegenüber dem Judentum zu scharf. Aber hier gilt: Wer nur von Gal, Röm und Phil 3 ausgeht, könnte schon 1.2 Kor kaum für paulinisch halten, auch nicht 1.2 Thess und Phm. Wenn Paulus zu Wandlungen fähig war wie der zwischen 1.2 Kor einerseits und Röm, Gal, Phil 3 andererseits, ist es gut vorstellbar, dass sein Repertoire auch die Register der Pastoralbriefe umfasste.

Ferner wird argumentiert, die Pastoralbriefe enthielten eine Reihe hellenistischer Begriffe, die typisch für die Wende vom 1. zum 2. Jahrhundert n. Chr. seien (Retter, retten, Rettung [Stamm *soz-*]), »Erscheinung« [*epiphaneia*], Gesundheit als Metapher, »selig« [*makarios*] als Attribut Gottes, Frömmigkeit [*eusebeia*], getreu sein [*pistos*]. Doch gleichzeitig gilt, dass alle diese Begriffe schon dem hellenistischen Judentum weithin geläufig sind. Warum soll sich Paulus hier nicht auf die Sprache des Gegenübers einlassen? Das tut er doch sonst auch. Die Einschätzung paulinischer Wandlungsfähigkeit sollte nicht von vornherein Stoppschilder setzen, die vor allem dem späteren Theologen das Systematisieren erleichtern, die aber die paulinische Lebendigkeit womöglich beträchtlich unterschätzen. Solange das alles sichtlich eine Ermessensfrage ist, sollte man im Zweifelsfall für den Angeklagten votieren (d. h. für die Echtheit).

Der Einwand, das Paulusbild dieser Briefe sei eher Selbstruhm (Beginn der »Heiligenverehrung«), falls die Briefe echt seien, trifft auch vermeintlich echte Paulusbriefe. Wer sagen kann: »Ahmt mich nach, so wie ich Christus nachahme« (1 Kor 11,1), der kann das auch ausführen. Entweder hat man diese Passagen grundsätzlich verstanden (sie sind kein illegitimer Selbstruhm) oder man versteht sie auch in den Pastoralbriefen nicht. Wie insbesondere in 2 Kor, so wird auch in den Pastoralbriefen die Heilsbotschaft anhand der Person des Apostels Paulus personal dargestellt. Insbesondere seit der Arbeit von Jens Schröter zu 2 Kor 4 f. (Der versöhnte Versöhner, 1993) versteht man die paulinische missionarische Biographie sehr viel stärker als bleibendes Quellgebiet seiner Theologie.

Man kann daher auch mit diesem Punkt den Pastoralbriefen nicht am Zeug flicken. Und wieder das konfessionelle Argument: Als sei das Loben von Menschen (oder gar das Eigenlob) gegen die Rechtfertigungslehre gerichtet und daher der Beginn der Heiligenverehrung und daher gänzlich unpaulinisch und daher frühkatholisch und daher durch und durch unecht.

Die angeblichen Anspielungen des 1 Tim auf andere Paulusbriefe, was angeblich eine Sammlung von Paulusbriefen bereits voraussetze (J. Roloff, Komm., S. 39 f.) halte ich für regelmäßig viel zu weit hergeholt und methodisch höchst zweifelhaft erstellt; viel leichter könnte man anhand der größeren Paulusbriefe nachweisen, dass sie sich alle gegenseitig »zitieren«, so dass es dann in der Konsequenz überhaupt keinen echten Paulusbrief gäbe. Es ist doch bekannt, dass Paulus ähnliche Gedanken wiederholt formuliert, ohne dass literarische Abhängigkeit des einen Textes vom anderen vorliegen könnte.

Den Pastoralbriefen (1.2 Tim; Tit) unterstellt man insgesamt das Phänomen der *»Verbürgerlichung«*, denn sie sprechen z. B. in 1 Tim 2,2: »Betet für die Könige und alle, die Macht und Verantwortung haben, dass unser Leben in eine Friedenszeit fallen möge, in der wir frei sind von Angst und keiner uns verbietet, an Gott zu glauben und ihn allein anzubeten.« Luther hatte hier übersetzt: »… auf dass wir ein geruhliches und stilles Leben führen mögen in aller Gottseligkeit und Ehrbarkeit.« Es war wohl vor allem diese Übersetzung, die den Spott der doch eigentlich höchst bürgerlich wohlgenährten Professoren hervorrief (vgl. dazu: M. Reiser: Bürgerliches Christentum in den Pastoralbriefen?, in: *Bib* 74 [1993], S. 27–44). Schon in der Gymnasialzeit waren wir in diesem Spott zu ökumenischer Einigkeit gelangt.

Sed contra: Nach den großen Kriegen des 20. Jahrhunderts könnte man sich in der Sehnsucht nach Frieden, die aus diesen Sätzen spricht, etwas ehrlicher und volksnäher verhalten. Wer mag denn noch ehrlich die große, laute Schlacht ersehnen?

Das Schema von Ursprung und Entartung

In seinem verdienstvollen Aufsatz »Rezeptionsgeschichte und Literarkritik« (in: *ThZ* 65 [2009], S. 209–228) nennt Klaus Haacker das Modell »Ursprung und Entartung«, um die Art und Weise anzuprangern, in der herkömmlich die »Deuteropaulinen« gegenüber Paulus abgewertet werden. »Die mehr oder weniger auffälligen Unterschiede zu den anerkannten Paulusbriefen werden aus theologischen Gründen für so gravierend gehalten, dass eine identische Verfasserschaft ausgeschlossen und zugleich ein zeitlicher Abstand zu Paulus postuliert wird. Mein Eindruck ist, dass auch auf dieser Linie die negative *konfessionelle* Wertung bestimmter Unterschiede wesentlich zur Annahme der Pseudonymität bestimmter Briefe beigetragen hat« (S. 219). Dem habe ich nichts hinzuzufügen.

Gesetz und Gnade. Zu Klischeevorstellungen über das Alte Testament

Markus Sasse hat in einer vierteiligen Reihe über »Neuere Entwicklungen in der alttestamentlichen Forschung« in der Zeitschrift »Evangelische Aspekte« (Jahrgang 4, 2012) in Teil 4 über den Stand der Diskussion zum Thema Gesetz und Gnade berichtet. Hier ist das Neue Testament durch traditionell angewandte Klischees am stärksten betroffen. Demzufolge stehe im Zentrum des Alten Testaments das »Einhalten der Gebote«: »Hauptakteur ist ein strenger und strafender Gott, der sein Volk mit offensichtlich nicht erfüllbaren Anforderungen überfordert. Erst ... der Vater Jesu Christi, der wie ein ganz anderer Gott erscheint, verzichtet auf die berechtigte Strafe und zeigt sich als der Geduldige und Barmherzige ... Um die Besonderheiten der Sendung Jesu zu verdeutlichen, verdunkelte man das Gottesbild des Alten Testaments ... Wird das oben skizzierte Klischee auf die Spitze getrieben, so wird aus Mose ein gehörnter Gesetzesmittler, dessen Weg letztlich als gescheitertes Projekt zu gelten hat.« (Sasse, a. a. O., S. 35).

Sed contra: Nicht zuletzt in der Frömmigkeit der Psalmen geht es immer wieder um Gnade und Vergebung. Und das Gesetz ist nicht dazu da, um die Menschen zu zwiebeln, sondern ist – wie auch der Kult selbst – Ausdruck der gnädigen Zuwendung Gottes. – Das theologische Monopol der Rechtfertigungslehre hat sich hier häufig genug die Klischees verfestigt. Schon die simple Übersetzung von Thora mit Gesetz »ist ohne erklärende Attribute theologisch nicht haltbar« (Sasse, a. a. O., S. 36).

Die Kindheitsberichte als Spielwiese radikaler Bibelkritik

Kindheit und Ostern – voller Legenden

Die Position der Gegner: *Die Kindheits- und Osterberichte sind voller Legenden.*

Die Erzählung über die Entstehung Jesu ohne Mitwirken eines Mannes ist nach Ansicht des liberalen Rationalismus eine Legende. Dabei suggeriert der Ausdruck »Legende«, dass es sich jedenfalls nicht um sichere Tatsachen handelt, sondern um »Ausschmückung« der Bedeutsamkeit einer Person.

Sed contra: Die Kindheitsberichte in Mt und Lk als Legenden zu bezeichnen ist ein Anachronismus, denn Legenden sind erbauliche Tischlesungen in mittelalterlichen Klöstern. Die Zeit Jesu kennt derartige Lesungen nicht, sondern stellt vor die Alternative, etwas entweder für eine Lügengeschichte (ironisch »wahre Geschichte«, so die Lügenmärchen bei Lukian, gest. um 240 n. Chr.) oder für einen (von Zeugen) mehr oder weniger gut bezeugten Erfahrungsbericht zu halten.

Für die Berichte »vom leeren Grab« hat man auf der Seite der Gegner den Titel »Legende« deshalb vorgesehen, weil Engel vorkommen (siehe oben) oder weil ein leeres Grab eine historische Tatsache wäre, die als historische Tatsache religiös nicht sein darf oder sein kann. Die Annahme solcher Tatsachen gilt geradezu als obszön, weil der Glaube eben nicht mehr Glaube wäre, verdankte er sich Tatsachen. So wie der Glaube ohne Werke sein muss, also keiner menschlichen Stützung bedürfen darf, so muss er auch unbedingt ohne historische Stütze auskommen. Andernfalls würde er allzu weltliches, bloßes »Wissen«. Insofern erweisen sich Bultmann und seine Schüler nebst Enkeln als Vollstrecker reformatorischer Rechtfertigungslehre auf dem Gebiet der Erkenntnistheorie. Luther würde sich bedanken.

Sed contra: Ein geschichtsfreier Glaube übersieht den Sinn der Menschwerdung Gottes (vgl. Problem Geschichte/Glauben, siehe oben).

Maria war nicht Jungfrau

Wir gehen im Folgenden entlang an der bekannten Abfolge der Texte der Evangelien.

Die Position der Gegner: *Maria war nicht Jungfrau, sondern lediglich »junge Frau«.* Wo der Engel Gabriel zur Jungfrau Maria gesandt wird, damit Gott Mensch werden kann, wird aus der »Jungfrau« die »junge Frau« gemacht. Auch beim Sprechen des Glaubensbekenntnisses kann man das schnell und ohne Aufsehen abändern. – Es fehlt auch nicht an modernen Vorschlägen, das Credo neu zu gestalten. Mir liegt ein fünfseitiges Papier »Vorschläge für gemeinsam zu sprechende Glaubensbekenntnisse im evangelischen Universitätsgottesdienst« vor. Darin sind acht Texte aus der Zeit 1966–1993 abgedruckt; nur in einem wird erwähnt, dass Jesus überhaupt eine Mutter hatte, im Übrigen ist er mutterlos, ausgerechnet im Zeitalter des Feminismus. Der einzige Text, in dem die Mutter Jesu genannt wird, kommt aus der Kirche Kurhessen-Waldeck 1993. Es heißt darin »von Maria geboren«.

Sed contra: Zwar kann »*parthenos*« auch »junge Frau« bedeuten, aber dass eine junge Frau schwanger wird, ist der Normalfall. Schon der Prophet Jesaja (Jes 7,14) hätte nichts Besonderes zu verkünden, wollte er nur ansagen, dass eine junge Frau schwanger wird. Warum dann also das feierliche Erfüllungszitat, wenn hier das Allernormalste und Allergewöhnlichste geschieht? – Die theologische Denkbarkeit wird dadurch vorbereitet, dass im Alten Testament, im Judentum und auch im Neuen Testament von besonderen und heiligen Personen gesagt wird, sie seien »vom Mutterleib an« berufen, erwählt, geheiligt, mit Heiligem Geist erfüllt. Das gilt etwa für Johannes den Täufer (Lk 1,15 b). Diese Linie wird nun bei Jesus aufgegriffen und überproportional dicht »erfüllt«, indem er dem Heiligen Geist seine Entstehung selbst verdankt. So tritt an die Stelle der »Gefährdung der Ahnfrau«, deren Überwindung mit einer besonderen Schwangerschaft verbunden war, das Motiv der »Segnung/Erwählung des Retterkindes im Mutterleib«.

Typisch für die Situation der Exegese ist die Erklärung von U. Luz: »Die Jungfrauengeburt gehört … zu den Mitteln des Glaubenszeugnisses und hat keinen direkten geschichtlichen Hintergrund« (Mt-Komm. I, S. 102). Wir halten fest: Ein solches Zeugnis bezeugt nichts Besonderes, denn es war und gab nichts Erhebliches zu bezeugen. Wo der »geschichtliche Hintergrund« fehlt, bleibt die Phantasie, und deren Summe müsste demnach hier »der Glaube« sein. Es wäre der Glaube an nichts, das Zeugnis von nichts.

Sodann wird erklärt: »Angesichts der zahlreichen Parallelen ist die Frage nach der *Historizität* hoffnungslos. Für diese Geschichte (sc. Mt 1), die so stark traditionellen Schemen folgt, braucht es keine Mitteilungen aus dem Kreis der Familie Jesu. Auch für die Historizität der im Neuen Testament nur durch Matthäus und Lukas bezeugten Jungfrauengeburt stehen die Zeichen nicht gut … im ganzen NT ist sie ... sehr selten bezeugt. Wahrscheinlich ist sie Teil des Versuchs judenchristlicher Gemeinden, den Glauben an Jesus ... analog zu anderen antiken Erzählungen in Gestalt einer Kindheitsgeschichte zu bezeugen« (U. Luz, ibid., S. 102).

Sed contra: Wir halten als Position der Gegner fest: *Dass es zu einer Geschichte Parallelen gibt, spricht dafür, dass sich nichts ereignet hat. Parallelen schließen Historie aus.* – Und die Jungfrauengeburt werde nur bei Mt und Lk bezeugt. So ist es in der Tat auch mit dem Vaterunser, das gleichfalls nur bei Mt und Lk bezeugt ist. Und Parallelen gibt es auch zum Vaterunser zuhauf. Also ist dieses Gebet – folgte man der Argumentation der Gegner – nie von Jesus gesprochen worden. Es ist zu selten bezeugt, da es bei Mk, Joh und Paulus sowie im Rest des Neuen Testaments fehlt.

Die »anderen antiken Erzählungen« erzählen jeweils vom Ehebruch eines Gottes, der sich pikanterweise mit einer menschlichen Frau einlässt. Hatten die frühchristlichen Evangelisten nichts anderes zu tun, als Jesus direkt mit diesen heidnischen Sex-Geschichten in Verbindung zu bringen? Man bedenke: Die Kindheitsgeschichten entstammen judenchristlichem Milieu, das gegenüber der Frivolität der heidnischen Geschichten besonders empfindlich war. Ich halte es für skandalös, dass diese Enthüllungen in einem »ökumenischen« Kommentar gegeben werden und bislang dort auch nicht attackiert oder widerlegt wurden; im Lk-Komm. von Bovon bestand dazu weder Hoffnung noch Gelegenheit. Kann und wird Ökumene darin bestehen, dass Überzeugungen der Orthodoxen und Katholiken auf diese Weise entsorgt werden? (Zu einer exegetischen Antwort aus meiner Sicht vgl. meinen Kommentar zum Neuen Testament, 2011)

Für am wenigsten fair halte ich die Erklärung von Luz, Mt 1 sei Teil eines Versuchs kirchenpolitischer Art (nämlich in der Hand von Judenchristen). Wer hier unterstellt, es sei ein »Versuch« unternommen worden, der behauptet implizit, dass man sich mit einer Konstruktion manipulativ am allgemeinen Machtkampf beteiligt, und zwar durch Erzeugung einer Stimmung. Sind die judenchristlichen Kindheitsberichte so etwas wie Tricks im Wahlkampf? Selbst der bedeutendste protestantische Systematiker des 20. Jahrhunderts, Karl Barth, hält an der Jungfrauengeburt fest. Dieser Glaube bedeute Kritik jeder »natürlichen Theologie« und jedes Synergismus, denn so werde erkannt, dass der souveräne Mensch ungeeignet sei für die Offenbarung Gottes. Freilich urteilte die Hannoversche Landesbischöfin Margot Käßmann, es handele sich um eine »überholte Vorstellung«.

Für Mt 1,16 soll gelten: *»Jungfrauengeburt und Davidssohnschaft sind unvereinbar«* (G. Theißen: Der historische Jesus, S. 184). Das scheinbare Problem: der Stammbaum läuft auf Joseph zu. Eine syrische Handschrift bietet in demselben Rhythmus: »Joseph aber zeugte Jesus ...«. Der griechische Text lautet: »Joseph, den Mann Mariens, aus der Jesus geboren wurde«. Hat nun der Syrer für die Entstehung durch den Heiligen Geist keinen Platz, macht der griechische Text den Stammbaum überflüssig?

Die Position der Gegner der Jungfrauengeburt: *Matthäus gibt selber zu, dass Joseph Jesu leiblicher Vater war.*

Sed contra: Das betrifft nicht den griechischen Originaltext, sondern einen Teil der syrischen Überlieferung. Hier waren bereits Menschen am Werk, die die Gottheit Jesu Christi bestreiten wollten. Der Kontext von Mt 1, insbesondere die Engelrede in 1,20, wird sinnlos, wenn der Syro-Sinaiticus recht hat.

Ältere Lösungsversuche etwa bei Justinus Martyr: Maria war auch Davididin. Augustinus: Joseph hat Jesus adoptiert, und so wurde seine gesetzliche Vaterschaft möglich. Ein moderner Lösungsversuch: U. Luck, Mt-Komm., S. 20: »Rechtliche Vaterschaft Josephs und Zeugung des Davidssohnes durch den Heiligen Geist sind für den Evangelisten kein Widerspruch.« – Dem ist zuzustimmen. Aber Luck sagt nicht, wie das hinkommen soll oder was im Gehirn des Evangelisten geschehen sein muss, wenn er die Dinge so wahrgenommen hat, wie er schreibt. Schließlich sollte der Leser nicht lediglich »ja« oder »nein« sagen dürfen, sondern zu einem »ja« hingeführt werden, da man in Bezug auf die neutestamentlichen Zumutungen nicht mehr einfach zustimmen oder ablehnen kann. Die Verantwortung des »Übersetzers« reicht weiter. Wenn aber der Leser des in der Alten Kirche beliebtesten Evangeliums mit der Auskunft »bedient« wird, der Evangelist habe sich auf kürzestem Raum in heillose Widersprüche verstrickt, dann war der Evangelist entweder dumm oder betrügerisch, oder er hatte recht.

1. Ich muss davon ausgehen, dass der Evangelist wusste, was er schrieb. Er war nicht naiv und dumm, er hat nicht irgendwelche Legenden vor sich hin geplappert. Das Letztere aber ist für die aufgeklärt rationalistische Forschung eine ausgemachte Sache. Anders als Juristen lässt man nicht die Unschuldsvermutung bis zum Beweis des Betrugs gelten, sondern man lauert auf die Indizien, um zuzuschlagen. Selbst das geringste Indiz genügt vollauf. Dann ist der Evangelist bereits »erledigt«. Das Verfahren der Forschung erinnert an einen gerade (2012) in der Entstehung begriffenen Beruf, den »Plagiatsnachweisführer für Politikerdissertationen«. Das ist kein Sport, wie oft gesagt wird, sondern ein (auch, wie man hört, bezahlter) Job, der deshalb so erfolgreich ist, weil der geringste Ver-

dacht in der Regel genügt, um eine Person zum »Kippen« zu bringen. Seit Reimarus stehen die biblischen Autoren im Verdacht, aus ökonomischen Gründen »falsche« (d.h. der Vernunft spottende) Schriften (noch dazu oft mit falschen Verfasserangaben) unter das Volk gebracht zu haben. Der Exeget verhält sich wie ein Verdachtfindungsbeauftragter. Er hält seinen Auftrag für grenzenlos und versteht sein Tun als Schutz der Menschenrechte im Allgemeinen und der Vernunft im Besonderen.

2. Matthäus geht davon aus, dass zwischen rechtlicher Davidssohnschaft und Jungfrauengeburt kein Widerspruch besteht, denn in der Bibel gibt es nicht nur keine Konkurrenz zwischen Mensch und Mensch, sondern auch nicht zwischen Mensch und Gott. – Wir fragen noch einmal insistierend, wie das möglich ist.
3. Es gibt einen Analogiefall, der bereits auf die Sprünge hilft: Jesus ist Gottessohn und Jude. Gottessohn ist etwas vom Himmel (Kindheitsberichte bei Mt und Lk), Judesein etwas Irdisches. Auf Erden gilt: Wer von einer jüdischen Mutter abstammt, ist Jude. Als Gottessohn müsste Jesus darüber »erhaben« sein, denn »im Himmel gibt es keine Juden«. Aber es gilt: Als Mensch hat Jesus eine jüdische Mutter, als Gottessohn hat er seine Existenz dem Heiligen Geist zu verdanken. Wir stoßen also in dem hier skizzierten »Problem« auf die Ansätze der Zweinaturenlehre. In dem Zusammenhang ist interessant, dass, seitdem Einigkeit über die Zweinaturenlehre bestand, das Problem von Mt 1,17 nie wieder aufgetreten ist, abgesehen von Exegeten. Oder anders formuliert: Die Probleme von Mt 1,17 konnten mit der Zweinaturenlehre beantwortet werden, denn Jesus ist durch den Heiligen Geist entstanden, also Gottes Sohn. Maria ist seine Mutter, also ist Jesus als Mensch Jude. Schwangerschaft, Geburt und Biographie spielen sich im Horizont der Da-

vidssohnschaft Josephs ab. Ihn halten die Menschen für den Vater Jesu.

4. Damit aber sind »die umstehenden Menschen« in einer anderen Lage als Maria und Joseph und die Leser des Matthäus-Evangeliums. Für die umstehenden Menschen ist, wie Ignatius von Antiochien mit Recht sagt, Mariens Schwangerschaft und Jesu Geburt »ein Geheimnis«. Es ist per se weder öffentlich zugänglich noch überhaupt rational (d. h. wissenschaftlich) erweisbar. Damit fehlt diesem Vorgang jede Offenheit im Sinne der Allgemeinzugänglichkeit. Der Charakter dieses Ereignisses (oder: dieser Ereignisfolge) als Geheimnis bedeutet auch, dass es innerhalb der geschöpflichen und natürlichen Ordnung keine weiteren Breitenwirkungen hat. So bedeutet es keine Veränderung der Schwangerschaft Mariens oder Verschlechterung der biologischen oder medizinischen Funktionen Jesu.
5. Anders gesagt: Es kann keine Rede davon sein, dass hier (Abkunft von David / Herkunft vom Heiligen Geist) zwei gleichartige, auch nur entfernt vergleichbare Fakten »vorliegen«. Die Abkunft Jesu vom Heiligen Geist schließt zwar die biologische Vaterschaft Josephs aus, doch eben nicht die Davidssohnschaft Jesu. Diese bleibt davon unbetroffen, weil der Heilige Geist nicht zur Zerstörung, sondern zur Vollendung natürlicher Werte und Qualitäten gesandt wird. Die Davidssohnschaft aber qualifiziert zum Messias Israels. Durch die Herkunft vom Heiligen Geist erleidet Jesus keinen Schaden, schon gar keinen rechtlichen. Durch das Geheimnis seiner Entstehung erleidet Jesus keine Einbußen.
6. Noch einmal: Lediglich die biologisch-medizinische Entstehung durch Joseph ist suspendiert, aber bekanntlich macht dieses nur einen Teil bzw. Aspekt von Vaterschaft aus. Der Heilige Geist, von dem her Jesus kommt,

ist schließlich der *spiritus creator.* In Bezug auf die Entstehung menschlichen Lebens Jesu hat er als Schöpfer »alle Vorfahrtsrechte«. Vielleicht ist das Bild von den Vorfahrtsrechten in gewisser Hinsicht simpel und banal, aber wo einer die Vorfahrt hat, kommt kein anderer (d.h. kein Mensch) zum Zuge. Der Schöpfer selbst »kann« die Zeugung eines Menschen nicht nur »besser«, sondern urbildlich, genuin ursprungshaft. Gottessohnschaft Jesu bedeutet daher eine neue, unerhörte Nähe Gottes zu den Menschen. Das Judentum hat diese Nähe geahnt und erwartet: So gibt es eine Tradition im Judentum, nach der Gott sich als sich selbst, aber als Mensch, zeigen wird. Diese Hoffnungen bewegen sich im Horizont der erweiterten Bundesformel. Das heißt: Gott sagt, ich will ihr Gott sein und sie sollen mein Volk sein, und ich will unter (mit) ihnen wohnen wie ein Mensch (oder: als ein Mensch). Philipp Kurowski ist neuestens dieser Gotteserwartung nachgegangen. Sie hat sich besonders in judenchristlichen Schriften erhalten (vgl. dazu sein Buch: Der menschliche Gott aus Levi und Juda, 2010).

7. Das eigentlich Prekäre und das theologische Thema von Mt 1 ist die Ersetzung des menschlichen Zeugungsaktes durch den Schöpfergeist. Hier liegt auch sonst der Unterschied Gott/Mensch, denn Gott ist der Schöpfer, der Mensch ist auf die biologische Zeugung angewiesen. Das betrifft einen Teil der Frauen-Themen der Kirche. Zu dem »Problem« von Mt 1,17 lässt sich daher abschließend sagen: Jesus wird in seiner menschlichen Natur durch den Heiligen Geist als Sohn Davids erschaffen.

Die Position der Gegner: *Jesus hatte noch weitere Geschwister, deren Mutter Maria war, z. B. Jakobus den Herrenbruder oder die »Brüder und Schwestern« beispielsweise nach Mk.* Maria wäre demnach mehrfach Mutter geworden. Katholische und orthodoxe Christen behaupten das Gegenteil. Demnach war Maria vielmehr »allzeit jungfräulich«.

Sed contra: Der Ausdruck »Bruder« oder »Schwester« bezeichnet männliche oder weibliche Verwandte im Rahmen einer Großfamilie. Auch dort also, wo es sich um Vettern und Cousinen handelt, verwendet man hebräische Ausdrücke, die wir mit »Bruder« oder »Schwester« übersetzen. Es gibt keinen Anlass für die Annahme, Maria, die Mutter Jesu, habe noch weitere Kinder vor oder nach Jesus gehabt. Und wenn der Gekreuzigte nach dem Johannes-Evangelium (19,26f.) sagt: »Siehe, deine Mutter«, und: »Siehe, dein Sohn«, so setzt das voraus, dass es keine weiteren Söhne (also keine Brüder Jesu) gibt.

Bethlehem war nicht Geburtsort

Die Position der Gegner: *Jesus ist nicht in Bethlehem geboren.*

Wegen der Konkurrenz von Bethlehem und Nazareth in den Kindheitsberichten könne nur einer dieser beiden Orte die Heimat Jesu sein. Bethlehem ist ein dogmatisches Postulat aufgrund von Micha 5. Nazareth sei die wahre Heimat Jesu, Bethlehem wurde erst durch das Diktat der Messiaserwartung in der Schrift eingefügt. Auch sonst gilt generell, dass Schriftstellen Geschichten »erzeugen« (z. B. in den Passionsberichten). Das Targum zu Micha 5 sagt, dass nach allgemeiner damaliger Erwartung aus Bethlehem der Messias kommen werde.

Auch für Theißen (Der historische Jesus, S. 158 f.) ist es ausgemacht, dass Bethlehem als Geburtsort Jesu nicht in Frage kommt: »Jesus stammt aus Nazareth. Die Verlagerung des Geburtsortes nach Bethlehem ist ein Ergebnis religiöser Phantasie und Vorstellungskraft. Weil der Messias nach der Schrift in Bethlehem geboren werden musste, wurde Jesu Geburt dorthin verlegt.« Schließlich seien die immerhin voneinander unabhängigen Traditionen in Mt 2 und Lk 2, die von der Geburt in Bethlehem berichten, »durchdrungen vom Glauben an die Davidssohnschaft Jesu als des Messias«.

Sed contra: Auch in Micha 5,1.3, das in Mt 2,6 zitiert wird, ist von der *Geburt* des Messias in Bethlehem nicht die Rede. Wenn man das nicht von woanders her wusste, konnte man es aus Micha 5,1.3 nicht herleiten. Dort und in Mt 2,6 steht nur, dass der Anführer Israels aus Bethlehem kommt; er heißt in Micha 5 noch nicht einmal »Sohn Davids«. So wie ich selbst von mir sage, ich käme aus Goslar, das sei meine Heimat, aber geboren bin ich in Hildesheim. In Goslar haben wir erst ab 1945 gewohnt. Und wenn es wie unter Exegeten zuginge, würde bald einer kommen und sagen, nein, ich sei in Goslar auch geboren. Ich hätte mir Hildesheim nur ausgedacht, weil es für einen künftigen Theologen besser klingt, wenn er im bischöflichen Krankenhaus 300 Meter vom Dom entfernt das Licht der Welt erblickt hat. Alles Phantasie-Propaganda.

Im Übrigen ist es ein unter Neutestamentlern beliebter Trugschluss anzunehmen, die »Schrift« (in diesem Falle Micha 5) habe Pseudo-Fakten produziert, die eben ohne die

Schrift nie in die Welt gesetzt worden wären. Und wenn Bethlehem also ein »Produkt religiöser Phantasie« sein soll – kaum ein Neutestamentler hat es gewagt, die umgekehrte Frage zu stellen: Wie wäre es denn, wenn Jesus in Bethlehem geboren wäre und Micha 5 deswegen von Matthäus herangezogen worden wäre, nämlich als Erfüllungszitat? Und Lukas zitiert Micha 5 noch nicht einmal. Wenn er von Matthäus unabhängig ist – wie soll er dann auf Bethlehem gekommen sein? Der gemeinsame Grundstock von Mt und Lk enthielt jedenfalls das Zitat nicht.

Betrug von Anfang an?

Beim »Fall Bethlehem« wie beim »Menschensohn« wie bei den Zwölfen verfolgte demnach laut Gegnern die frühe Christenheit stets dieselbe Strategie: Zum Zweck der Beschönigung und des Ausgleichs von Nicht-Vorhandenem werden ständig Lügen produziert. Erst die kritische Exegese deckt nach 1800 Jahren den Schwindel auf. Das Christentum erscheint so von Anfang an als ein Betrugsunternehmen. Man versteht dieses Aufdecken als kritische Exegese, ohne je selbst kritisch gegenüber der eigenen Autorität zu sein.

Sed contra: Bethlehem ist die Stadt Davids, und es ist gut möglich, dass Maria und Joseph nach Bethlehem zogen, um die Grundsteuer zu bezahlen, denn in diesem Sinne kann die »Schätzung« (Zensus) aufgefasst werden. Eine allgemeine Volkszählung ist für diese Zeit nicht belegt.

Dass man sich vehement gegen Bethlehem wendet, hat lange Tradition. Schon die antiken Heiden behaupteten, in eben der Höhle, in der die Christen die Geburt Jesu annehmen, sei in Wahrheit Adonis geboren. Damit wird der Ort für Israels Königsverheißung fremd und anders »besetzt«.

Und die deutsche Bibelauslegung? Natürlich wäre es ein Leichtes gewesen zu sagen: Geboren in Bethlehem, aber aufgewachsen in Nazareth. – Doch warum hält man so fest an der Beseitigung der Würde Bethlehems? Es ist offenkundig: Man will Jesus herausnehmen aus der messianischen Erwartung der Juden. Man stößt sich ganz gewaltig daran, dass Jesus der Messias des jüdischen Volkes gewesen sein soll. Man möchte ihn für einen bedeutenden Menschen halten, nur nicht für den bedeutendsten jüdischen Menschen. Deshalb darf es keine biblische Verheißung für Bethlehem geben. Jesus wird entjudifiziert.

Sed contra: Wie soll Jesus der Messias Israels sein, wenn er nicht in Bethlehem geboren ist? Ohne die adventliche Hoffnung Israels hängt das Christentum in der Luft. – Nicht das erste Mal geht an dieser Stelle die Profanisierung der Heilsgeschichte auf Kosten der Hoffnungen Israels. Denn die antijüdische Unterströmung ist ein fester Bestandteil der modernsten Religionskritik geblieben, bis hin zum Nasiräat des Apostels Paulus (siehe oben); vgl. auch zum Thema Davidssohnschaft und Jungfrauengeburt (siehe oben).

Weitere matthäische Kindheitslegenden

Die Position der Gegner: *Matthäus hat zu der Legende über die Jungfrauengeburt noch folgende nicht minder unwahre Geschichten hinzuerfunden: 1. den Kindermord des Herodes, 2. die Anbetung der Magier und 3. die Flucht nach Ägypten und die Rückkehr von dort.* Die Position der Gegner: Zu 1.: *Dieses Ereignis ist nirgends sonst belegt.* Zu 2.: *Es handelt sich um eine Legende, die das Motiv der Völkerwallfahrt ausbaut.* Zu 3.: *Hier schlägt die Moses-Typologie durch. Auch dieses Ereignis ist nirgends sonst bezeugt.*

Sed contra: Zu 1.: Die Beseitigung potenziell gefährlicher Konkurrenten um den Thron durch systematischen Kindermord ist ein politisches Mittel der Zeit, in Rom und anderswo praktiziert (vgl. H. Merkel, in: FS J. Schmid, 1973, S. 139–169). Da von Herodes ohnehin nichts Positives zu berichten ist, ist ihm ein solches Vorgehen durchaus zuzutrauen. Zu 2.: Der Gattung nach handelt es sich um ein Prodigium, d. h. um ein »Vor-zeichen«, das dem kleinen Kind geschieht und seine künftige Bedeutung ahnen lässt. Die astrologische Orientierung an Sternen insbesondere zur Erforschung künftiger Herrscher ist ein Erkenntnismittel, auf das man selbstverständlich zurückgegriffen hat. Zu 3.: Da diese Erzählung als besonders zweifelhaft gilt, habe ich diesem Thema hier ein besonderes Kapitel gewidmet:

Keine Flucht nach Ägypten

Der Text Mt 2,19–23 wird bezüglich seiner historischen Wahrheit von den Exegeten des 20. Jahrhunderts nicht gerade geliebt, und das trotz aufwändiger Investition von Papier und Lesergeduld an dieser Stelle. U. Luz erklärt den Text für eine Legende, H. Frankemölle für eine Konstruktion. Luz erwähnt, diese Legende habe später weitere Legenden nach sich gezogen, wie sie aus dem Kindheitsevangelium nach Thomas, aus Ps.-Matthäus, Druthmar (PL 106,1287–1289) und schließlich aus Selma Lagerlöf bekannt sind. Diskutiert wird dann über den Namen Nazareth am Schluss. Doch das ist nicht unser Thema. Die theologische Absicht des Erzählers ist laut Luz die Demonstration der Vorsorge Gottes für seinen Sohn; der Abschnitt in Luz I,133 liest sich freilich wie eine Bestätigung der Prädestinationslehre (Zur Religionsgeschichte vgl. H. Merkel, in: FS J. Schmid, 1973, S. 139–169).

Dem Leser bleiben zunächst die beiden Stichworte Ägypten und Sohn im Sinn. Dabei ist Ägypten in Verbindung mit Jesus neu und einzigartig. Und es stimmt einfach nicht, wie Luz sagt, dass hier der Auszug aus Ägypten nachgebildet werde; offenbar möchte Luz das Stück von daher überhaupt erklären. Dabei geht es doch um die doppelte Bewegung von Flucht und Rückkehr. Im Bereich der Verben stehen sich gegenüber der Fluchtbefehl (»Flieh!«) und das »Suchen« der Gegner nach dem Kind. Und der Leser behält dann im Sinn, dass für die Zeit in Ägypten genau der *terminus a quo* (ab wann) angegeben wird, dem der *terminus ad quem* (bis wann) gegenübersteht; das Ganze ist religionsgeschichtlich ohne Parallele, und es ist vor allem nicht aus Hos 11,1 herzuleiten (»Als Israel jung war, hatte ich ihn lieb und rief ihn, meinen Sohn aus Ägypten«). Die Stichworte Sohn und Ägypten liegen sichtlich im Interesse des Evangelisten, der die Tradition, die er empfangen hat, so kommentieren kann. Aber das, was er empfangen hat, spiegelt sich auf völlig unabhängige Weise auch in Apk 12, so dass in dieser gemeinsamen Tradition auch der Schlüssel zur Historie verborgen ist. Denn es war schon aufgefallen, dass auch in Apk 12 die begrenzte Zeit zwischen Flucht und Rückkehr im Blickpunkt steht (die 3 ½ Zeiten), und dazu auch der Schutz vor dem gottlosen Herrscher (der Drache wird als römischer Kaiser interpretiert), der das Kind verfolgt. Dazwischen steht die apokalyptische Unheilszeit von 3 ½, wie sie auch schon in der Offenbarung Daniels Erwähnung findet (Dan 12,7–13).

Die Übereinstimmungen zwischen Mt 2 und Apk 12 sind daher sehr weitgehend:

- In beiden Stücken wird das neugeborene Kind aus tödlicher Bedrohung gerettet. Es ist das Messiaskind.
- Die Mutter dieses Kindes ist eine besondere Frau (Mt:

Maria, die durch den Heiligen Geist schwanger wurde; die Frau in Apk 12 kann man als Volk Gottes deuten).

- Das Kind kann man als Kind Gottes (bzw. als erwählt) bezeichnen.
- In der Zeit der Rettung bleibt die Verbindung von Mutter und Kind ungestört.
- Gefährdet wird das Messiaskind durch einen gottlosen Herrscher (Herodes, der römische Kaiser nach Apk 12 f).
- Die Rettung geschieht durch Flucht; diese Flucht ist durch Gott verursacht (Engel oder Adler).
- Die Flucht führt das Kind an einen Ort, der traditionell als »sandig« bzw. wüstenhaft und einsam (stadtfern) gilt (Ägypten oder Wüste; für Mt sind Wüste und Ägypten identisch wie auch für die späteren Mönche).
- Die Zeit von der Flucht bis zur Rückkehr ist von Gott begrenzt (Traumoffenbarungen bei Mt, apokalyptische Zahl in Apk 12).
- Es ist möglich, wenn auch nicht sicher, das Kind von Apk 12 als die christliche messianische Gemeinde zu erklären.

Das Einzige, was diese parallelen Stücke nicht als Gemeinsamkeit anbieten, ist das Stichwort »Ägypten«. Es wird wegen »mein Sohn« aus Hos 11,1 genommen. – Und umgekehrt ist die ganze Geschichte aus Hos 11,1 in gar keiner Weise »herleitbar«, denn in Hos 11,1 fehlt jede Andeutung von Flucht, Rückkehr und gottlosem Herrscher. Andererseits ist die »Wüste« von Apk 12 ohne Probleme als Stichwort für die Einführung von Ägypten anzusehen. Hos 11,1 hat also »Ägypten« nicht hervorgebracht oder »erzeugt«, vielmehr ist die Schnittmenge gemeinsamer Merkmale zwischen Sandwüste und Ägypten im Umfeld der Entstehung der Apk maximal.

Fazit: Die Übereinstimmungen zwischen Mt 2 und Apk 12 sind im Ganzen zu singulär und zu zahlreich, als dass es sich um zufällige Parallelen handeln könnte. Vielmehr ist ein- und dieselbe Tradition in Mt 2 wie in Apk 12 doppelt verarbeitet worden. Die konkrete Geschichte wird gerade an dem Punkt greifbar, der von Matthäus mit so viel Nachdruck in die Geschichte eingeführt wird: Es handelte sich in der Tat um eine Flucht nach und später aus Ägypten. Genau hier liegt der historische Kern der ganzen Geschichte, denn genau dieser Punkt wäre aus einer mythischen Tradition über die Flucht und Rettung des Königskindes nicht erklärbar. Hos 11,1 wurde von Matthäus oder einem früheren Verfasser der Texteinheit ins Spiel gebracht, weil man die Wüste leicht mit Ägypten identifizieren konnte und eben weil es so gewesen ist. Jesus war mit seinen Eltern auf der Flucht für eine Zeit dorthin gelangt. Und wenn die spätere Gemeinde, die Apk 12 im Auge hat, Ähnliches erlebt haben sollte, Flucht in die Einöde und wunderbare Rettung, dann konnte sich diese in der alten Tradition vom Messiaskind wiederfinden. In Apk 12 heißt es nämlich nicht, dass das Kind Jesus hieß. Jedenfalls ist Apk 12 durch das Fehlen des Namens des Kindes allgemeiner und muss daher nicht nur für Jesus gelten. Wir stoßen damit hier auf eine archaische Weise, in der Gemeindegeschichte in der Jesusgeschichte wiedererkannt und zu ihr in Beziehung gesetzt wird.

Fazit:

1. Mt 2 und Apk 12 stützen sich gegenseitig.
2. Durch die Doppelbezeugung verliert das Berichtete seinen mythischen Schein. Weder fabuliert der Evangelist noch der Seher Johannes.
3. Zwischen dem Ereignis von Flucht und Rückkehr werden die obengenannten Gemeinsamkeiten in mündlicher Erzähltradition gestaltet.

4. Damit gewinnt die Jesustradition ihre Vorgeschichte in der Kindheit Jesu zurück. Sie wird u. a. auch dadurch gestützt, dass Jesus von David abstammt (Grundstück und Geburt in Bethlehem und daher der Zensus als Grundsteuererhebung) und also in politischer Krisenzeit (»Herrscherängste«) automatisch in Verdacht geraten musste.

Eine vergleichbare Anonymisierung peinlicher oder gefährlicher Erinnerungen wie Flucht und Verfolgung liegt wohl auch in der »Himmelfahrt des Jesaja« 2,7–11 vor. Die Anonymisierung wird durch Nacherzählung in apokalyptischem Milieu erreicht. Der gottlose König verfolgt die Gerechten (Propheten), so dass sie in die Wüste (Einöde) fliehen (in diesem Fall bei Bethlehem), wo sie wunderbar ernährt werden. Demnach läge hier eine Analogie zu Mt 2 und Apk 12 vor. Die wunderbare Ernährung in der Wüste wie in Apk 12,14 wird auch in dem Gebet aus dem 12. Jahrhundert im Corpus Orationum 2522 erwähnt, wo es heißt: »der du Joseph und Maria in der Wüste ernährt hast«. In der »Himmelfahrt des Jesaja« 4,13 kommt der Geliebte (Messias) überhaupt aus der Wüste wie in Mt 2,15 (»aus Ägypten«). Das Stichwort »Bethlehem« ist in der Version der »Himmelfahrt des Jesaia« eine wichtige Übereinstimmung mit Mt 2. Denn auch Mt 2 spielt zwischen Bethlehem und Ägypten. In der »Himmelfahrt des Jesaja« ist der Bezug auf Bethlehem sozusagen nur verrutscht. Dagegen weist das Stichwort »Propheten« eher auf Apk 12 und den Träger- bzw. Urheberkreis der Apk. Bei Beachtung der »Parallelen« zu Mt 2 ergeben sich daher neue methodische Zugriffe: Anonymisierung und Verrutschen von Stichwörtern, Spiegelung derselben Tradition in verschiedenen Gattungen. – Es könnte mithin gelingen, durch Textvergleichung ein Stück Historizität zurückzugewinnen. Auch wenn das Resultat hypothetisch bleibt, ist das wohl immer noch besser als Lügenmärchen.

Korrekturen der Geschichte nach Bedarf

Jesus, der Pazifist

Wesentlich die liberale Exegese hat dazu beigetragen, dass Jesus von Nazareth zum blassesten aller Friedenstäubchen wurde, zum sandalentragenden Verkünder belangloser Sonntagsweisheiten, die es unmöglich machten, ihren Urheber ernst zu nehmen. Die Wirkungslosigkeit moderner Verkündigung ist oft die direkte Folge davon, dass man Jesus zum einseitigen Verkündiger einer einzigen Ideologie gemacht hat, nämlich der des Gewaltverzichts und Gutmenschentums um jeden Preis. Das aber ist nicht nur gedanklich und als Ideal fragwürdig, sondern auch exegetisch und historisch falsch. Wer es dennoch behauptet und durchzuhalten versucht, sollte sich über die unhaltbaren Folgen seines Jesusbildes nicht wundern.

Wahrscheinlich liegt das Hauptproblem wie bei vielen angeblich typischen Zügen des Urchristentums darin, dass Jesus zum Vertreter einer idealistischen Ideologie gemacht wird. Wenn so etwas geschieht, kann es nicht ausbleiben, dass jede Station des Weges erneut zum Desaster werden muss. Als Ausgangspunkt der idealistischen Verallgemeinerungen dienen ein paar Sätze der Bergpredigt, in denen Jesus in der Tat gebietet, auf Vergeltung von Bösem mit Bösem zu verzichten. Das ist so weit klar und nicht zu bestreiten. Das Problem entsteht nur aus der Art und Weise, in der man mit anscheinend entgegenstehenden Sätzen über die Praxis Jesu fertig wird.

Schließlich sind das eine Weisheiten über Gewaltverzicht (ähnlich auch in der ägyptischen Weisheitsliteratur), während das andere der fragwürdige Umgang mit der Schrift an den Stellen ist, nach denen Jesus sich offensichtlich anders entschieden hat. Wie weit muss man dann das vermeintliche Ideal gegen die Praxis »durchdrücken«? Das Problem liegt daher in den Widersprüchlichkeiten der Jesus-Überlieferungen. Um dieses Problem zu lösen, gibt es übliche und weniger übliche Methoden, oder, wenn man so will, schäbigere und ehrbarere. Die üblichste Methode ist die schäbigere: Man erklärt kurzerhand die Jesustraditionen, die der Bergpredigt zu widersprechen scheinen, für unecht. Um Argumente zu finden, bietet sich die Literarkritik willfährig an. Kann man nicht Aussagen über Gericht und Hölle leicht für redaktionelle Zusätze erklären, indem man vorschlägt, den Text einfach ohne diese Verse zu lesen? Und siehe da, es klappt. Berüchtigtes Beispiel ist Mt 18,34 f.: Die zornige Reaktion des Kyrios wird einfach weggelassen. – Oder man sagt, Jesu Auftreten gegen die Händler im Tempel sei eben eine Legende, die nur das rätselhafte Jesuswort »Ich werde den Tempel zerstören« in Mk 14.58 illustrieren sollte. Dieses Jesuswort bleibt dann unkommentiert und rätselhaft. Die ideologisch-pazifistische Lösung setzt sich gegen jede mögliche sinnvolle Erklärung durch.

Die Verfluchung des Feigenbaums hat man überdies schon längst als Legende der frühen Gemeinde »entlarvt«, durch die ein auffälliger verdorrter Feigenbaum an einem Weg, den Jesus gegangen war, im Sinne einer Lokalsage »erklärt« werden konnte. Diese Lösungen sind schäbig, weil sie doch nur Produkte unserer eigenen hermeneutischen Verlegenheiten sind. Und sie gehen von unbewiesenen Voraussetzungen aus: So soll die Botschaft Jesu im Sinne unserer heutigen Vorstellungen von systematischer Ethik einheitlich sein.

Sed contra: Noch nie gab es im Judentum »Systeme«, mit deren Hilfe man – mit dem Widerspruchsprinzip in der Hand – den dichten Wald der Jesus-Überlieferungen lichten oder sichten könnte. Und dass Jesus ein prinzipieller Pazifist war, ist unklar, weil wir nicht wissen, ob Jesus überhaupt so etwas wie klare Prinzipien gehabt hat. Und wenn doch, dann muss man in jedem Einzelfall fragen, warum es sich gerade um diese Prinzipien handeln sollte. Ist es nicht verdächtig, wenn es ausgerechnet die Prinzipien des neuzeitlichen Pazifismus gewesen sein sollen? Warum sollte Jesus gerade die Gewaltlosigkeit um ihrer selbst willen zum Hauptprinzip gemacht haben? Was sollen die Aussagen über Gottes Reich, wenn es nur um das Prinzip der pazifistischen Humanität geht? Freilich werden die Texte fremd, wenn man so fragt. Doch gibt es nicht viele Seiten der Botschaft, die im Laufe der Zeit zu kurz gekommen sind?

Gewaltanwendung gegen den Tempel

Schon der Evangelist Markus versteht Jesu Wort von der Tempelzerstörung (»Ich werde ...«) (Mk 14,58) nicht, obwohl es doch so oder ähnlich in Apg 6,14 und in ThomasEv 71 als echt vorausgesetzt wird. Markus möchte Jesus entlasten, doch das Gericht beginnt am Tempel (1 Petr 4,17), und in der Ich-Form gehört das Wort zu den »Fluchworten gegen Tempel und Stadt« (Jer 26 und Ascensio Iesaiae). Und erst recht entfällt jede Notwendigkeit, das Wort für unecht zu erklären, wenn die Abfolge von Zerstörung und Neubau zum Symbol für die Abfolge von Strafe und Heil wird.

Gewalt gegen Händler im Tempel

Zweifellos gewaltsam ist Jesu Vorgehen gegen die Händler im Tempel, und in Joh 2,14–17 ist Jesu Aktion sogar umfassend. Im Hintergrund steht Sach 14,21 b. Dagegen geht es im Markustext (11,15–19) um eine andere Schriftstelle (Jes 56,7), denn jetzt steht die Epoche der Heidenmission bevor. Nach Matthäus treibt Jesus die aus, die nicht hineingehören, nimmt aber die hinzu, die als Israeliten hinzugehören könnten. – Jesu gewaltsame Aktion im Tempel ist deshalb anstößig wie andere prophetische Zeichenhandlungen seit jeher in Israel auch, wie z. B. die Ehe Hoseas. Die Normverletzung hat daher System, denn die Zeichenhandlung lebt davon, dass sie aufmerksam wahrgenommen und bedacht wird.

Gewalt gegen den Feigenbaum

Und den Feigenbaum (Mk 11,12) verflucht Jesus, weil er als der Generalbevollmächtigte des Schöpfers dessen Eigentumsrechte wahrnimmt. Aus demselben Grund stiftet Jesus in 11,2 zum Diebstahl des Esels an. Die Zeichenhandlungen geben zu erkennen, dass Jesus der Besitzer ist.

Sollte der Exeget also versuchen, die Anstößigkeit von Jesu Verhalten zu retuschieren, wo dieses Ärgernis doch gerade eine mögliche Publizität dieser Zeichen begründet? Wenn Jesus nach Mt 11,6 den seligpreist, der an seinem Tun kein Ärgernis nimmt, dann weiß Jesus wohl um die Kühnheit aller seiner Aktionen (inklusive Wundertaten). In den Wundern vollzieht Jesus Gottes eigenste Taten. Selig, wer an diesem Anspruch, dass in und durch Jesu Wirken Gott handelt, keinen Anstoß nimmt.

Ausdrücklich um Gewaltsamkeit geht es auch in dem rätselhaften Wort Mt 11,12 (Gewalttäter und Gottes Reich): »Seitdem Johannes der Täufer aufgetreten ist, wird noch immer und bis heute um Gottes Herrschaft gekämpft, und nur wer kämpft, erringt diese Herrschaft.« Der Text ist demnach ein Gleichnis, denn so ist das immer in der Weltgeschichte: Wer ein Reich in Besitz nehmen will, das ihm nicht oder noch nicht gehört, muss dafür kämpfen. Das lässt sich jeden Tag beobachten. So ist es auch beim Reich Gottes. Aber was für ein Kampf das sein soll, muss der Jünger oder die Jüngerin erraten. Die Lösung dieses Ratens ist nicht beliebig, sondern stellt gewisse Qualitätsansprüche: Es muss eine Ähnlichkeit gefunden werden zwischen dem Kämpfen um Herrschaft und dem Kämpfen um den Zugang zum Gottesreich. Das Erraten dieser Ähnlichkeit bzw. Ähnlichkeiten ist das Spiel, das dem Hörer zugemutet wird. Wenn er diese Ähnlichkeiten gefunden hat, bedeutet das mehrere Vorteile: Er selbst hat seine Findigkeit gezeigt, und derjenige, der dieses Gleichnis vorgetragen hat, wird als klug erwiesen.

Worin also könnte diese Ähnlichkeit zwischen den beiden Arten des Kampfes bestehen? Welches Verhalten könnte man denn metaphorisch Kampf um das Gottesreich nennen? Gibt es Mächte, die einem den Zugang zum Reich verwehren wollen? Es gibt den Kampf, von dem Eph 6,12–20 berichtet, der nicht gegen Fleisch und Blut, sondern gegen die Mächte der Finsternis gerichtet ist. Diese Mächte besiegt man mit geistlichen Waffen. Paulus oder der Verfasser des Eph zählt diese auf: Der ganze »militaristische Denkstil« von Eph 6 (Teile der Rüstung; sich wappnen) gehört hierher. Es erübrigt sich der Nachweis, wie stark dieses »militaristische Denken« z.B. die Anfänge des Jesuitenordens geprägt hat; Ignatius von Loyola war Offizier des spanischen

Königs. Daher liegt immer das Bild der *militia Christi* nicht fern.

Auch Lk 18,1–8 ist laut 18,8 nahe an der Aufforderung zu psychischer Gewalt. – Im Mittelalter wird auch Mt 11,12 darauf bezogen, Gott mit Gebeten zu bestürmen.

Aufforderung zum Schwertkauf

Um eine Zeichenhandlung geht es auch bei der Erlaubnis, Schwerter zu kaufen nach Lk 22,36. Steckt nicht auch hier ein Selbstwiderspruch dahinter (vgl. Mt 6,8f.; Lk 9,3, Mt 10,10; Lk 10,4)? Jesus will die Jünger nicht der Gewalt beliebiger Straßenräuber aussetzen und so zusätzlich Martyrien ermöglichen. In diesem Sinne darf Selbstverteidigung sein.

Schließlich geben die Gerichtsaussagen mit der Andeutung ewiger Strafe nicht einen Einblick in Gottes Rachsucht, sondern in die abgrundtiefe Bosheit der Menschen, denn außerhalb des Gartens des Lebens gibt es nur die Wüste des Todes. Das müssen die Menschen wissen, wenn sie sich gegenüber der angebotenen Gnade Gottes wie Suppenkasper verhalten.

Fazit: Jesus übt de facto Gewalt gegen Personen (Händler, Käufer, Wechsler im Tempel) und gegen Sachen (Feigenbaum; Auftrag zur Entwendung des Esels) aus oder er verheißt solches (Zerstörung des Tempels durch Fluchwort) im Sinne prophetischer Zeichenhandlungen oder real-symbolischer Worte. Er gestattet den Jüngern, sich gegen Personen (Straßenräuber) zu verteidigen. Die Gewalt gegen Personen und Sachen rührt aus legitimen Besitzrechten. Die Öffentlichkeitswirkung der Normenverletzung steht im Dienste der Verkündigung der Würde Jesu. Insofern gilt: Die Normen sind nicht oberste Prinzipien oder überhaupt so etwas wie Prinzipien. Was wirklich Gottes Wille ist, das bestimmt sich aktuell aus der Verkündigung des Evangeliums.

Daher gibt es in Jesu Tun und Botschaft notwendige Gewaltanwendung. Diese muss nicht in verlogen-hilfloser Exegese künstlich beseitigt werden.

Dass die liberale Exegese dabei landet, Jesus als völlig kraftlosen und in seiner Botschaft rein unverbindlichen Gutmenschen darzustellen, zeigt auf erschütternde Weise die übliche liberale Auslegung der Verstockung durch Gleichnisse. Denn es gilt: Eine Verstockung von unschuldigen Menschen kann und darf Jesus nicht gewollt haben. Um das zu ermöglichen, wird der Text bis zur Unkenntlichkeit umfrisiert:

Gleichnisse zwecks Verstockung

Auch in diesem Punkt ist man sich ganz einig in der Erforschung des Neuen Testaments: Jesus kann nicht im Sinne von Mk 4,11 b–12 die Gleichnisse erzählt haben, um die Menschen zu verstocken, denn das passt nicht zum liberalen Jesusbild des weltoffenen Heilands. So aber lautet der anstößige Text: »Für diejenigen, die draußen stehen, erzähle ich alles in Gleichnissen, damit sie sehen und doch nichts erkennen, hören und doch nichts verstehen, so dass sie nicht umkehren können und keine Vergebung finden.« Das heißt: Soweit die Menschen, die Jesus zuhören, Außenstehende sind und bleiben wollen, bringt Jesus seine Botschaft als Gleichnisrede vor. Auf diesem Wege werden nämlich die Außenstehenden immer tiefer in das Unverständnis und das Missverstehen hineingeführt. Auslegungen, die ein solches »hartes« Jesusbild ablehnten, mussten die Stelle für unecht erklären. Das entstandene Problem musste man literarkritisch lösen, und zwar durch Annahme verschiedener Schichten im Mk-Text.

Nach Bultmann und Kuhn ergeben sich zwei historisch trennbare Schichten, eine vorgegebene (V. 3–9.33–34 a) und eine redaktionelle (V. 10–13.14–20–34 b). – Die beiden Schichten enthalten angeblich Aussagen, die miteinander unvereinbar sind. Nach dem vorgegebenen Material spricht Jesus verständlich zum Volk, denn die Gleichnisse sind schlicht und begreiflich, und daher fehlt jede Verstockungsaussage. Nach V. 33 konnte das Volk Jesus gut verstehen. Dagegen ist in der späteren Schicht dieses gewaltsam umgedeutet worden. Jetzt wird angenommen, dass die Gleichnisse Jesu nicht verständlich waren. Nach V. 34 b bedeutet »hören« jetzt nur noch »oberflächlich hören«. Nach V. 10 spricht Jesus in der jetzigen Fassung zu einer exklusiven Hörerschaft. Der komplizierte Text wird daher mittels Literarkritik auf einfachere und zugleich ursprünglichere Gegebenheiten zurückgeführt. Wie so oft wird auch hier der kürzere Text für älter gehalten. Zugleich wird erklärt: Die spätere Gemeinde wollte ihre Abgesondertheit und zugleich mangelnde Attraktivität und fehlenden Zulauf bewältigen. Dem dient das Wiederaufwärmen der alten Verstockungstheorie nach Jesaja. Zugleich führte die Unverständlichkeit der Botschaft zu einem verhärteten Jesusbild jenseits des romantisch-liberalen Jesusbildes des 19. Jahrhunderts. Die Kirche, der der Mk-Redaktor angehörte, hatte sich schon meilenweit von Jesus entfernt. Das besonders Erstaunliche des Irrwegs mit Hilfe der Literarkritik ist in diesem Fall, dass die Positionen von Grundschicht und Redaktion inhaltlich unvereinbar sind. Der Redaktor hat also ein Wunder vollbracht (Näheres in: K. Berger: Einführung in die Formgeschichte, UTB 1444, 1987, S. 13–18).

Sed contra: Die Alternative: Der Sinn des kompletten Textes Mk 4 besteht darin, nicht zu den Außenstehenden zu gehören oder gehören zu wollen, sondern sich von Jesus in die Schar der Jünger aufnehmen zu lassen. Dabei hat doch Jesu

Wort über die Außenstehenden stärksten Appellcharakter: Bemüht euch doch, dazuzugehören, bleibt um Himmels willen nicht »Außenstehende«, die das, was ich sage, nur cool von sich ablaufen lassen wie die Ente das Wasser. Wenn man davon ausgehen könnte, dass der gesamte Text so, wie er dasteht, die Situation der Botschaft Jesu widerspiegelt, dann wäre der Sinn der Verstockungsaussage schon in der Botschaft Jesu die Überwindung eines nur unverbindlichen Hörens. Dass man von Jesus abschließend weiter belehrt werden muss (und zwar als Jünger), bedeutet einen auf Nachfolge ausgerichteten »ekklesiologischen Widerhaken« in seiner Verkündigung, denn nur wer nachfolgt, wird verstehen.

Die liberale Auslegung des Gleichnisses vom untreuen Verwalter ist ein besonders eindrücklicher Fall der Inbeschlagnahme Jesu für eine sozialistische oder Befreiungstheologie:

Der untreue Verwalter als moralischer Held

Die Position der Gegner: *Der untreue Verwalter ist ein moralischer Held* (zu Lk 16,1–9), denn Jesus lobt ihn (V. 8). Wer so auslegt, nimmt einen Einzelzug des Gleichnisses im Sinne moralischer Empfehlung an, unabhängig von der Pointe der Erzählung. Eine moralische Empfehlung kann der Schuldenschnitt nämlich keineswegs sein, da der untreue Verwalter nicht eigenes, sondern fremdes Vermögen opfert. Ansonsten wäre die Pointe: Selig, wer den Reichen das Geld wegnimmt, um es Dritten zu geben. Diese Ausleger würden wohl antworten: Immerhin riskiert der untreue Verwalter seine Stellung dabei.

Sed contra: Doch wir lesen im Gleichnis, dass der untreue Verwalter so gehandelt habe, um seine eigene Existenz nach seinem Hinauswurf effektiv zu sichern. Deshalb ist von den Freunden die Rede, die einen aufnehmen, wenn man dann in Not kommt. – Die Pointe besteht daher nicht in der formal-wörtlichen Nachahmung des Geldverschleuderns, sondern darin, dass einer klug ist, wenn es um die eigene Existenz geht, wenn ihm das Wasser bis zum Halse steht. Die »sozialdemokratische« Auslegung im Sinne der Umverteilung von Dingen, die anderen gehören, ist sozial-karitativ im Sinne der Tagespolitik. Die Pointe des Gleichnisses wird dabei verfehlt, weil gegen den Wortlaut des Gleichnisses die Nachfrage nach den Motiven des untreuen Verwalters unterbleibt. Man nimmt einfach sein Handeln und bewertet es so, als ginge es nicht um ein Gleichnis, sondern um eine moralische Mahnrede. Da es sich aber um ein Gleichnis handelt, muss unbedingt gefragt werden, wieso der Verwalter denn vernünftig gehandelt haben soll. Das geschah deshalb, weil er durchaus zum eigenen Vorteil handelte. Das Gleichnis will nicht scheinbar altruistische Dummheiten nahelegen, sondern einen gewitzten Verwalter zeigen, der eben nicht selbstlos handelt, sondern so ganz nebenbei auch an den eigenen Vorteil denkt. Die Gleichnisse wollen nicht einfach zum Opfern auffordern, sondern zur Klugheit. Dadurch geht es am Ende nicht nur den Schuldnern gut, sondern auch dem Verwalter, der sich clever verhält. So dreht es sich nicht um Mitleid aus Betroffenheit (Pauperismus), sondern um Kapitalismus für Fortgeschrittene, der gleichwohl am Ende mehr Menschen hilft als ein bloßes Gutmenschentum. Und der dadurch in der Gegenwart eben weitaus mehr Menschen motivieren kann.

Die »sozialdemokratische« Auslegung des Textes hat auch noch einen anderen, gravierenderen Fehler: Sie ist rein direkt moralisch (Altruismus), bei der wirklichen Pointe dagegen geht es um den Appell, sich um die Zukunft der eigenen Existenz zu kümmern, altmodisch ausgedrückt: seine Seele zu retten. Die zeitliche Perspektive ist nicht darauf ausgerichtet, dass es morgen allen Armen besser geht, weil alles Kapital aufgelöst wird, sondern es geht vielmehr um das Übermorgen. Denn was wird aus dem dann entlassenen, arbeitslosen Täter, der nicht mehr weiß, wovon er leben soll? Es kommt auf die Freunde an, die er haben wird, und die erwirbt man mit Geld. Das Gleichnis lebt vom Appell an das Eigeninteresse, das immer noch die stärkste motivierende Kraft war. Dieses Motiv fehlt auch in fast allen Spendenbettelbriefen, weshalb sie denn auch so erfolglos zu sein pflegen.

Fazit: Die Kirche sollte nicht so dumm sein, das Motiv des Eigeninteresses zu ersetzen durch die Betroffenheitsmoral.

Jesus war verheiratet

Die Position der Gegner: *Jesus war verheiratet.*

Fleißig wird die Theorie bedient, jeder junge jüdische Mann habe heiraten müssen, Ausnahmen aus religiösen Gründen seien nicht bekannt. Daher musste Jesus verheiratet sein, obwohl es kein Anzeichen dafür gibt. Im Gegenteil: Jesus nennt sich Bräutigam, was voraussetzt, dass er noch nicht verheiratet war, dieses aber tun wollte (bei der Hochzeit des Messias mit seinem Volk, wie es die damalige Auslegung des Hohenliedes vorsah).

Sed contra: Schon 1993 habe ich eine Liste mit den Namen bekannter jüdischer Propheten und Lehrer publiziert, die nicht verheiratet waren und dies religiös begründeten (Wer war Jesus wirklich?, 1993, S. 12–15). In meinem Buch »Zölibat. Eine theologische Begründung« (2008, 2. A. 2012), habe ich ausführlich dargestellt, warum Jesus nicht verheiratet war. Er hat sich als den Bräutigam bezeichnet, und zwar im Blick auf seine künftige Braut, das himmlische Jerusalem bzw. das Volk Gottes. Wie frühere Propheten hat er damit seinen Lebensstil (seine Ehe bzw. Nicht-Ehe) zum Teil seiner Botschaft gemacht. – Eine Antwort darauf oder Entgegnung hat keiner der liberalen Freunde geliefert.

Ein Papyrusschnipsel mit koptischen Schriftzeichen hält zurzeit (September 2012) die Redaktionen der großen Zeitungen in Atem: Sollte es doch sein, dass Jesus verheiratet war? Es ist wirklich nur ein Schnipsel, und keiner der bisher gefundenen koptischen Texte ist älter als 1600 Jahre. Der Text ist unvollständig und besteht nur aus wenigen Worten, deren Zusammenhang zudem nicht erkennbar ist. Aber Jesus sagt darin: »Meine Frau …« Und da die Menschheit sich nach den Missbrauchsfällen nur noch für zwei Dinge im Christentum interessiert, nämlich für Zölibat und Frauenordination, stürzen sich die Menschen auf jedes kleinste Schnipselchen, das »die Kirchen« in Verlegenheit bringen könnte. So ist es auch hier. Und die »Süddeutsche«, Deutschlands größte Tageszeitung, lässt es sich nicht nehmen, flugs am 20.9. direkt mit einem Hauptartikel auf Seite 4 zu reagieren. Vielleicht treten dann wieder fünf Leute aus der Kirche aus, denn hinter den wilden Hypothesen steht, taktisch abwiegelnd, Frau King, Inhaberin des ältesten theologischen Lehrstuhls in Harvard (USA), bisher bekannt durch die Behandlung von Frauenthemen in der ältesten Christenheit. Die Absicht ist wieder einmal, die Geschichte des Christentums auf den Kopf zu stellen. Und wie geht das besser als mit einem verkannten koptischen Papyrus?

Nur vorsichtshalber gehen wir davon aus, dass Jesus dies gesagt hat: »Meine Frau … sie wird fähig sein, mein Jünger zu sein.« Wie ist der Satz aber dann, sollten diese Teile zusammengehören, zu verstehen? Die »Frau«, von der Jesus hier spricht, ist noch nicht zur Jüngerschaft fähig, das wird erst in Zukunft sein. Und »Jünger« ist Maskulinum. Für ein wörtliches Verständnis des Satzes sind das zwei unüberwindliche Hindernisse: Wieso heiratet Jesus jemanden, der nicht im Verhältnis der Jüngerschaft zu ihm steht? Da hätte er doch z. B. Maria Magdalena, die unbezweifelt seine Jüngerin war, heiraten können, aber nicht eine, die erst Aspirantin war. Jesu Anforderungen an Jüngerschaft sind so hoch (z. B. Aufgabe von Besitz und Familie), dass man sich eine Ehe mit einer Nicht-Jüngerin nicht vorstellen kann. Und beim Jünger-Werden geht es immer um etwas, das sofort vollzogen werden muss; eine erst zukünftige Jüngerschaft gibt es bei Jesus nicht. Und wieso lautet die Verheißung, die Frau werde Jesu Jünger (nicht: Jüngerin) sein? Was ist das für eine Geschlechtsumwandlung? Das Koptische hat an dieser Stelle das griechische Lehnwort *mathetes* (Jünger); es gäbe im Koptischen auch die Möglichkeit, Jüngerin (gr.: *mathetria*) zu sagen, aber das ist hier nicht der Fall! – Nun, es gibt ein apokryphes Jesuswort, das beide Ehehindernisse erklärt: Nach Thomas-Evangelium 114 gibt es Menschen, denen Jesus Jüngerschaft als Ziel eröffnet, wenn sie sich entsprechend ändern: »Ich sage euch aber: Eine Frau, die sich den Männern gleichmacht, kann eintreten in die Herrschaft Gottes.« Dazu bemerken die Übersetzer Berger/Nord: »Wer aus diesem Logion eine sexistische Tendenz herausliest, hat es missverstanden, denn es geht um eine metaphorische Bedeutung von ›Mann‹ bzw. ›männlich‹, und zwar im Sinne von ›unvergänglich‹, ›nicht dem Tod unterworfen‹ ... Dabei steht das Wort ›Frau‹ bzw. ›weiblich‹ für sterblich oder vergänglich, weil Frauen gebären und weil alles Geborene stirbt. Im Sinne einer strikten Zweiteilung der Welten und Zeiten bleibt ›Mann‹ dann für das ewige Leben.« Das heißt: Die Frau, über die Jesus in dem oben genannten Wort redet, kann sein Jünger werden, wenn sie Sexualität und Sterblichkeit ablegt. Das bedeutet nun nicht, dass konkret lebende Frauen oder eine potenzielle Braut Jesu nur als Engel Christinnen werden könnten. Vielmehr macht der erkennbar bildlich-metaphorische Sprachgebrauch jede wörtliche Ausdeutung unmöglich. Deshalb sehe ich nur eine Möglichkeit, den fragmentarischen Satz zu ergänzen: »Meine Frau ist Israel/Jerusalem. Wenn Israel alles Weltliche (inklusive Sterbliche, Sexuelle) ablegt, kann es mein Jünger werden.« Das wäre dann ein Jesuswort, das ein Rätsel zu knacken gibt: Wie kann das sein: Eine Frau und nicht Jüngerin? Seit den Propheten ist Israel/Jerusalem Gottes Frau, und seit der Messias da ist, die Braut des Messias. Weil das so ist, lebt Jesus zölibatär. Und diejenigen seiner Jünger, die Jesu Lebensstil nachahmen, geben damit der Hoffnung Ausdruck, dass der Bräutigam Israels das Ende der Welt als große Hochzeitsfeier gestalten wird. Damit reiht sich die Deutung unserer Stelle ein in die nicht wenigen neutestamentlichen Belege (vier Evangelien, 2 Kor, Eph, Apk), die Jesus »Bräutigam« nennen. Nur bei dieser bildlichen Auslegung des Wortes ergibt es Sinn. Es bestätigt den zölibatären Lebensstil Jesu.

Weiten wir den Blick wieder auf den Kern der Jesusbotschaft nach Ansicht der liberalen Gegner:

Jesus als liberaler humanitärer Gutmensch

Die Position der Gegner: *Humanität als einziger Inhalt der Verkündigung Jesu*

Der sogenannte Linksprotestantismus (hervorgegangen aus dem Linkspietismus und Karl Barth nahestehend) vertritt einhellig die Meinung, das Zentrum der Botschaft Jesu sei die Nächstenliebe / Humanität gewesen. Diese Meinung ist sicher nicht einfach falsch, aber schon bei Käsemann wird sie gegen systematische Theologie und fromme Kirchlichkeit ausgespielt: »Jesus hat niemanden je inquiriert, ob er an die Jungfrauengeburt, die Auferstehung der Toten und die Höllenfahrt glaube. Die Mitmenschlichkeit aber hat er tatsächlich gelebt, gegeben und gefordert ... wichtiger als die ganze Sonne einer Orthodoxie« (1968). Wie alle an die Bibel herangetragenen Ideologien weiß auch insbesondere der Linksprotestantismus (E. Käsemann, D. Sölle, W. Huber, G. Theißen, E. und W. Stegemann, H. Thyen; K. Wengst; katholisch mutiert bei J. Blank; J. B. Metz) den Zeitgeist gut im Evangelium wiederzufinden. Auch bei Protestanten, die keinesfalls als links gelten können (U. Wilckens), findet sich derselbe Unwille, zwischen Exegese und Moral/Dogmatik auch nur ansatzweise zu unterscheiden. Dieser Unwille ist zweifellos eine Frucht des protestantischen Schriftprinzips *(sola scriptura):* Man bejaht es geradezu als löblich, dass das Engagement (der »Glaube«) so stark ist, dass es alle philologischen oder historischen Fundamente hinwegreißt. Dadurch wird ein kritisches Urteil gegenüber der eigenen Dogmatik nicht mehr möglich, und die Befangenheit in der eigenen Position wird eher heftiger als bei Katholiken, denn »Schrift« und »Glaube« und »Lehre« sind ununterscheidbar identisch.

Die Verklärung als fehlplazierter Osterbericht

Die Position der Gegner: *Die Verklärung Jesu ist ein Osterbericht. In das Evangelium passt sie nicht hinein.*

Der Bericht über die Verklärung Jesu in Mk 9 par erleidet das gleiche Schicksal wie alle vergleichbaren neutestamentlichen Visionsberichte, besonders die Offenbarung des Johannes, ausgenommen die Berufungsvision des Apostels

Paulus: Diese Berichte hält man für lästig und theologisch wertlos. Die Verklärung Jesu bleibt somit unverstanden. Da mystische Erfahrungen im Leben Jesu keinen Platz haben können, muss die Verklärung buchstäblich »hinweginterpretiert« werden, denn in den Evangelien ist sie bei bestimmter Betrachtungsweise ein Fremdkörper. Auch in rezenten Arbeiten wird erklärt, sie sei eine falsch plazierte Ostergeschichte (so auch noch G. Theißen: Der historische Jesus). Dazu gehören alle »gloriosen« Züge der Verkündigung Jesu sonst auch. Und doch lässt sich Jesu Verklärung weder einer *theologia gloriae* noch einer *theologia crucis* eindeutig zuordnen. Jesus kann sich der Verheißung ewigen Lebens vergewissern. Offenbar ist die Verklärung Jesu eine recht gefährliche oder total unverständliche Sache. Sie ist recht gefährlich, weil sie Zeugnis einer mystischen Erfahrung mitten im Leben Jesu ist. Davon gibt es zwar noch andere wie z.B. die Versuchungsberichte (Teufel) oder den Satanssturz in Lk 10,18 (Teufel), aber keiner ist dogmatisch so schwergewichtig wie die Verklärung (Sohn Gottes). Entsprechend verlegen reagieren die liberalen Gegner.

Sed contra: Bereits zu Anfang dieses Buches hatten wir über die Frage diskutiert, ob nicht Mk 9,1 und der folgende Bericht über die Verklärung Jesu von dem grundlegenden Irrtum Jesu betroffen sei, das Weltende komme zu Lebzeiten der meisten Jünger. – Hier geht es um einen andern Aspekt, nämlich um den Lösungsvorschlag der liberalen Exegese, die Verklärungsgeschichte für einen dislozierten Osterbericht zu halten. Auch hier formiert sich die liberale Einschätzung zu einer in sich geschlossenen Phalanx der neuen konformistischen Rechtgläubigkeit. Dagegen gilt:

In keiner Ostergeschichte muss Jesus erst mit einigen Jüngern auf einen Berg steigen (in Mt 28 ist er bereits dort), in keiner Ostergeschichte muss Jesus erst verklärt werden, nirgends gibt es dort eine »Himmelsstimme« (immerhin direktes Wort Gottes vom Himmel her), die etwas über Jesus erklären müsste. Nirgends erscheinen dort »entrückte« Propheten wie Moses und Elias, die mit Jesus »kollegial oder freundschaftlich« umzugehen scheinen. Auch Schweigegebote gibt es dort nicht, im Gegenteil. Kurzum, der wiederholte Versuch, aus Mk 9 eine Ostergeschichte zu machen, ist gescheitert. Auch einen Herabstieg vom Visionsberg gibt es in anderen Osterberichten nicht. Das Motiv des Nicht-Verstehens der Jünger gibt es dort nicht, auch muss den Jüngern nicht der Weg Jesu in den Tod erklärt werden. Fazit: Die Verklärung ist eine Offenbarung »auf dem Berg« wie die Sinai-Geschichte oder wie im Corpus Hermeticum. – Verklärungen von Menschen gibt es im religionsgeschichtlichen Umfeld des Judentums durchaus; sie verweisen stets auf deren himmlischen Ursprung (etwa: als Kinder Gottes). Wie die ostkirchliche Liturgie, Ikonographie und Theologie halte ich vielmehr die Verklärung Jesu für die Mitte des Evangeliums.

Die erkennbare Unfähigkeit, die Verklärung exegetisch zu »verstehen«, rührt in der Exegese Westeuropas auf einer tiefen kulturellen Differenz, denn Mystik abzulehnen fällt unter die Fernwirkungen der enggefassten Rechtfertigungslehre: Intendiert die Mystik nicht eine Vergottung des Menschen, eine Verschmelzung von Mensch und Gott? Besteht sie nicht darin, dass sich der Mensch in Gott hineinsteigert, dass er von sich aus Gott werden möchte? Und ist vor Ostern nicht eher »das Kreuz« angesagt und eben nicht ein Stück Glanz und Herrlichkeit? – Die Ostkirche dagegen sieht in der Vergottung des Menschen (inklusive seines Leibes) das Ziel der christlichen Erlösung. Dieses Ziel wird in Jesu Verklärung angedeutet. Und Mystik ist übrigens nicht angestrengte Einbildung oder Überanstrengung von Mönchen und Nonnen, sondern immer Geschenk des Himmels, der einst darin bestehen wird, »Gott zu schauen« (Mt 5,8). Der liberale Rationalismus täte gut daran, über solche Texte lieber ganz zu schweigen.

Die Diskussion über die Kirche als Unglücksfall

Position der Gegner: *Jesus hat keine Kirche gewollt.*

Zur Bestätigung verweist man darauf, dass das Wort »Kirche« (gr.: *ekklesia*) in den Evangelien nur in Mt 16.18 vorkommt. Beide Stellen konnte man im Handumdrehen entsorgen: Sie stehen nur bei Matthäus, seien also »redaktionell« und daher Erfindungen des Evangelisten. Als solche Erfindungen seien sie »spät« und »unhistorisch«. Speziell Mt 16,18 ist unhistorisch, weil nur einmal belegt.

Sed contra: Auf diese Weise wird Jesus zu einem Theologieprofessor des 19. Jahrhunderts gemacht, der typischerweise fern von einer Gemeinde als Individualist existierte. Das Judentum aber war in seiner Gänze nie eine Privatreligion Einzelner, sondern gerade zur Zeit Jesu eine Familien- und Volksreligion. Religiöser Individualismus war nicht vorstellbar, es sei denn, Einzelne wären spektakulär dem Ruf Gottes gefolgt – dann aber zu Nutz und Frommen aller. Ein Professor des 19. Jahrhunderts hatte als Menschen um sich bestenfalls ein paar Lieblingsdoktoranden, unter denen sein Nachfolger auf dem Lehrstuhl großgezogen wurde (Petrus, Johannes, Jakobus), und eine Lieblingsdoktorandin, die gleichzeitig als Geliebte fungierte (Maria Magdalena). Es ist nicht ganz zufällig, dass ein derartig individualistisch konzipiertes Judentum (ein »hölzernes Eisen«) bei Menschen gut ankommen konnte, die wie Emmanuel Hirsch in Göttingen dachten; bei einem späten Besuch (1968) in Göttingen erklärte mir Hirsch persönlich, er verstehe sich als deutscher liberaler Theologe, bei Jesus aber sei kein Funke jüdischen Denkens zu finden, vielmehr habe Jesus durch und durch germanisch gedacht, was auch immer das heißen mochte. Die naheliegende Frage, ob Jesus dann beim Abendmahl also Met statt Wein getrunken habe, konnte ich leider nicht mehr stellen, da ich mich zu diesem Zeitpunkt des Gesprächs schon »rausgeschmissen« vorfand.

»Kirche« mit dem Judesein Jesu zu verbinden setzt die Konzeption des »Volkes Gottes« voraus. Es ist nicht zu erkennen, dass Jesus sich je von diesem Programm getrennt hätte. Die Kirchengeschichte bestätigt, dass ein Kampf gegen die Kirche immer auch ein Kampf gegen das Gottesvolk im Ganzen ist. Und Jesu Vorstellung vom Gottesreich war offenbar ein erneuertes und himmlisches Jerusalem, die »Stadt auf dem Berge«, dessen Tore weit geöffnet und dessen Grundfesten die zwölf Apostel waren.

Wie wenig es um eine lediglich konfessionelle Kontroverse geht, kann eine jüngst vom Katholischen Bibelwerk publizierte Meinung dokumentieren. Der katholische Dogmatiker Otto Hermann Pesch schreibt hier: »Jesus Christus hat keine Kirche gestiftet. Er hat auch kein Petrusamt gestiftet. Der Papst ist daher auch nicht der Amtsnachfolger des Apostels Petrus … Petrus hat nicht die römische Gemeinde gegründet, und er war auch nicht deren erster Bischof« (in: *Bibel und Kirche* 67, 2012, S. 238–243: »Jesus hat kein Papsttum gestiftet!«). Jesus habe lediglich daran gedacht, »dass seine Botschaft auch nach seinem … Tode weitergehen wird«. Der Text zeigt, dass insbesondere die papst- und kirchenkritischen Katholiken in den letzten Jahrzehnten nichts dazugelernt haben. Sie sind das eigentliche Problem der Ökumene. Selbst eine ganze Reihe von Protestanten ist inzwischen in der Lage, von einem Petrusdienst zu sprechen.

Ich kann und will hier nicht das Klein-Klein um Schriftstellen, Synoden und Bischofslisten fortführen. Das ist über Jahrzehnte geschehen. Ich möchte dazu lediglich bemerken:

1. Die Anhänger dieser Art von Beweisführung stolpern immer wieder darüber, dass sie der geschichtlichen Entwicklung und Entfaltung keine Chance einräumen. Sie gehen von der gegenwärtigen Erscheinung aus und können in schlechterdings jedem Fall zeigen, dass das in der Schrift oder bis zum 4./5. Jahrhundert (oft: bis zum 19. Jahrhundert) nicht oder »sehr anders« gewesen sei. Ich bin nicht bereit, mich auf das erste oder irgendein anderes Jahrhundert fixieren zu lassen. Die jetzt auch wieder von Pesch geübte Weise von Schrift- und historischem Beweis wird nichts Neues mehr bringen und ist auf eine unwürdige Weise konservativ.
2. Als biblischer Theologe bin ich gehalten, stets zu fragen: Wenn es schon so weit gekommen ist, was wird Gott daraus machen? Wo liegen die Zukunftschancen? Das stetige Fragen nach dem Warum in der Geschichte hilft nicht weiter, es bleibt Theorie. Entscheidend ist jetzt und war schon immer die Machtfrage: Wer hat die Macht, und wo liegt die Chance zur Veränderung? Mein »Freund« und »Ordensbruder« Joachim von Fiore hat Kirche von der Zukunft her gedacht, und er hat diese Zukunft »Zeitalter des Heiligen Geistes« genannt. Joseph Ratzinger hat dem Zisterzienser Joachim ausdrücklich die Legitimität seiner Betrachtungsweise bestätigt (Art., Joachim v. Fiore, in: LThK 2. A., Bd. 5, 1960). Diese eschatologische Perspektive entspricht in etwa der Art und Weise, in der christliches Amt überhaupt gestiftet und begründet wird.

Keine Hölle – stattdessen Allversöhnung

Höllenpredigt zwiebelt die Menschen

Die Position der Gegner: *Hölle heißt endgültiges Aus, aber Jesus hat die reiche Barmherzigkeit Gottes gepredigt.* Man sollte aus der Frohbotschaft keine Drohbotschaft machen. Es gibt schon genug Leid und Kummer und Finsternis in der Welt. Mit einer möglichen Höllenpredigt Jesu würde für viele Menschen die Finsternis noch finsterer, da sie beim besten Willen nicht glauben können, gerade auch wegen der Höllenpredigt. Die Höllenpredigt macht Angst, und Angst lähmt. So aber erreicht man genau das Gegenteil von dem, was nötig wäre. Predigen sollte man die Allversöhnung (gr.: *apokatastasis*), dass nämlich am Ende dank der Liebe Gottes niemand verlorengeht. Muss Gott auf der Ewigkeit der Hölle bestehen? Jesu Botschaft umfasste nicht nur keine Kirche, sie war auch in der Zukunftserwartung konturenlos.

Sed contra: In mindestens drei unterscheidbaren Kontexten spricht Jesus von der Feuerhölle (Mk 9,43–47 par; Lk 12,5 par; Mt 5,22). Natürlich hat man versucht, diese drei Texte auf dem üblichen Wege auszumerzen (nachösterliche Gemeindebildung aus pastoraler Angstmache). Doch das ist gerade in diesem Fall unfair und willkürlich, denn die Höllendrohungen markieren stets die besondere Wichtigkeit (Ärgernis geben; vor wem man eigentlich Angst haben muss; Heuchelei, verbale Herabsetzung). Nun ist allerdings eine Drohung etwas anderes, als einen bestimmten Menschen konkret zur Hölle zu verdammen. Das geschieht nicht. Aber das hilft nichts gegen den Ernst der Drohungen. Und eine Drohung ist auch etwas anderes als ein Exekutionsbericht. Wahr ist vielmehr, dass niemand zuvor weiß, was und wie Gott entscheiden wird. Gerade weil man das nicht weiß, gibt es die Redeform (Gattung) der Drohung, die wie eine intensive Mahnung wirken soll. Noch hat es Sinn zu warnen. Nicht Gott richtet zugrunde, sondern die Menschen bringen sich selbst ins Aus, und davor muss man Angst haben. Es gibt allerdings Taten, die man nur aus Angst lässt. Dazu gehört zum Beispiel der Atomausstieg. Er wurde und wird vollzogen, weil Menschen Angst bekommen haben, dass es ihnen bald so ergeht wie den Menschen in Fukushima/Japan. Nicht die theoretische Einsicht bescherte den Ausstieg, sondern die sehr konkrete Angst. Und alles Angstmachen hat immer den Sinn, noch größere Katastrophen zu verhindern. So ist das Angstmachen eine konkrete Form von Liebe, eben dann, wenn gutes Zureden und theoretische Einsicht nichts helfen, weil Menschen immer wieder vor allem um ihren Besitz fürchten; um diesen zu sichern, warten sie oft, bis es zu spät ist. – Und so ist es auch mit der Allversöhnung.

Allversöhnung ist sehr erwünscht

Es wäre verantwortungslos, sie zu predigen, denn viele Menschen sind so hartgesotten, dass sie eine Allversöhnungspredigt nur schamlos ausnutzen würden, damit alles beim Alten bleibt. Deshalb gibt es Drohungen, weil Menschen durch ihr eigenes Tun gefährdet sind (nicht durch Gott) und weil sie einfach kein Recht haben, Rettungswunder am Schluss einzuklagen. Ob Gott am Ende rettet, wissen wir nicht. Aber wir wissen, dass es Menschen gibt, die so dickfellig sind, dass sie nur aufs Äußerste reagieren.

Position der Gegner: *Es gilt die Allversöhnung, da Gott der Stifter aller Barmherzigkeit ist und da ein Gericht, das er veranstalten könnte, nicht zu der absoluten Liebe passt, die er in Person ist.* Denn Jesus ist nicht gekommen, zu richten, sondern zu retten (Lk 9,56; Mt 18,11), und Gott will, dass alle Menschen gerettet werden (1 Tim 2,4). Die Botschaft von der Allversöhnung gilt vor allem als Mittel aufklärerischer Toleranz. Niemand wird verurteilt, alles lässt sich verständnisvoll rechtfertigen, vor allem hat niemand das Recht zur Anklage. Die gesellschaftliche Ohnmacht der Volkskirchen spiegelt sich vor allem an dieser Stelle: Die Volkskirchen berauben sich selbst jeder möglichen moralischen Autorität.

Riniker (C. Riniker: Die Gerichtsverkündigung Jesu, Bern 1999, Dissertation bei U. Luz) hat – unter Hervorheben der Übereinstimmungen mit M. Reiser (Die Gerichtspredigt Jesu,1990) – zur Lage der Forschung bezüglich des Themas Gericht als Meinung der neueren Forschung feststellen müssen: »Jesus ist ein von allen apokalyptischen Zügen gereinigter Jesus mit einem Gottesbild, das den Gerichtsaspekt in keiner Weise mehr enthält. Der absolut menschenfreundliche Gott, den Jesus ... im Gegensatz zum AT, dem Judentum, dem Täufer und auch dem Urchristentum verkündigt hat, kennt weder Strafe und Vergeltung, noch Rache und Vernichtung seiner Feinde ...« (S. 14). Er wirft »gerade der modernen protestantischen Forschung« vor: »Strategien zur Reduzierung oder Eliminierung dieses Aspektes seiner Verkündigung durch zweifelhafte Unechtheitserklärungen, Uminterpretationen oder theologische Distanzierung vom eigenen historischen Befund«. Er fragt: »Darf man ein Stück weit von Gerichtsverdrängung und Gerichtsvergessenheit sprechen?« (S. 48). Gegen diese Art Forschung müsse ein dringender Ideologieverdacht erhoben werden. Es sei kein Zufall, dass der Gerichtsgedanke vor allem bei den sozial und bildungsmäßig Benachteiligten, in Randgruppen und in

Sekten lebendig geblieben sei (S. 49). Sein Jesusbild fasst er positiv zusammen: »Jesus ist ein Prophet des Gerichtes gewesen, wie seit den Tagen der alttestamentlichen Gerichtspropheten, an die Jesus sich anschließt, offenbar keiner mehr aufgestanden ist in Israel« (S. 91).

Sed contra: Die zitierten Schriftstellen haben alle missionarischen Charakter. Sie wollen für Jesus bzw. das Evangelium werben. Was geschieht oder geschehen kann, wenn einer auf die Werbung nicht eingeht, sagen sie nicht. Die Gerichtsaussagen haben insgesamt die Funktion, zu sagen, dass im Falle der Verweigerung »niemand mehr helfen kann«. Wie wenn einer dafür wirbt, zum Arzt zu gehen. Aber wenn man es nicht tut, muss man die Folgen tragen.

Auch hier ist wieder die Frage der Gattung entscheidend, die den notwendigen Zusammenhang zwischen Sprachform, Situation und Inhalt der Rede betrifft. In der deutschen Sprache der Gegenwart neigen gerade Christen dazu, jede sprachliche Äußerung religiösen Inhalts als endgültiges Gerichtsurteil über ihr (schlechtes) Gewissen aufzufassen. Das heißt, sie kennen weder die Form des Appells noch die sprachliche Provokation noch das, was J. Ebach die »paradoxe Intervention« nannte, nämlich die vorzeitige Verkündigung eines Gerichtsurteils, damit ein beklagtes Fehlverhalten nicht eintritt, nicht vollzogen wird. – Diese einlinige Einordnung der christlichen Botschaft ist nicht nur dumm und humorlos, sie trägt damit wesentlich zu dem Urteil über das Christentum bei, es sei im Wesentlichen Drohbotschaft und Instrument der Angst.

Position der Gegner: Jesus hat kein Abendmahl gestiftet

Eine der Hauptstützen für die Annahme, Jesus habe die Kirche gewollt und gestiftet, ist die Stiftung des Neuen Bundes als Gemeinschaftsmahl. Man argumentiert: Jesus sei gegen jede Institution gewesen, er habe (wie der frühe Mao Tse-tung) die permanente Revolution gelehrt, in der jeden Tag alles habe erneuert werden müssen. Da für Jesus jeden Tag das Ende der Welt kommen konnte, konnte er sich irdisch Bleibendes wie eine Kirche noch nicht einmal vorstellen. Daher ist es die Eschatologie Jesu, die jeden Gedanken an eine fromme Institution zermalmen musste.

Sed contra: Die Rede vom Neuen Bund hat Jesus nicht erfunden; sie geht auf Prophetien des Jeremia (K. 31) zurück und spielt in den Texten von Qumran eine Rolle. Gemeint ist weder im Judentum noch im Neuen Testament, dass Gott seinen Bund aufhebt und ihn durch einen anderen ersetzt. Vielmehr »erneuert« (novelliert) Gott seinen Bund, schreibt ihn weiter und erfüllt seine Verheißungen. Die Rede vom Neuen Bund ist daher auch nicht antijüdisch, sondern an dieser Stelle wird am deutlichsten, wie das Christentum aus dem Judentum hervorgeht, nämlich als feste Setzung, als Kirche. Wer sonst außer Jesus selbst hätte so kühn sein können und dürfen, den Neuen Bund an seine Person zu knüpfen? Denn immer, wenn man in der Exegese nicht bereit ist, etwas Jesus (und seinen Aposteln) zuzuschreiben, müsste man einen Ersatzmann benennen. Angesichts der zahllosen Streitigkeiten, die das Abendmahl hervorgebracht hat, wäre seine nachösterliche Erfindung doch ein problematisches und undankbares Geschäft. Vielmehr müsste man umgekehrt fragen: Was wäre das frühe Christentum ohne Eucharistiefeier/Abendmahl? Antwort: Das Zentrum der Mahlzeiten Jesu, nämlich er selbst, wäre ersatzlos verschwunden. Der Wein, das Zeichen für Freude über die Ankunft des Messias, hätte keine Fortsetzung. Der Neue Bund wäre keine anfassbare, sondern nur eine besprochene Realität. Der Tod Jesu bliebe als Ereignis im Gottesdienst der Gemeinde ungedeutet. – Es fehlte die lebendige Mitte der Gemeinde, die Gegenwart Jesu. Damit hätte die Schar der Jüngerinnen und Jünger die einigende Mitte verloren. Der präsentische Aspekt, der ja zur Verkündigung Jesu gehört, wäre verloren und verschoben. Die physische Gegenwart in der Eucharistie ist durchaus die »Fortsetzung« der Menschwerdung Gottes.

Ich halte es auch für höchst bedauerlich, dass es noch immer nicht gelingen will, die Deuteworte in Jesu letztem Mahl aus biblischer Tradition zu verstehen. Noch immer bemüht man die Mysterienkulte von Attis und Mithras, um sie gleich neben das Abendmahl zu setzen. Dabei sind wir in Kontrast zur klassischen neutestamentlichen Religionsgeschichte (etwa von 1900–1925) doch etwas weiter gekommen: Weder bei der »Jungfrauengeburt« noch bei den Sakramenten (Taufe, Eucharistie) ist man fürderhin bereit, einen direkten Einfluss paganer Mentalität auf das Urchristentum anzunehmen. Gerade die Entdeckung der theologischen Stärke des hellenistischen Judentums bedeutet, dass jeglicher »Einfluss« aus der paganen Welt zumindest erst im hellenistischen Judentum weichgekocht werden musste. Da Jesus zunächst Messias der Juden ist, besteht keine Bereitschaft, direkte heidnische Importe zu verwenden.

Hier der Versuch einer neuen Deutung der Eucharistie vom Judentum her: Das Essen der Buchrolle nach Ez 3 und Apk 10 kann man mit dem Essen des Wortes in der johanneischen Logostheologie (Joh 6) verbinden. Wenn das Joh-Ev nicht gar so sekundär ist, wie die Gegner annehmen, gäbe das Essen und Trinken des Logos nach Joh 6 einen guten Sinn. In zweiter Linie könnte man auf das Essen als himmlischen Offenbarungsvorgang nach der jüdisch-hellenistischen Schrift »Joseph und Aseneth« verweisen. In dritter Linie wäre das Essen der (Früchte der) Weisheit zu nennen.

Alle diese dezenten Hinweise bleiben beim Gott der Juden, sie zielen auf Hintergründe für die Metaphorik in Prophetie und Weisheit. Es kann ja sein, dass das initiatorische Essen einer Person seinen Hintergrund in einem Zeitgeist hat, der sich unübersehbar in den Mysterienkulten zeigt. Doch der nächste Anlass liegt im Judentum gerade auch der Zeit Jesu.

Jesus hat kein Vaterunser gebetet

Die Position der Gegner: *Jesus war gegen Formelkram und sowieso gegen kultisch-rituelle Verehrung Gottes.* Entsprechend übersetzte Luther schon zu Mt 6,7: »Und wenn ihr betet, sollt ihr nicht viel plappern wie die Heyden, denn sie meinen, sie werden erhöret, wenn sie viel Wort machen.« Ausgelegt hat schon Luther die Stelle gegen das Chorgebet der Mönche und Nonnen.

Sed contra: In Mt 6,9–13 fügt Jesus an seine Mahnung von 6,7 sogleich ein Beispiel für ein christliches Gebet an, nämlich das Vaterunser. Dabei fällt allerdings die Bitte für Tägliches knapp aus (Brotbitte in 6,11), während die paganen Gebete auf den Zauberpapyri voll sind von Gebeten um sehr Irdisches, z. B. was die Fortpflanzung der Menschen betrifft. Außerdem gibt es viele Gebete an viele Götter, da jeder Gott für einen anderen Bereich zuständig ist. Augustinus erörtert dieses Thema in seinem Gottesstaat mit viel Spott.

Steinzeitliche Denkformen

Die Position der Gegner: *Die frühen Christen leisten sich Rückfälle in steinzeitliche jüdische Vorstellungen.*

Biblische Denkmodelle werden korrigiert oder ganz abgelehnt, da sie modernem aufgeklärtem Denken entgegenstehen. Hier wird aus der Überlieferungskritik handfeste Religionskritik: Angeblich steinzeitliche jüdische Vorstellungen sind im Neuen Testament das Reinheitsdenken, Stellvertretung vor Gott und – neuerdings – die Beschneidung sowie Sühne durch Jesu vergossenes Blut. Die vermeintlich progressive Exegese bekämpft alle diese Konzepte, weil sie zu einer reinen Vernunftreligion nicht passen. Das gilt besonders dann, wenn man biblischen Glauben nur unter der Bedingung gelten lässt, dass Gott die Vernunft bzw. die Vernunft Gott sei.

Wiederholt (etwa in Joh 13,19f.; 15,3) spricht Jesus von Reinheit als einem wünschenswerten Zustand. In Mk 7,18–20 redet Jesus von dem, was den Menschen »verunreinigt«. Er ersetzt dabei die Unreinheit durch äußerliche Kontamination durch die Vorstellung einer vom Herzen (Personzentrum) ausgehenden innerlichen, unsichtbaren, aber nicht weniger gefährlichen Verunreinigung. – Jesus bleibt damit in der pharisäischen Diskussion über Reinheit. Steinzeitlich ist daran die Überzeugung, dass unpersonale Elemente den Menschen bedrängen könnten. Damit ist man, wie man meint, dem Bereich der Magie nicht fern.

Stellvertretung vor Gott, wie sie Jesus mit seinem Leben und also durch vergossenes Blut leistet, kann auch z.B. durch Fasten geschehen (Fasten für die Feinde, Did 1,4). In beiden Fällen geschieht freilich eine doppelte Verletzung des »idealistisch-bürgerlichen« Menschenbildes der Aufklärung: 1. Ein Mensch steht nicht mehr persönlich für seine eigene Schuld; diese wird vielmehr durch fremde Leistung ausgeglichen. 2. Der Ausgleich erfolgt nicht persönlich-gedanklich, sondern durch »Sachgüter«. – Die Verbindung von Reinheitsdenken und Stellvertretung gibt es im Übrigen bei der Überzeugung, durch Jesu Christi vergossenes Blut von Sündenschuld reingewaschen zu sein (schon 2000 Jahre vor der Tat!). Steinzeitlich ist daran die Abwesenheit jeder nachvollziehbaren Logik (z. B. Kausalität). Wenn moralische oder personale Prozesse auf physisch-symbolische reduziert werden, steht die »aufgeklärte« Anklage wegen defekten Verständnisses von Wirklichkeit im Raum.

Sed contra: Gerade in diesem Punkt zeigen die Einwände einen fundamentalistischen Rationalismus. Fundamentalistisch ist dieser in seiner Intoleranz. Und während nach dem modernen Menschenbild alles Stabile von persönlicher Zuverlässigkeit und subjektiver Überzeugung abhängt, sind es hier juristische Festlegungen, ein gültiger Status und eine vollständige Form, die Stabilität im Miteinander garantieren. Die in sich selbst wirksamen Akte wie Bevollmächtigung (Übertragung von Vollmacht) oder Erklärung der Stellvertretung leben wesentlich aufgrund der sozialen Anerkennung durch andere. So ist Stellvertretung nur möglich durch die unbefragte Zugehörigkeit zu derselben Gemeinschaft (Gleichheit) und gleichzeitig durch herausragende Qualität (mehr tun oder haben als die anderen). So kann unser Stellvertreter sein, wer zu uns gehört und doch das Mehr, das er gegenüber uns hat, für uns geltend machen und einsetzen kann.

Ausschließlichkeit ist zu verbieten

Die Position der Gegner: *Niemand darf einen Anspruch auf Ausschließlichkeit erheben. Das ist gegen die Toleranz.*

Das Jesuswort »Niemand kommt zum Vater, außer durch mich« (Joh 14,6) ist intolerant und hat die Christen zu bösen Dingen inspiriert. Warum kann man dann offenkundig nicht durch Buddhas Lehren oder durch Menschenopfer (wie die Azteken) gerettet werden? Ist das nicht der Beginn der Weisheit, jeden nach seiner Art und Wahl selig werden zu lassen?

Sed contra: Die Ausschließlichkeit, die Jesus behauptet, ist keine andere als die des Ersten Gebotes des Dekalogs. Alles Übrige ist eine Frage der Christologie: Wenn Jesus der Ort ist, an dem man auf diesen Gott stößt, diesen Gott findet, dann gilt die Ausschließlichkeit auch für ihn, den Repräsentanten Gottes. Im Übrigen sagt Jesus nicht, dass man zur Gemeinde des Johannes-Evangeliums gehören muss oder evangelisch oder katholisch sein müsste, sondern er, Jesus, steht am Eingang zum Himmelreich. Diese Rolle ist im Judentum durch den Menschensohn vorbereitet. Er ist der Richter aller Völker. Ähnlich wie in Mt 7 und in Joh 3 ist es der Menschensohn, der richtet und bestimmt. Die Pluralität der Götter und Götzen dagegen vermehrt die Angst.

Wir beenden nun unseren Gang durch die Ärgernisse der liberalen Theologie und fragen etwas genereller nach den Ursprüngen.

Wie kam es zu dieser Exegese?

Zur Geschichte der Bibelkritik seit der Aufklärung

Am Anfang der hier beschriebenen Wege steht das Bemühen um Redlichkeit. Gerade den bedeutendsten Vertretern dieser Wissenschaft wie Hermann Samuel Reimarus, Albert Schweitzer, Wilhelm Bousset, Joachim Jeremias und Rudolf Bultmann darf man ohne Einschränkung oder Hintergedanken zugestehen, dass sie aus der Redlichkeit des eigenen Gewissens heraus um die Freiheit des Fachs gegenüber jeder Fremdbestimmung gekämpft haben. Für die genannten Forscher und Hunderte anderer Kollegen war und ist dieser Kampf ein Kapitel im Widerstreit von Vernunft und Glaube. Nun ist dieser Kampf selbst sehr viel älter als die Exegese der letzten 200 Jahre, er reicht zurück bis zu den Wurzeln abendländischer Kirchen- und Theologiegeschichte. Allerdings sind im Fall der Exegese die Kontrahenten in neuem Gewand aufgetreten. Die Position des Glaubens wird besiedelt vom Glauben der Urchristen und der frühen Kirche, die Vernunft aber wird besetzt durch die moderne Wissenschaft (von der Philosophie bis zur Naturwissenschaft).

Die Vokabel »Fremdbestimmung« verstehe ich so, dass sich Exegeten seit 200 Jahren gegen einen Einfluss der kirchlichen Systematik wehren, der von sich aus und ohne exegetische Einrede die Bibel »gebrauchen« will.

So ernst die Anliegen der kirchlichen Praxis und der sie regelnden Kirchenoberen (z.B. Bischöfe) sind und so sehr sie vom Ernst des Lebens bestimmt werden – ich wollte deshalb Exeget werden, um den Trägern der Macht, die immer auch die Herren der Gerüchte sind, das unbeschränkte Verfügungsrecht über die Schrift streitig zu machen. Das gilt genauso für den Fall, dass evangelische Kirchenleitungen etwa aus Gal 3,27 das Recht der Frauenordination ableiten wollen, wie für den anderen Fall, dass (neu)katholische Autoritäten die Schrift bemühen, um die Kniebeuge abzuschaffen (und damit z. B. gegen den Gesamtduktus der Offenbarung des Johannes verstoßen). Und noch mehr: Es gilt für den Fall, dass man die Bergpredigt irgendwie für die Militärseelsorge verwenden möchte und dabei übersieht, dass die Bibel nach eigenem Verständnis nicht als Gesetzbuch zu verstehen ist, denn Paulus fordert z. B. von der Gemeinde, sie möge gemeinschaftlich nach der normativen Wahrheit suchen. Hermeneutik ist ein kompliziertes Geschäft, das nicht durch die Feststellung des historischen Wortlauts zu ersetzen ist.

Der Kampf gegen Fremdbestimmung ist ein Kampf gegen »nützliche« Ideologien. Schließlich ist jede Ideologie der Versuch, Treue zum Text durch Opportunismus zu ersetzen.

Andererseits sind die Anwälte der Vernunft regelmäßig über das Ziel hinausgeschossen, und sehr selten hat sie jemand dabei korrigiert, denn die Freude bei der Menge war stets groß, wenn Goliath verletzt wurde. – Die Exegeten haben gegenüber der kirchlichen, wie sie meinten, »Fremdbestimmung« radikal für das Gegenteil optiert. Die Grundvoraussetzung der Gegner heißt nämlich: Die Bibel ist weder heilig noch gar »Heilige Schrift«, sondern ein Stück – antiker – Literatur. Sie gehört nicht der Kirche, sondern in die Weltliteratur und ist deshalb auch nach den Regeln literarischer Hermeneutik auszulegen. Das bedeutet: Mit den Regeln, die man im exegetischen Proseminar erlernt, müsste man auch Germanistik und Klassische Philologie studieren können. Und in der Einbeziehung der Wirkungsgeschichte liegt nicht die theologische Besonderheit der Exegese gegenüber ihren philologisch-historischen Halbschwestern. Oder liegt es doch an der Methode der Annäherung an Texte?

Ist der Exegese vielleicht unterwegs doch etwas verlorengegangen? Unterwegs meint: auf dem Weg zumindest der letzten 1000 Jahre. Ich möchte im Schlusskapitel dieses Buches exemplarisch auf die Römerbrief-Exegese des Wilhelm von Saint-Thierry hinweisen. Wilhelm praktiziert vor 900 Jahren bei seiner Exegese (neben einer literarischen Auslegung) das *ruminare* (Wiederkäuen des Textes in Meditation und Gebet) des kontemplativen Zisterziensers. Das Christentum hat Zeit und Gelegenheit genug gehabt, eine Lektüre der Schrift zu entwickeln, die durchaus der radikalen Unweltlichkeit des strengeren monastischen Lebens entspricht. Dass man dieses *ruminare* inzwischen verlernt und dann ganz vergessen hat, rächt sich unverkennbar in der üblichen Exegese aller Konfessionen. Es rächt sich darin, dass man überhaupt den Anschluss an eine geistliche Lektüre der Schrift in weite Ferne gerückt hat und dann eben nicht mehr findet.

Um Missverständnisse hier gar nicht erst entstehen zu lassen: Die Methode des *ruminare* äußert sich weder in Denkverboten noch in der Appellation an eine Dogmatik welchen Jahrhunderts auch immer. Es geht nicht um die Einführung oder Einschleusung fertiger Denkinhalte von außen, sondern einfach darum, dass mit der Erstellung der literarischen und historischen Bedingungen eines Textes dessen Auslegung noch nicht »fertig« ist. Allerdings stelle ich mir dann auch alles andere vor als ein »Absacken in frommes Geschwätz«.

Im Laufe meines der Erforschung des Neuen Testaments gewidmeten Lebens – sowohl an der Universität als auch in zahlreichen Gemeindeveranstaltungen – ist es im Gesamtszenario dazu gekommen, dass die Exegese des Neuen Testaments in der Theologie von der Mitte an den Rand rückte und dass gleichzeitig wissenschaftliche Theologie unter allen geisteswissenschaftlichen Disziplinen der Fakultäten bedeutungslos wurde. Das berühmte »gesamtgesellschaftliche Bewusstsein« hat sich insoweit verschoben. Jeder Kundige wird sagen, dass dies auch der Weg der Kirchen in Mitteleuropa nach dem Zweiten Weltkrieg war, denn man glaubt den Kirchen nicht mehr, was sie sagen. Wollen sie nach langer Zeit glaubwürdig werden, so muss das bei der Lektüre der Schrift seinen Anfang nehmen. Und meine Einschätzung, dass es »an der Exegese liegt«, entspricht der eigenen Lebenserfahrung.

Aber ist die Bibel nun ein Stück Literatur – oder ist sie es nicht? Es ist wie mit der Menschwerdung Gottes in Jesus Christus: Er ist ganz und gar Mensch, nur etwas fröhlicher als andere, und er ist ohne Abstriche Sohn Gottes. Je intensiver er das eine ist, desto intensiver ist er auch das andere. So ist es mit der Bibel auch: Sie ist ganz und gar Literatur und nach deren Regeln auszulegen. Zugleich ist sie ganz und gar Wort Gottes und hat Anteil an der Offenbarung Gottes in Jesus Christus. Früher hatte man vor diesem letztgenannten Charakter der Schrift Angst, und in den letzten Jahrhunderten bestand die Neigung der Kirchen, diese Angst auszunutzen. Alle die Einschränkungen des Blicks, von denen Haacker in seinem Aufsatz (in *ThZ* 65 [2009], S. 209–228) berichtet, kommen gleichfalls aus diesen Ängsten. Ich habe mittlerweile diese Ängste ausgestanden und verlernt. Aber wie soll sich diese »göttliche« Qualität der Schrift auswirken? – Zu den Ergebnissen dieses Buches gehört auch, wie leicht religiöse Emotionen (Hass, Aggressivität, Triumphalismus, Rachegelüste, konfessionelle Rivalität) jede Lektüre der Schrift nachhaltig verderben können. Wer es anders will, sollte sich an dem langwierigen Prozess der emotionalen

Ausbildung künftiger Exegeten beteiligen. Dazu gehört neben Angstfreiheit/Gelassenheit auch der Mut, Schadstellen aufzudecken.

Die »Forschungsgeschichte« kann hier nicht annähernd rekapituliert werden. Es ist schon spannend genug, die jeweiligen Pointen herauszustellen. Dieses Tun zielt darauf, eine Geschichte der kritikwürdigen, d.h. der aus meiner Sicht einer notwendigen Kritik zu unterziehenden Ansätze zu erstellen. Aus diesem Grund werden hier die älteren Vertreter wissenschaftlicher Exegese nur kurz genannt, aber nicht kritisch erörtert. Dazu gehören Origenes (185–um 254), Thomas von Aquin, Hugo von St. Chery, Nicolaus Lyranus, Johannes Calvin und viele humanistische Gelehrte der Reformationszeit, wie z.B. Johannes Agricola, Johann Jakob Wettstein und andere.

Religionsgeschichtliches Arbeiten als Anfrage an die Methoden

Zu den schlichteren erkenntnistheoretischen Fixierungen der Religionsgeschichtler gehört das Urteil, das Christentum sei nur formell, nicht aber inhaltlich mit ihnen verwandt (H. Gunkel: Zum religionsgeschichtlichen Verständnis des NT, Göttingen 1903, S. 5).

Sed contra: Eine präzise Scheidung von Form und Inhalt ist in der Religionsgeschichte methodisch unmöglich. Man kann z.B. nicht die Jugendweihe rein »formell« übernehmen und behaupten, im Laufe der Zeit für eine christliche Füllung des Inhalts zu sorgen. Gerade die »formalen« Bestandteile sind nicht Kleinigkeiten. Bultmann hält im Gefolge seines Lehrers Gunkel die Mythen im Neuen Testament für die Schale; diese muss »geknackt« werden, damit der Kern hervortreten kann. Das Problem bei dieser Auskunft ist: Keiner kann sagen, wo die heidnische Form zu Ende geht. Ist die Jungfrauengeburt selbst z.B. ein heidnischer Mythos, der inhaltlich nur sagen will, dass Jesus ein bedeutender Mensch war – oder ist Jesus selbst wirklich von einer Jungfrau geboren? Als liberale Theologen nahmen die Religionsgeschichtler Letzteres nicht an.

Fazit: Die Trennung von Form und Inhalt ist kein geeignetes Mittel, religionsgeschichtliche Exegese zu betreiben, denn sie führt zur unverantwortlichen Trennung von Bedeutsamkeit und Historie.

Religionsgeschichte als Kritik der Inhalte

Leicht wird religionsgeschichtliche Methode zum Instrument antijüdischer Auslegung. Gunkel (Zum religionsgeschichtlichen Verständnis …, 1903) wittert bei einer durchgehenden Priorität des Judentums jüdischen Chauvinismus (S. 14) und unterstellt dem »Spätjudentum« einen »epigonenhaften, unschöpferischen Charakter, … Uneinheitlichkeit und Verworrenheit«.

Man weigerte sich geradezu, das Christentum vom Judentum her zu verstehen. So nahm etwa Bousset in seinem einflussreichen Werk »Kyrios Christos« (1. A. 1913) an, die Jungfrauengeburt sei erst spät im 1. Jahrhundert n. Chr. aus hellenistischer Mythologie ins Christentum eingedrungen. Da sich das Epiphaniasfest (6. Januar) erst bei den Basilidianern finde (1. Hälfte 2. Jh.), gelte: »Damit wären wir nahe an die Entstehungszeit auch der Legende und des Dogmas von der wunderbaren Geburt herangekommen.« Auf Seite 274 bemerkt er: »Es wäre also nach alledem die Möglichkeit zu erwägen, ob nicht gerade die Legende von der jungfräulichen Geburt des Dionysos-Dusares, des *neon phos* (»neues Licht«) die nächste Veranlassung zur Ausbildung des Dogmas von der wunderbaren Geburt gegeben hat.«

Sed contra: Theologisch gehört die Auffassung von der Jungfräulichkeit Mariens in die Geschichte der »Gefährdung der Ahnfrau« bzw. der »wunderbaren Kindheit des Retterkindes«. – Über den Grundsatz »Erst das Dogma, dann die Legende« siehe oben. Die Unterstellung heidnischer Mythen an dieser Stelle hatte vor allem eine antikatholische Spitze. Schon Luther hatte seine helle Freude daran, seinen Gegnern pures Heidentum vorzuwerfen. »In der Tat haben wir keinen Anlass, die Weihnachtsgeschichte in Palästina entstanden zu denken« (W. Bousset, a. a. O., S. 74). – Resultat: Gerade das beliebte Weihnachtsfest wird aus dem jüdischen Einfluss herausgenommen. Die Informationen über die Geschichte verlaufen jenseits des Textes, als gäbe es diesen nicht. Die Adonishöhle bei Bethlehem lenkt den Eindruck auf Gewünschtes. Die Geburt Christi ist damit ein »spätes« Produkt und daher vom Anfang zeitlich und geistig gesehen weit weg.

Sowohl in der Tauflehre als auch in der Auffassung vom Abendmahl konstatiert der religionsgeschichtlich orientierte Wilhelm Heitmüller einen großen Abstand zwischen der reformatorischen und der paulinischen Auffassung. Die paulinische hält er für massiv heidnisch. Damit werden nach dem Weihnachtsfest nun auch die Sakramente dem christlichen Verständnis entzogen. Ganz Ähnliches geschieht, wenn Neutestamentler grundlegende christliche Vorstellungen als Produkte des hellenistischen Synkretismus darstellen. Schließlich wissen sie ganz genau, dass das Wort »Synkretismus« sich in einer zumindest halbgebildeten Volkskirche gar nicht gut anhört, denn es hört sich an wie die »spätrömische Dekadenz« (Guido W., 10.2.2010).

Das Buch von Adolf Deißmann »Licht vom Osten« (1908, 4. A. 1923) ist ein »klassisches Werk der sozialen Romantik«. Anhand der Kommentierung frühchristlicher Texte mit Hilfe von Papyri und Ostraka will er die »Herkunft des Christentums aus unteren Volksschichten« erweisen, denn dort stößt er auf »irrationale schöpferische Tiefen«. Noch Dibelius geht davon aus, dass im vorliterarischen Wachstum der Jesus-Überlieferung schriftstellerische Individualitäten keine Rolle spielten. – Diese Forschungsrichtung hat sich über die Exegese der Befreiungstheologen bis zu J.D. Crossan erhalten (siehe dazu oben).

Die Anfänge der neueren protestantischen Bibelkritik liegen unbestreitbar bei dem Hamburger Oberlehrer Hermann Samuel Reimarus (1694–1768), der mit seinen revolutionären Gedanken zu Lebzeiten nicht hervorgetreten ist. Erst nach seinem Tod gibt Lessing die »Fragmente eines Ungenannten« heraus, und 1778 folgt dem die Schrift »Vom Zwecke Jesu und seiner Jünger«. Jesu Traum von einem »messianischen Reich im jüdisch-weltlichen Sinn« sei durch Jesu Tod fehlgeschlagen. Es waren erst die Apostel, die das »System von einem geistlichen leidenden Erlöser des ganzen menschlichen Geschlechtes« entwickelten, »um ihre Absicht auf weltliche Hoheit und Vorteil festhalten zu können«. Hier werden Grundeinsichten formuliert, die nur selten überprüft wurden und die Forschung bis heute bestimmen: 1. Jesu Tod wird als das Scheitern seines Messianismus eingeordnet. Das wird auch bei Albert Schweitzer so gedeutet werden. 2. Dabei wird dem Judentum unterstellt, es sei in seiner Messiaserwartung von national-weltlichen Interessen bestimmt gewesen. Dieser Irrtum konnte im Wesentlichen erst durch die Funde von Qumran korrigiert werden. 3. Man kann davon ausgehen, dass Jesu Jünger das Evangelium nach seinem Tod diametral entgegengesetzt umgedeutet haben. Im 19. Jahrhundert wird daraus der unheilbare Konflikt zwischen Jesus und Paulus. 4. Den Jüngern wird bei ihrer Kirchengründung das Streben nach Besitz und Ansehen unterstellt. Dies wird ein Hauptpunkt der Kirchenkritik des 19. und 20. Jahrhunderts. Bis heute ist Bibelkritik ein Instrument, um Kirchenkritik so zu plazieren, dass die Anfänge der Kirche unweigerlich gleich mitbetroffen sind.

Das 19. Jahrhundert wird in der Folge durch die sogenannte liberale Jesusforschung bestimmt. Deren Resultate hat Albert Schweitzer in seinem großen kritischen Meisterwerk »Geschichte der Leben-Jesu-Forschung« zusammengefasst: »Und der Ertrag der liberalen Leben-Jesu? Zunächst die Klärung des Verhältnisses zwischen Johannes und den Synoptikern ..., der unbedingten Anerkennung des rein eschatologischen Grundcharakters der Lehre und des Wirkens des markinischen und matthäischen Jesus.« Damit seien die Weichen gestellt zugunsten eines eschatologischen und an den Synoptikern ausgerichteten Jesusbildes (Kümmel, S. 304).

Sed contra: Der »Ertrag« der liberalen Jesus-Forschung lastet als schwere Hypothek auf aller seitherigen Erforschung des Neuen Testaments. Die Entscheidung zugunsten des Quellenwertes der Synoptiker führte zum Beispiel zu einer fast vollständigen Entwertung des Evangeliums nach Johannes. Bultmann vergröberte die liberale Forschung zu dem Ergebnis hin, das Johannes-Evangelium sei historisch völlig wertlos. Insbesondere durch seine literarkritische Zerstückelung des vierten Evangeliums hat er dieses Urteil verfestigt. – Nun ist die literarkritische Auflösung des Johannes-Evangeliums nicht nur aus meiner Sicht völlig überflüssig (vgl. dazu meinen Kommentar zum Johannes-Evangelium in: Kommentar zum Neuen Testament und als Bestätigung die Exegese jedenfalls der meisten Kapitel des Johannes-Evangeliums bei U. Wilckens [Das Johannes-Evangelium] und bei Benedikt XVI. [Jesus I und II] jedenfalls hinsichtlich der Johannes-Passion). Für die Johannes-Passion war schon früher bemerkt worden, dass sie von allen vergleichbaren Berichten der historisch glaubwürdigste sei. Aus meiner Sicht betrifft die Überflüssigkeit der Literarkritik im Johannes-Evangelium auch die Frage des sogenannten Zusatzkapitels in Joh 21. Das Johannes-Evangelium muss nicht das älteste sein, es wird aber sehr wohl unabhängig von den anderen drei Evangelien (inklusive dem apokryphen Petrus-Evangelium) und für besonderes judenchristliches Publikum verfasst worden sein, und zwar eben auf dem Boden eigener Quellenlage. Und die Fixierung auf den »eschatologischen« Charakter der Botschaft Jesu brachte immer wieder das Urteil mit sich, dass wegen Mk 9,1 (»Einige von denen, die hier stehen, werden nicht sterben, bevor sie nicht das Reich Gottes kommen sehen in Macht«) Jesus in einer nicht unerheblichen Hauptsache einfach geirrt habe (so auch G. Theißen: Der historische Jesus, S. 234). Das Christentum sei eine feine Sache, sagt man, aber wenn das Reich Gottes eben nicht gekommen ist und vermutlich auch nie kommen werde, dann fehle dem D-Zug die Lokomotive. Und wenn Jesus in dieser Hauptsache geirrt hat, dann ist auch alles andere nicht so ernst zu nehmen, denn es steht immer unter dem Vorbehalt des menschenmöglichen Irrtums. Der »Lack« göttlicher Wahrheit ist mit dem Zentralirrtum von der Botschaft Jesu »abgesprungen«. Überdies reichen die Deutungsversuche des Wortes »Eschatologie«/ »eschatologisch« von der Naherwartung bis hin zur »eschatologischen Existenz«, was dann freilich nichts weiter bedeuten muss als ein Leben im Bewusstsein der Vorläufigkeit.

Zudem führte die Konzentrierung auf die synoptischen Evangelien zu einem unentwirrbaren Streit über die Priorität. Man entschied sich letztlich für die Markus-Priorität aus dem völlig irrationalen Grund, bei Markus sei mehr als anderswo »palästinischer Erdgeruch« zu spüren. Ich kann dazu nur sagen: »Ich rieche nichts.« Oder C. H. Weiße (1801–1866): Mk zeige eine »frische Natürlichkeit und anspruchslose Lebendigkeit«. Dieses Urteil entspricht eher fast wörtlich der Beschreibung, die der Gynäkologe nach meiner Geburt am 25.11.1940 von sich gab, ist also eher biologisch-medizinisch zu verstehen und verdankt dem wohl seine umwerfende Wirkungsgeschichte. Weiß hat Markus als das »älteste Evangelium« (S. 103) bezeichnet, »getragen vom Vertrauen auf die Papiasnotiz von Markus als dem Dolmetscher des Petrus ... glaubte er unter der Bearbeitung des Evangelisten den Bestand an echtem historischem Gut, nämlich die Petrus-Erinnerungen, relativ leicht erfassen zu können« (R. Bultmann: Geschichte, S. 1).

Sed contra: Mit der Methode der Kompositionskritik kann man zeigen, dass der Evangelist Markus sehr wohl eine bedachte literarische Konzeption verfolgte und nicht einfach »naiv« seiner Sekretärin diktierte oder ihr einen Haufen Zettel zum Abschreiben auf den Schreibtisch legte – oder was sonst für Hypothesen über die »primitiven« Umstände der Entstehung des Markus-Evangeliums umhergeistern (dazu schon R. Bultmann: Geschichte ..., S. 1). Das Markus-Evangelium ist eine säuberlich konstruierte rhetorische Leistung; es ist absichtsvoll aufgebaut und randvoll von überlegten Ansprachen an das Publikum.

Insbesondere halte ich die Ausgrenzung des Johannes-Evangeliums für die Frage nach dem historischen Jesus für vollständig irreführend. Das ist, wie gesagt, unabhängig von der Frage der Datierung des Johannes-Evangeliums im Einzelnen. Die Korrektur einer solchen Summe von Forschungsstereotypen ist vielmehr abhängig von der Bereitschaft, überhaupt mit der Möglichkeit unterschiedlicher Quellbereiche des Christentums zu rechnen und nicht auf der simplen Einlinigkeit zu beharren.

Bei dem nach wie vor in Wahrheit unentschiedenen Streit über die Priorität ließ man die Stücke aus dem jeweiligen Sondergut aus, von den Agrapha und ihrer Rolle ganz zu schweigen (die NT-Übersetzung Berger/Nord enthält übrigens die bisher umfangreichste Sammlung von Jesus-Agrapha, 413 an der Zahl).

Im Übrigen folgte man dem auch bei der Formgeschichte eingeführten Grundsatz, das Einfachere sei das Ursprünglichere. Zwar liegt beim Markus-Evangelium nicht der Vorteil auf der Hand, dass man leicht zwei Quellen rekonstruieren kann – insofern ist dieses Evangelium einfacher. Doch gerade dadurch ist es öfter komplizierter und rätselhafter in seiner schweigsamen Kürze.

Der notwendige Streit über Formgeschichte

In jedem exegetischen Proseminar ertönt auch das Wort »formgeschichtliche Methode«. Was das ist, sagt Bultmann in seinem Klassiker »Geschichte der synoptischen Tradition« (S. 7): »Die ursprüngliche Form eines Erzählstückes, eines Herrenwortes, eines Gleichnisses zu erkennen, ist eben das Ziel der formgeschichtlichen Betrachtung. Sie lehrt auch sekundäre Erweiterungen und Bildungen erkennen ...« Bultmann versteht demnach »Form« hier als die mehr oder weniger zufällig entstandene individuelle (!) Gestalt eines Einzeltextes. An der literarischen Form orientierte Gesichtspunkte spielen dabei keine Rolle. Es kommt vielmehr darauf an, wie umfangreich der Text ist und »was da verhandelt wird«. Deshalb schreibt Bultmann in seinem Buch eine »Geschichte« der Tradition, je nachdem, ob mehr oder weniger und was alles berichtet wird, welche Erweiterungen oder Verkürzungen der Stoff erlitten hat, also was alles dazugehörte. Bultmann meint auf diese Weise sagen zu können, was ursprünglich in einem Text drinstand, also wie seine Gestalt war, als Jesus (oder je nachdem die frühe Gemeinde) ihn gebildet hat. Daher sind entscheidend für das, was R. Bultmann Form eines Textes nennt, die Themen, die er behandelt. Selbstverständlich erörtert Bultmann auch religions- bzw. kulturgeschichtliche Analogien, zum Beispiel Sprichwörter oder volkstümliche Erzählungen (S. 8). Doch das Prinzip »Das Einfachere ist das Ursprünglichere« setzt sich immer wieder durch. Auf diesem Wege möchte Bultmann zu dem Urteil kommen, was primär und was sekundär in der Überlieferung eines Herrenwortes oder eines Berichtes sei. Die Gefahr, lediglich sekundär zu sein, schwebt daher als Damoklesschwert über jedem Jesuswort. Und wenn man manches Jesuswort Jesus nicht zutrauen mag, dann ist das Urteil »sekundär« schnell gefällt. Und wo der professionelle Exeget wegen fahrlässiger Begründung noch im Zweifel sein müsste, wird dann der Zweitverbraucher, der die Urteile übernimmt, sich doch in jedem Falle je nach Nützlichkeit auf das Urteil des Exegeten verlassen. Daher kommt dann die sprichwörtliche Angst des Predigers nach der Predigt in der Sakristei, der Exeget könnte auftauchen und »ganz cool« sagen: »War alles sekundär, worüber Sie gepredigt haben.« Die Formgeschichte wurde so ein geradezu haarsträubend einfacher Weg, auch missliebige Jesusworte aus der Geschichte der Tradition auszuscheiden. Zum Beispiel konnte man sagen, etwas sei »Gemeindebildung«, d. h., ein Wort stamme nicht von Jesus, sondern die Gemeinde habe es sich ausgedacht und Jesus in den Mund gelegt.

Eine Gemeindebildung erkannte man daran, dass typische Themen der Gemeinde zum Inhalt gemacht wurden, zum Beispiel Fragen von Ämtern (Rangstreit), Besitz und Familie. Auch hier sind es also Themen und Inhalte, die nach dem Urteil des Exegeten jeweils als genuin betrachtet oder später eingeordnet werden. Das bleibende sachliche Problem ist in der Tat: Gibt es ein Kriterium für Genuines? Weiter oben in diesem Buch habe ich vorgeschlagen, die Frage nach dem Gottesverständnis und die Beziehung Jesus/Gott als sachlich vorrangig anzusehen. Ob das betreffende Wort dann von Jesus selbst oder von der Gemeinde gebildet worden ist, kann und muss ich schon deshalb nicht entscheiden, weil es keine Umstände gibt, unter denen ich Jesus gegen die Gemeinde ausspielen könnte. Beide hatten denselben religionsgeschichtlichen Hintergrund, dieselben Freunde und Sympathisanten, auch dieselben Feinde. Und dass Jesus nicht an Alltagsprobleme der Jünger und Jüngerinnen habe denken können, die ihn nicht auf seinen Missionswanderungen begleiteten, ist reines Postulat.

Dass ein Kollektiv wie eine Gemeinde von sich aus so viel Kreativität aufbringen sollte, verbindliche Jesusworte aufzustellen und gleichzeitig zu patentieren, ist für mich nicht vorstellbar. Es werden immer Einzelne sein, die sich erinnern und dann den Mut zur Formulierung besitzen. Ich rechne also nicht damit, dass anonyme Gemeinden Worte und Taten Jesu erfunden, d. h. vor sich hin »gebildet« haben, sondern dass sich verantwortliche Persönlichkeiten (Zeugen im Sinne von Augenzeugenschaft und/oder Zeugnis Gebende) erinnert und formuliert haben.

Zwischen 1984 und 2005 gab es bescheidene Neuansätze in der Formgeschichte (bis hin zu dem UTB 2532). Sie wurden nicht diskutiert. Allzu mächtig war der Einfluss der Werke von R. Bultmann (1921) und M. Dibelius (1919). Bis heute sind sie unüberholt und unhinterfragt Bestandteil jedes exegetischen Proseminars. Dabei ist ihre Tendenz eindeutig: R. Bultmann ging es darum, die Spreu vom Weizen zu trennen, also die echten von den unechten Jesusworten. Das gelang scheinbar mit Hilfe der Kategorie »Gemeindebildung«. Die verbliebenen echten Jesusworte waren in der Theorie die Erfüllung der Sehnsucht nach Gültigem und Unfehlbarem. So konnte man eine Alternative zu dem entsprechenden katholischen Dogma anbieten.

Noch massiver waren die ideologischen Voraussetzungen bei M. Dibelius. Die Sortierung der Jesusworte diente unverhohlen der Bestätigung des Bildes vom frühesten Christentum. Dessen Geschichte stellte sich dar als Weg von der Endzeitfixierung zur Bürgerlichkeit. Nach Dibelius sind die Formen des frühen Christentums religiös und nicht künstlerisch zu bewerten. Wie nach Bultmann geht es im Ganzen um volkstümliche Literatur – eine Widerspiegelung der Ideologie vom schlichten christlichen Landvolk und seinen »einfachen Formen«.

Die Neuansätze ab 1984 waren diametral anders orientiert: Sie dienten nicht der Scheidung von echten und unechten Jesusworten. Ausgangspunkt war vielmehr die sprachlich beschreibbare literarische Form und deren rhetorische Funktion. Gegenstand war das ganze Neue Testament (und mehr), nicht nur die Jesus-Überlieferung. Angesichts der massiven theologischen Gewichte der Theorien von Bultmann und Dibelius erschienen solche Dinge als Leichtgewicht. Deshalb harren sie noch der Diskussion. Aufgrund 40-jähriger Erfahrung über den Umgang mit der Bibel in volkskirchlichem Milieu kann ich nur sagen, dass ich am meisten gelernt habe an der altmodischen Institution der Bibelstunde im Gemeindezentrum Amrum/Norddorf, wo sich die Anzahl der Teilnehmer von Mal zu Mal verdreifachte, weil Bibel plötzlich als spannend entdeckt wurde, nicht nur von den Feriengästen. Daraus entstanden die folgenden Anregungen.

III.
Exegese der Zukunft

Vom Regal auf den Tisch

Wie kann die Bibel entstaubt und mit neuer Lust gelesen werden?

Wenn unser Religionslehrer auf dem Gymnasium zornig wurde, schlug er mit seiner Bibel auf das Pult, und zu unserer großen Freude gab das alte Buch unbegrenzt und immer wieder neu Wolken von Staub von sich. Das bestätigte unser Urteil: Wie verstaubt ist die Bibel wirklich! Sie schien lächerlich und nicht nur unmodern, sondern eine Zumutung. Etwas für bigotte Alte – ein altes Buch. Und tatsächlich hat das Wort »alt« keinen guten Klang in unseren Tagen. Mit uns »alten Europäern« meint man Europa als altes, greinendes, solipsistisches und heillos zerstrittenes Altenheim. Wir wollen doch nicht alt sein, sondern die Jugend ansprechen. Und rätseln doch immer aufs Neue, wohin man sich noch verrenken muss, um das zu erreichen.

Nun gibt es auch Alters-Charme. Uralte Menschen können sehr schön sein. Und viele Geschichten, die die Bibel erzählt, haben den Charme von Klassikern, sind wie Grundbausteine unserer Kultur. So die Geschichten von Adam und Eva, von Kain und Abel, von Noah und der Arche, von Abraham und Isaak, von Rachel und Rebekka, von Mose am Sinai.

Man lernt in der Bibel jede Menge interessanter Typen kennen, z. B. Paulus oder Stephanus, der früh sein Leben für Jesus verlor. Jede Menge Propheten, wilde Typen mit manchmal kuriosen Einfällen. Spezialisten für anstößige Werbung, wie zum Beispiel Hosea, Prophet, der eine stadtbekannte Prostituierte heiratet. Wie wenn sich ein Oberpfarrer in dieses Milieu verliert. Spektakulär der Tod der meisten: Jesaja zersägt, Herodes von den Würmern zerfressen, Bartholomäus die Haut abgezogen. Und überhaupt Blut. Die Bibel sagt auch, dass es den Teufel gibt.

Was hat die Bibel noch zu sagen?

Sie sagt mir etwas über Jesus.

- Sie sagt es mir in vier Evangelien und offenbart Mut zu dieser Vielfalt.
- Sie sagt es mir in den Apostelbriefen, die Jesus auslegen für die Fragen und Sorgen der Menschen.
- Sie sagt mir etwas darüber, dass Gott drei Gesichter hat: das des Vaters, das des Sohnes und das des Heiligen Geistes.
- Sie erzählt mir von Männern und Frauen, die bis zum Tode mutig ihren Glauben bezeugten.

Die Frauen sind zwar weniger zahlreich, aber sie haben ein deutliches Profil. Große, mutige Frauen wie Ruth, Esther und Judith, die bis in das Lager des Feindes vordrangen. Zu diesen mutigen Frauen gehört auch Maria, die Mutter Jesu. Welcher Mut gehörte dazu, sich auf die Zumutung des Engels einzulassen!

Die Bibel erzählt davon, dass Gott die Übermütigen in alle Winde zerstreut, dass er die Mächtigen vom Thron stürzt und die Elenden aufrichtet, dass er die Hungernden satt macht und die Reichen leer ausgehen lässt. Das ist das Stichwort Politik: Weil Gott die Armen liebt, ist das Sorgen für die Armen der Maßstab, an dem Gott uns messen wird. Ich bin nicht damit zufrieden, wenn ein Pfarrer erklärt: Man muss sich nur innerlich vom Reichtum frei machen. – Nicht nur innerlich, sondern eben auch äußerlich, aber es genügt nicht Besitzverzicht, sondern es braucht Phantasie. Zum Beispiel wie man mit den Millionen Arbeitslosen umgehen will. Die Bibel liefert dafür keine Rezepte. Aber sie sagt, dass solche Fälle einem – wenigstens irgendeinem – schlaflose Nächte bereiten müssten. Es gibt zu wenige, die nachts wachen, um sich Lösungen auszudenken.

Die Bibel sagt mir, dass und warum die Liebe das Größte ist. Weil sie nicht stirbt und darin ist wie Gott selbst.

Sie sagt mir, dass keine Liebe verloren ist, keine vergebens, sondern dass sich jede Liebe, scheinbar vergebliche oder angenommene, einfügt in das Mosaik der geheilten Schöpfung. Das ist das Stichwort für das Thema Sozialarbeit. Jesus lehrt uns nach dem Matthäus-Evangelium, im Kranken und Bedürftigen den Herrn selbst zu sehen.

In der Bibel steht die Bergpredigt. Sie fordert viel von uns, z.B. Gewaltlosigkeit und Feindesliebe. Sie ist nicht wortwörtlich zu nehmen wie die Straßenverkehrsordnung. Sie ist mehr, nämlich der Maßstab, an dem immer wieder alle unsere Kompromisse zu messen sind. Die Friedfertigkeit und Sanftheit, zu der sie auffordert, wird Gott sei Dank immer wieder von radikalen Gruppen in der Kirche aufgegriffen. Wie gut, dass es solche Versuche immer wieder gibt.

Und steht im Neuen Testament nicht eine ganze Menge darüber, wie man Frieden erreicht? Durch Geduld und Verzicht auf Gewalt. Durch 7 x 70-mal Vergeben, was freilich mühsam ist. Denn Frieden zum Nulltarif gibt es nicht, er kostet Nerven und Zeit. Wie alles Gute auf Erden, wie Kinder und Liebe.

Die Bibel lehrt uns vor allem beten. Da gibt es Gebete aus tiefster Todesnot und Gebete, die für den Aufgang der Sonne am Morgen danken.

Die Bibel sagt uns, dass wir nicht nachlassen sollen im Beten, sondern beharrlich sein sollen, bis wir Gottes Widerstand physisch zu spüren bekommen. Wie Jakob mit dem Engel, wie die Witwe mit dem gottlosen Richter.

Martin Luther wusste, was es heißt, zu beten. Immer wieder hat er die Psalmen gebetet. Wenn er nachts nicht schlafen konnte, ist er aufgestanden und ging in Wittenberg von einer Kirche zur andern. Er betete wechselweise verschiedene Psalmen. Danach wurde er ruhig. – Wenn ich nachts aufwache, tue ich dasselbe. Ich nehme mir meinen Psalter und bete.

Die Bibel lehrt uns singen. Sie fordert die ganze Schöpfung zum Mitsingen auf und gibt uns Lieder des Sieges und des Segnens an die Hand.

Sie macht mir deutlich, dass nicht die Neugier auf Zukunft in die Welt von morgen trägt, sondern geduldiger Widerstand und die Fähigkeit, »Nein« sagen zu können.

In Röm 13 heißt es, dass die Obrigkeit von Gott kommt. Ganz anders dagegen in Apk 13: Da kommt die Obrigkeit vom Teufel. Zum Glück muss ich nicht entscheiden, was nun besser ist, aber wenn ich sollte, würde ich schon sagen, dass mir Apk 13 besser gefällt.

In der Bibel geht es um die eine Mitte: die Überwindung des Todes durch das Leben, das Gott aus Liebe schenkt. Auferstehung nennt man das Geheimnis aller ihrer Texte. Dass Gott uns immer wieder bei unserem Namen rufen wird. Dass er uns nicht daraus entlassen will, ihn zu loben. Auferstehung nicht erst im Morgenrot der Neuen Schöpfung, sondern dieses Geheimnis gilt auch schon hier und jetzt. Wo immer ein Mensch den Weg wieder findet, gibt Gott uns schon ein Brötchen von diesem großen Mahl in die Hand.

Vielleicht kostet die Bibel auch nur ein wenig Zeit, bevor sie sich erschließt. Zeit für das wirklich Wesentliche. Mit der Bibel ist es wie mit der Wüstenstadt Petra: zunächst nur Staub, Hitze und Sand, die nach Mühsal riechen. Und dann steht man plötzlich in einer Schlucht, an deren Ausgang leuchtend in rosa Sandstein ein völlig erhaltener antiker Tempel aufstrahlt.

In der Bibel steht beides: »Wer nicht für mich ist, der ist gegen mich. Wer nicht sammelt, der verstreut. Ich bin nicht gekommen, den Frieden zu bringen, sondern das Schwert.« Und auch das andere: »Wer nicht gegen uns ist, der ist für uns.« In der Bibel steht beides: »Gott ist die Liebe«, und: »Wer seine Familie und sich selbst nicht hasst, der kann nicht mein Jünger sein.«

Es wird auch beides berichtet, dass Jesus sich nicht wehrt und dass er die Händler aus dem Tempel mit Gewalt vertreibt. Es gehört Weisheit dazu, diese Gegensätze zu ertragen. Es gehört Geduld dazu, die scheinbaren Widersprüche auszuhalten. Die Bibel enthält keine Einheitsdoktrin, das macht sie gerade spannend. Nur wer es gelernt hat, die ganze Bibel stehen zu lassen, den kann man einen weisen Menschen nennen.

Die Bibel handelt auch vom Thema Nummer eins. Da spannt sich ein weiter Bogen. Zum Beispiel Isaaks Brautwerbung, in der so schön beschrieben ist, dass Rebekka sich verhüllt, als sie den zukünftigen Bräutigam das erste Mal sieht. Oder das Hohelied, in dem ziemlich heftig von Sex die Rede ist. Oder das Neue Testament, das der hl. Bernhard so zusammenfassen kann: Gott sucht mit allen Mitteln unsere Liebe. Oder der Schluss der Offenbarung des Johannes. Im letzten Kapitel des letzten Buches der Bibel wird geschildert, wie die Braut zum Bräutigam sagt: »Komm!« Wenn Sie sich erinnern oder sich darauf freuen, werden Sie wissen, was das heißt: »Komm!«

Noch einmal: Die Geschichten der Bibel sind die Grundbausteine unserer Kultur, die Geschichten von Adam und Eva, von Kain und Abel, von Noah und der Arche, von Abraham und Isaak, von Rachel und Rebekka, von Mose am Sinai. Und im Neuen Testament steht vieles, was wir immer wieder gerne hören, wie die Geschichte von Mariä Verkündigung, von Maria, die übers Gebirge ging, Elisabeth zu besuchen, von Petri Fischfang und Versinken im Meer. Und was könnte schöner erzählt sein als der Gang der Jünger nach Emmaus, in deren Mitte Jesus ging und deren Herz brannte bei seinen Worten? Alle diese Geschichten sind wie alte Glasfenster, durch die das Licht der Sonne gebrochen wird, in die wir ohnehin nicht direkt blicken könnten.

Was die Bibel nicht tut

Vieles sagt die Bibel auch nicht und fragt nicht danach. So lehrt sie uns das Schweigen. Sie fragt nicht, woher das Böse kommt und warum mich Krankheit trifft. Sie erklärt nicht mein Schicksal oder meine Behinderung. Sie weist nur darauf, dass jeder Sieg über das Kreuz führt.

Das Kreuz sagt uns nämlich, wer wir sind, und es sagt uns, wer Gott ist: Dass wir Menschen ans Kreuz bringen und oft selbst Opfer sind. Wer Gott ist, dass er das zum Zeichen der Vergebung werden lässt, was als Hass gedacht war.

Die Bibel präsentiert uns Jesus nicht als einsamen Helden. Seine Mutter, Maria Magdalena und seine Jünger umgeben ihn: Gott wird Mensch, indem er Familie und Freundschaft annimmt.

Unsere Auslegung der Bibel

Die Bibel verlangt immer wieder nach einem Raum, in dem sie lebt. Das kann die Studierstube sein, der Mittagstisch, die Bank im Wald. Vor allem aber muss es der feierliche Gottesdienst sein und die Kanzel, und wer da spricht, sollte sich ohne Wenn und Aber immer wieder der Bibel und ihrem

Anspruch aussetzen. Die Bibel lebt in der Liturgie und ihrer Auslegung. Die Gebete des Mittelalters zeigen uns, wo unser Atem zu kurz, unser Herz zu wenig mutig ist. Für mich ist es ein Kriterium meiner Bibelauslegung, ob ich daraus ein Gebet formulieren kann.

Oft macht man dagegen zum Maßstab, was man beweisen kann. Aber ist dies wohl der richtige Weg, mit der Bibel umzugehen?

Die Bibel gilt als unmodern, als überholt, in der Sprache des Hamburger Wochenmagazins und mancher Theologen: als Lüge und Betrug. »Was die Christen aufgrund der Bibel bekennen, ist nicht wahr«, hat neulich ein bekannter deutscher Theologe gesagt, bevor er sich dann endgültig von Jesus verabschiedete; nur sein Geld als Theologieprofessor bezieht er weiter.

Die Bibel gilt als Inbegriff von Aberwitz und Afterwissenschaft, weil sie voller Zumutungen ist. Die Jungfrauengeburt sei überholt, die Himmelfahrt lächerlich. Mit den Patronen der Naturwissenschaft lässt sich die Bibel leicht durchlöchern und zerfetzen. Und viele sagen: Alles, was in der Bibel gegen die moderne Wissenschaft und ihre Gesetze verstößt, kann es nicht gegeben haben. Man macht zum Maßstab, was man beweisen kann. Kaum jemand hat Zweifel daran, ob dieses wohl der richtige Weg ist, mit der Bibel umzugehen. Kaum einer fragt, ob wir der Bibel von uns aus vorschreiben dürfen, was wirklich ist. Könnte es nicht sein, dass die Menschen, die die Bibel aufschrieben, einen weiteren Geist und ein größeres Herz hatten als wir? Müssten wir nicht erschrecken, wenn jemand uns sagt: Ihr habt die Wirklichkeit halbiert, ihr seid auf einem Auge blind geworden? Die Bibel konnte noch die ganze Wirklichkeit sehen. Wir haben Gott gestrichen und damit die unsichtbare Hälfte der Wirklichkeit abgeschafft.

Vor ein paar Tagen gelangte die Ansprache beim Trauergottesdienst für einen verstorbenen Mitbruder in meine Hände. Ich zitiere daraus: »Wir sind nicht zusammengekommen, um zu trauern, sondern um zu feiern.« Als er das Gymnasium besuchte, riet ihm sein Pfarrer, er solle Tag für Tag forschen, wer Gott ist. Auf dem langen Weg seiner Gottsuche nahm er die Bibel als Kompass. In der Kraft der Gnade Gottes ist er kompromisslos diesen Weg nun zu Ende gegangen – von Tag zu Tag Gottes Lob singend. Nun ist er angekommen vor dem großen Tor, und es wurde ihm geöffnet; er ist eingetreten und hat nun erfahren, hat gesehen, wer Gott ist, dass die Himmelstür, durch die er eintreten durfte, einen Spaltbreit offen bleiben wird, so dass ein Lichtstrahl uns mit ihm verbindet. Und wir freuen uns darauf, dass auch wir einmal angekommen sein werden vor dem großen Tor und es uns geöffnet wird und wir eintreten und erfahren und sehen werden wie unser Mitbruder: wer Gott ist.

Davon also handelt die Bibel von der ersten bis zur letzten Seite: wer Gott ist. Und sie ist ein Kompass auf dem Weg. Wer kompromisslos geht, gefällt mir besonders gut.

Und wenn Sie nun mich fragen, welches Verhältnis *ich* zur Bibel habe, der ich seit 42 Jahren tagaus, tagein Bibel lehre, welches Verhältnis ich als Christenmensch zur Bibel habe, ob ich etwa die Bibel liebe, dann antworte ich: Ich versuche, mir immer wieder die notwendige Zeit zu nehmen, neu und genau hinzuhören. Mit langen Ohren wie ein Hase immer noch einmal neu das zuvor Überhörte aufzuspüren. Und mit dem Unerhörten auf Schritt und Tritt zu rechnen. Denn seit wann soll mein Verstand der Maßstab sein?

Zuallererst war das so: Als Theologiestudenten mussten wir eines Tages Einkehrtage oder Exerzitien machen. Schweigen war angeordnet in einem Haus inmitten weitläufiger Laubwälder. Strahlende Herbstsonne. Die Vorträge waren so ärgerlich schlecht, dass ich wegblieb und mir 2½ Tage lang nur ein halbes Kapitel des Neuen Testaments vornahm, Gal 3. Ich dachte über jeden Satz stundenlang nach, bis das scheinbar Selbstverständliche und glatt Runtergehende rauh wurde, aufgebrochen wurde, bis tausend Fragen entstanden. Ich versuchte, die schlichte Logik und die innere Dramatik des Textes zu begreifen und nachzuzeichnen, lebte mit dem Text von morgens bis abends und auf den Wegen durch den sonnigen Wald.

So habe ich es später immer gehalten. Sich dem Text auszusetzen, seine eigenen Regeln zum Sprechen zu bringen, ihn nicht zu überhören. Ihn nicht zu erdrücken durch mitgebrachte Regelsysteme, die ihm fremd sein müssen, heißen sie nun philosophische Lehre vom Menschen, Psychologie, Soziologie oder moderne Religionstheorie. Nein, diese modernen Regelsysteme können dem Text doch nicht helfen, sie wissen nichts von Gott, von Gnade und Auferstehung.

Richtig aufgeklärt über das, was ich da eigentlich tat, hat mich der innere Weg der Jüdin und Karmeliterin Edith Stein: Von ihrem philosophischen Lehrer Edmund Husserl hatte sie gelernt, dass man eine Sache nur erkennt, wenn man frei wird von allem Mitgebrachten und buchstäblich mit allem rechnet. Die Sache müsse sich vielmehr selbst zeigen, wie sie in sich selbst ist. Und wenn man fragt, wer ist Gott, dann muss man so lange auf sein Wort hören oder vor ihm knien, bis er selbst zu sprechen beginnt. Im Kloster hat Edith Stein auf Knien hinzuhören versucht, wer Gott ist. Ganz ähnlich kann es einem Exegeten wissenschaftlich und geistlich angesichts eines Textes ergehen: durch Weglassen des Vorgefertigten ringen mit dem, was er jetzt zu sagen hat.

Von dem jüdischen Philosophen Martin Buber stammt der Satz: »Der Mensch empfängt. Er empfängt nicht einen Inhalt, sondern eine Gegenwart als Kraft.« Mit der Bibel ist es ähnlich wie mit dem Abendmahl: Unter den Gestalten von Brot und Wein ist Jesus real gegenwärtig. Ähnlich, auch ein wenig anders, ist es mit der Schrift: In, mit und unter den vielen Buchstaben ist Gott selbst gegenwärtig, denn wir stoßen am Grund der Schrift auf sein Wort und dann auf ihn. Gottes reale Gegenwart – deshalb, weil die Bibel selbst schon ein leuchtender Pfad ist, an dem die aufgehende Sonne ihren Widerschein findet. Der Pfad empfängt sein Licht durch die Sonne, und er führt zu ihr hin. Damit wir erfahren, wer Gott ist.

Auf dem langen Weg mit der Bibel habe ich auch das Neue Testament übersetzt, zusammen mit den frühchristlichen Schriften. Ich habe das nicht allein gemacht, sondern gemeinsam mit meiner Frau Christiane Nord, Professorin für Übersetzungswissenschaft. Was aus diesen fünf Jahren als Wichtigstes zu berichten ist, dürfte dies sein: das gemeinsame Ringen um jedes Wort, um jeden Satz. Bibel lesen kann man am besten zusammen, dann purzeln die Fragen, man kann nicht ausweichen, jeder achtet darauf, dass der Text nicht zu kurz kommt. Bibel lesen und verstehen ist eine Sache des Miteinanders, des Dialogs in der Kirche. Denn aus der Kirche kommt die Bibel, und für sie ist sie da. Im Miteinander entscheidet sich ihr Sinn.

Aus dem Angedeuteten wird auch klar: Die Bibel ist kein Konsumartikel. Sie ist nicht mühelos zu vernaschen. Sie ist, so leid es mir tut, nicht zum Nulltarif zu haben. Man muss sie lesen, ihre Fremdheit aushalten, man muss geduldig, parallel zu ihrem Gewebe, selbst ein Gewebe des Verstehens erstellen. Man muss manches aus Gewohnheit wissen.

Sie fragen, ob das Spaß macht. Ich antworte: Alles Kreative macht Spaß. Einer meiner Lieblingstexte ist das Gleichnis über den Schatz im Acker. Mit der Bibel ist es wie mit einem Schatz: Entscheidend ist die Freude beim Finden. Mir ist es in meinem Studium so ergangen, dass ich sehnlichst auf den Augenblick gewartet habe, in dem ich alle anderen Bereiche der Theologie beiseitelassen und mich nur noch der Bibel zuwenden konnte. Mich jedem Text so auszuliefern, als wäre er der einzige. In jedem Text einen leuchtenden Pfad zu Gott erkennen. Und dann: *contemplata tradere*, das weitergeben, was der Text sich abringen ließ.

Im Thomas-Evangelium gibt es einen interessanten Paralleltext zum Gleichnis vom Schatz im Acker:

Logion 109: *(1) Jesus sagt: »Die Herrschaft Gottes ist wie ein Mann, der auf einem Acker einen verborgenen Schatz hatte, von dem er nichts wusste. (2) Nach seinem Tod hinterließ er den Acker seinem Sohn. Der Sohn wusste ebenfalls nichts von dem Schatz. Er nahm den Acker und verkaufte ihn (3), und der Käufer aber fand dann beim Pflügen den Schatz. Er begann, Geld gegen Zinsen zu verleihen, an wen er wollte, so reich war er plötzlich geworden.*

Auch dieser Text sagt etwas über die Bibel: Viele wissen gar nicht, dass sie mit ihrem Christentum einen Schatz geerbt haben. Sie erben ihr Christentum wie eine Familienbibel, oder sie treten aus der Kirche aus, aber vom Schatz ahnen sie nichts. Erst wenn sie den Acker pflügen, können sie den Schatz entdecken. Pflügen – das Bild für neugierig werden, für Fragen stellen.

Viele Menschen sehnen sich nach Spiritualität und werden deshalb Buddhisten. Die Spiritualität, die *wir* gebrauchen können, finden wir in der Bibel. Orientieren wir uns nur an den großen Bildern vom *Alles-Verlassen,* von der *Wüste* und vom *Feuer,* vom *Abwaschen* des ganzen Körpers und vom *Wind,* dessen Rätsel keiner kennt.

Manche fragen, wie man das alles Jugendlichen sagen soll.

Und schlagen vor, eine Bibel auf Kindergartenniveau zu produzieren, um den Jugendlichen angeblich entgegenzukommen. Das sollten wir nicht tun. Wer beobachtet, dass Jugendliche Computer-Handbücher durcharbeiten und vor deren Fachchinesisch keine Angst haben, sollte sich keine Sorgen machen, dass die Jugendlichen die Bibel nicht verstünden. Hören wir auf, ständig Erleichterungen und Ermäßigungen zu produzieren. Jegliche Erneuerung wird zunächst nicht nach Erleichterungen fragen, sondern nach Substanz und Konsequenz. Reden wir von dem, was uns fordert, uns begeistert und uns binden kann.

Die Hälfte der Bibel handelt von Jerusalem, von der Stadt Melchisedeks und Davids bis hin zum neuen, himmlischen Jerusalem der Offenbarung des Johannes. Alle drei Religionen – Judentum, Islam und Christentum – berufen sich auf Jerusalem und die Bibel, und wenn man den Koran liest, wirkt er wie ein Stück Bibel.

Deshalb ist Jerusalem ein Ort, um spirituelle Brücken zu bauen. Regelmäßig trifft sich der Abt des deutschen Benediktinerklosters auf dem Sionsberg in Jerusalem mit einem jüdischen Gelehrten und einem moslemischen Mullah. Die drei hocken sich auf den Boden und meditieren gemeinsam. Jeder spricht in seiner Sprache mit dem einen Gott, der zwar unterschiedliche, aber doch verwandte Namen hat, denn arabisch Allah ist dasselbe Wort wie hebräisch Elohim.

Warum dieses Bild vom Abt, vom Rabbi und vom Mullah? Die Bibel ist nicht nur unser Eigentum. Drei Fünftel gehören auch den Juden, das Ganze gilt auch als heilige Schrift bei den Moslems. Komplizierte Besitzverhältnisse also wie bei der Grabeskirche von Jerusalem, wo das Kuppeldach einer anderen Konfession gehört als die Innenseite der Kuppel. Das ist nicht nur lästig oder schrecklich, das enthält auch eine Verheißung, die weit über alles hinausgeht, was wir uns redlicherweise vorstellen können. Die Bibel und die drei Religionen sowie die ungelösten Sorgen des Landes des Bibel, das alles ist das Problem Vorderer Orient und Mittlerer Osten, ein Fall speziell für Gott. Es ist so schrecklich kompliziert, dass nur Gott selbst dies lösen kann. So wird noch einmal ganz anders deutlich, was wir meinen mit dem Satz: »Wer Gott ist, das sagt die Bibel.«

Sie ist eine geistige Landkarte für diese von uns so wenig verstandene Religion, denn sie bringt mit ihrer eigenen Logik das zusammen, was für unser Denken immer auseinanderfällt:

- die Auserwähltheit des einen Volkes **und** die Berufung der Heiden
- das Wirken Gottes **und** die Verantwortung der Menschen
- Gottes Allmacht **und** die Zeit des Bösen
- Gottes Liebe **und** sein Gericht

Seit vielen Jahrhunderten sind wir dabei, nur die jeweils eine Seite herauszukehren und die andere zu kappen. Unser Denken ist seit Jahrhunderten ein vergeblicher Versuch, sich abzuarbeiten an der Logik der Bibel. Sie ist nicht aristotelisch, nicht abendländisch. Die Konsequenzen ideologischer Lektüre waren in der Regel blutig.

Unsere einzige Chance, weiteres Blutvergießen zu vermeiden: noch einmal zu versuchen, sich auf die Logik der Bibel einzulassen. Vielleicht unsere letzte Chance!

Die Bibel war Anlass für sehr viel Streit und Blutvergießen. Genauer gesagt: Man hat sie zum Anlass genommen, denn die Ursachen lagen immer woanders. Die Bibel sollte sie zudecken. Das nennt man Ideologie. Damit hat man sie gegen Gottes Willen schändlich missbraucht, während sie uns vielmehr den Weg zum Frieden zeigt. Keiner ist ihn so eindeutig gegangen wie der wehrlose Jesus Christus am Kreuz.

Muster für zukünftige Exegese?

Tod und Kelch
(zu Mk 10,35–45)

Jesus spricht hier in einem Atemzug von Kelch und Taufe. Beides ist für ihn bestimmt. In Lk 12,50 wird er sagen, dass er ungeduldig darauf drängelt, endlich getauft zu werden. – Wir wenden ein: Aber Jesus ist doch schon getauft, durch Johannes den Täufer?! – Doch offenbar stehen der Täufer und Jesus in einer größeren Bewegung, die man auch Taufbewegung nennen kann und in der Getauftwerden ein öfter verwendetes Bild ist: Auch Pfingsten wird eine Taufe genannt werden (Taufe mit Heiligem Geist), auch das Weltgericht heißt so (Taufe mit Feuer). – Das kennen wir heute anders. Wir fragen: Warum wird hier am Anfang immer wieder von Taufe gesprochen? Und wir vergessen nicht, dass es neben dem Christentum eine eigene orientalische Taufreligion gibt, in der Taufen so wichtig ist wie bei den Christen des Anfangs. In dieser Taufreligion (Mandäer, im Irak ansässig; die meisten Anhänger zzt. in Deutschland als Gastarbeiter) spielt Johannes der Täufer eine ziemlich große Rolle, Jesus dagegen nicht. Also: Warum so oft »taufen«? – Antwort: Taufen heißt, einen Menschen ganz eintauchen in eine »Flüssigkeit«, sei es Wasser, Blut, Heiliger Geist oder Feuer. Die beiden Letzteren werden eben auch als Flüssigkeit vorgestellt. Wenn ein Mensch total in sie eingetaucht wird, dann gibt es sozusagen kein Entrinnen, da er restlos durch die Materie vereinnahmt wird, in die er getaucht wird. Insofern wird das Taufen zum Bild für die Begegnung mit Gott oder mit dem Gegenteil (Vernichtung), und das so häufig verwendete Bild des Taufens/Tauchens zeigt etwas von der Jesus und Johannes dem Täufer gemeinsamen Theologie: Die Totalität des Eintauchens entspricht der Totalität der Hingabe (»aus deinem ganzen Herzen und aus deiner ganzen Seele …« oder in der Formel *»totus tuus«*: ganz dir gehörend; Motto einer Gemeinschaft für Neuevangelisierung, stark an Maria ausgerichtet). Leider zerstören wir mit unserer westlichen Form der Aspersionstaufe (nur ein paar Wassertropfen) schon das grundlegende Bild des Eintauchens. Taufe nach dem ambrosianischen Ritus ist noch Ganztaufe: Der Säugling ist nackt und wird (vorsichtig!) einmal ganz ins Wasser gelegt und untergetaucht. Das ist fremdartig und doch sehr erhellend. Taufe kommt stets von außen, nicht aus dem Inneren des Menschen. Wer sich taufen lässt, begibt sich in Gottes Hand. Gott lässt etwas über ihn kommen, das der Mensch nicht selbst verfügt. Dabei bedeutet Taufe entweder Reinigung (wenn sie durch Wasser oder Geist geschieht) oder aber Tod (so in Mk 10,38 f.; Lk 12 und in Röm 6,3–9), in Röm 6,3–9 wohl beides: Ablegen des Alten und Neuwerden. Deshalb sind bei Paulus der Ritus des Untertauchens im Wasser und der Tod Jesu Christi miteinander verschränkt: ein Bild für das Ablegen des Alten, denn die alte Existenz des alten Adam wird weggespült in der engstmöglichen Gemeinschaft mit Jesus Christus. Exegese der Zukunft bedeutet hier, den Metaphern gründlicher – auch religionsgeschichtlich – nachzugehen und buchstäblich mit allem zu rechnen.

Das Nebeneinander von Tod und Becher weist möglicherweise auf das Abendmahl. Dabei weist nicht das Brot dabei auf Jesu Tod, sondern der Becher mit dem Wein bzw. Blut Christi. Nach Mk 10,38 trinken Jesus wie auch die Jünger aus dem Becher. Auch in Gethsemane, als Jesus bittet, der Kelch möge an ihm vorübergehen, bedeutet das Trinken aus dem Becher das Leiden. Träfe das zu, dann bedeutet das nicht, dass Jesus sein eigenes Blut trinkt, sondern dann ist der Wein im Kelch Bild für das von Gott zugedachte Leiden. Das Trinken aus dem Becher ist dann Benetztwerden mit einer Taufe: Eine Flüssigkeit von außen dringt auf Jesus ein, die blutigen Tod bedeutet. Damit hier nicht die Bilder durcheinandergeraten, ist folgende Unterscheidung hilfreich: Das eine ist es, aus dem Kelch zu trinken. Das heißt: zu leiden, indem man den Wein oder Bitterwein als Zeichen des Todes auf sich nimmt. Und das gilt für Jesus und die Jünger gleichermaßen. Hier ist dann weder an Bund noch an Sündenvergebung gedacht (in der Tat fehlt beides in Mk 10,38 wie in Mk 14,36). Und ganz eindeutig trinkt hier Jesus als Erster (was beim Abendmahl umstritten ist, denn da sagt Jesus nur: Trinkt alle daraus). – Und das andere ist es, aus dem Kelch zu trinken zu geben. Das bedeutet: stellvertretend für die vielen sein Leben zu geben und den Bund für sie zu schließen. Das tut nur Jesus, die Jünger aber nicht. Wenn die Jünger aus dem Kelch trinken, dann hier nicht, weil sie ebenfalls leiden, sondern weil sie in den Genuss des stellvertretenden Leidens Jesu kommen und an dem durch ihn geschlossenen Bund teilhaben. Vom Abschluss des Sinaibundes in Ex 24 her bedeutet der Kelch mit seinem Inhalt jedoch gleichfalls Leiden, nur eben als Zeichen des Bundesschlusses und als Zeichen der Sündenvergebung zugunsten anderer (der umstehenden »Gemeinde«). Und hier ist es klar: Jesus gibt den Kelch zu trinken. Im Vordergrund steht nicht die Leidensgemeinschaft, in der er wie die Jünger trinkt, sondern dass er, Jesus, zu trinken gibt.

Einmal ist Jesus (Mk 10 und 14) nämlich der Messias, der leidet und der die Jünger in die Leidensnachfolge ruft. Und dabei gilt die besondere Dialektik (Abfolge von Gegensätzlichem) des Themas Menschensohn, nämlich die Abfolge von Niedrigkeit und Hoheit. Zu den Bedingungen der gottfeindlichen Welt kann der Menschensohn nur der Niedrige und Dienende sein. Nur wenn er diese Phase durchmacht und auf sich nimmt, kann er bei Gott und dann, wenn es nur noch Gott und sein Reich gibt, der Hohe und Majestätische sein. Das ist die Grundregel. Deshalb heißt er der »Menschensohn«. Im Unterschied zur jüdischen Daniel-Apokalyptik (Dan 7) ist der Menschensohn nicht einfach der Hohe und der Repräsentant Gottes, sondern es gibt diesen Äon des Leidens und den kommenden Äon des Herrschens. Erst das eine und dann das andere. Und das ist der Rahmen, der für die Jünger genauso gilt. Und diesen Rahmen kann Jesus nicht einfach überspringen, indem er im gegenwärtigen Äon schon mal damit anfängt, Plätze und Pöstchen zu verteilen. Das hätten die beiden Jünger in Mk 10 (Jakobus und Johannes) gerne gehabt. Diese beiden Jünger stehen stellvertretend für alle Christen, die die Leidenszeit wenigstens durch feste Zusicherungen und Versprechungen aufgehellt haben möchten. Jesus steht dafür nicht zur Verfügung, denn er ist ganz konsequent der Niedrige und Dienende (Mk 10,45). Er ist kein Träumer, der vom herrlichen Reich Gottes schwärmt, sondern wenn Dienen angesagt ist, gilt Dienen.

Nun heißt es aber in Mk 10,45 b »und sein Leben einzusetzen für viele als Lösegeld«. Wie verhält sich das zum Sühnetod Jesu? So fragen Exegeten schon lange. Wir haben doch eben die Leidensgemeinschaft zwischen Jesus und den Jüngern betont und gefunden, dass in Mk 10,38 f. vom Sühnetod nicht die Rede ist, sondern vom gemeinsamen Geschick. Ist das in Mk 10,45 anders? In der Tat spricht Jesus in Mk 10,45 (vgl. 10,37) von der Rolle allein des Menschensohnes, aber das bezieht sich auf das, was Jesus hier in diesem Äon tut. Allerdings spricht Jesus in Mk 10,45 nicht von seinem Blut, sondern von seinem ganzen Leben (gr.: *psyche*). Und dieses Leben zu geben, das ist nicht exklusiv der Sinn von Jesu Tod, sondern der rote Faden, der sich durch sein ganzes Leben zieht. Von Blutvergießen spricht Jesus hier wohl deshalb nicht, um eine Verwechslung mit V. 38f. auszuschließen. In 10,38f. ging es um das Gemeinsame, hier wie in V. 37 um Jesu Aufgabe. Sein Leben als Lösegeld einzusetzen, das ist eben nicht das Lebensziel der Jünger.

Herr Jesus Christus, du bist unter den Jüngern nicht als der Träumer vom künftigen Reich und Regieren, sondern als derjenige, der nicht zurückschreckt vor dem niedrigsten Dienst. Gerade darin tust du Unersetzliches, weil du als der Gerechte dein ganzes Leben für uns in die Waagschale wirfst. Das »für viele« leistest du, und es ist nicht deine Erwartung an uns, dass wir das könnten oder müssten. Selbst wenn wir uns Mühe geben, dir nachzufolgen, die stellvertretende Sühne von Gerechten können wir damit nicht leisten.

Heilungsberichte und Israel-Theologie (zu Mk 10,46–52)

Nach Mk 10 wird Bartimäus geheilt, der Jesus als Sohn Davids anruft. Aber der Blinde hier in der Heilungsgeschichte redet Jesus nicht nur als Sohn Davids an, er nennt ihn auch »Mein Rabbi« *(rabbuni)*. So ist das jüdische Milieu perfekt, und es wundert den Leser gar nicht, wenn es direkt im folgenden Vers Mk 11,1 heißt: »Und als sie sich Jerusalem näherten, bei Bethfage am Ölberg …« So dient Mk 10,46–52 dem einzigen Skopos: Jesus wurde als Messias der Juden angesehen. Deshalb wird er (nach Mt; Lk) in Bethlehem geboren (weil Maria und Joseph hier einen Erbbesitz aus davidischer Familientradition haben, für den sie Grundsteuer

[»*kensos*«] zahlen müssen), deshalb beschreibt der Jude Paulus Jesu Menschsein als »nach dem Fleische aus dem Samen Davids« (Röm 1,3). Die doppelte Anrufung dient dem Ausschluss einer Verwechslung.

Die Position des Abschnitts vor dem Einzug nach Jerusalem (11,1–3) und nach der Belehrung der Zwölf (10,32) und der Zurechtweisung der Zwei plus Zehn in 10,35–45 (also wiederum im Ganzen der Zwölf) verfolgt das Ziel, Jesus als den darzustellen, der das blinde Herz Israels für den Glauben öffnet. Alle wichtigen Stichworte weisen hier nämlich in Richtung Israel und seiner messianischen Erwartung. Die Heilung des Sehvermögens hat daher auch symbolische Bedeutung für die Heilung des ganzen Menschen. Das der Heiland als Arzt in Erscheinung tritt, hat hier und sonst im Evangelium die klare Funktion, diejenigen Nöte des »kleinen Mannes« in den Vordergrund zu stellen, an denen er am meisten leidet. Daher wird bei anderen Heilungsgeschichten die Abrahamskindschaft der Geheilten hervorgehoben, zum Beispiel bei der Heilung der gekrümmten Frau in Lk 13,16. Auch die Episode mit Zachäus in Lk 19,9 kann man als eine Heilungsgeschichte begreifen, denn alle Heilungsberichte der Evangelien besitzen diesen besonderen Aspekt der Zuwendung zu Israel. Aus diesem Grunde werden dann die Heilungen für heidnische Patienten besonders als Ausnahmen hervorgehoben oder begründet, wie etwa die Heilung der Tochter der Syrophönikerin (Mk 7,26: »sie war Heidin«). In der Parallele Mt 15,24 sagt Jesus der Syrophönikerin, er sei nur zu den verlorenen Schafen des Hauses Israel gesandt. Oder ebenso die Fernheilung, bei der hervorgehoben wird, dass Jesus kein heidnisches Haus betreten hat. Und nach Lukas sagt Jesus bei dieser Gelegenheit: Einen so großen Glauben habe ich noch nicht einmal in Israel gefunden (Lk 7,9). In der griechisch-heidnischen Dekapolis heilt Jesus mit einem hebräischen Wort (Mk 7,34), denn er kommt als Jude dorthin. – In Mt 9,33 heißt es: Nachdem Jesus den Dämonen ausgetrieben hatte, konnte der Stumme reden. Die Leute aber staunten und sagten: »So etwas war ja in Israel noch nie da!« Der Satz bekräftigt, dass Israel der »klassische Ort« bedeutender Wunder ist, da der Maßstab zur Beurteilung von Wundern ist, ob es so etwas dort schon gegeben hat. Nach Mt 15,31 lobpreisen die Menschen nach weiteren Heilungen »den Gott Israels«. Unter den neutestamentlichen Apokryphen ist das Protevangelium des Jakobus zu nennen (um 150 n. Chr.). Die Hebamme Salome betet in K. 20 um Heilung ihrer verdorrten Hand: »Ich bin ein Kind Abrahams ... Lass mich weiter den Dienst an den Armen tun.«

Deshalb können die Wunder in Israel nach Mt 11,5 als Erfüllung des Prophetenwortes dargestellt werden. Ein frühes Echo findet dieses Wirken Jesu auch bei Paulus in 1 Kor 1,22, wonach Israel eben mit den Zeichen Jesu besonders in Verbindung steht. Die Zeichen in 1 Kor 1,22 kann man daher speziell als Heilungswunder begreifen. Und die Heilungswunder kommen deshalb besonders Israel zu, also den Kindern Abrahams, weil Abraham Träger der im Wesentlichen irdisch zu verstehenden Verheißungen nach Gen 15.17 ist. Von daher ergibt sich die Mutmaßung, dass das Magnificat einen frühen »Sitz im Leben« im Dank der geheilten Kranken hat. Das bedeutet natürlich nicht, es Maria abzusprechen, sondern zu fragen, ob sich über die Anwendung bei Maria hinaus vielleicht eine besondere typische Situation (»Sitz im Leben«) ausmachen lässt, bei der dieses Lied (außer bei wunderbarer Schwangerschaft wie ihren nächsten Analogien und Vorstufen) gesungen wurde. Die Formulierung »Großes hat an mir getan Gott, der mächtig ist« hätte dann nämlich einen besonderen und eben häufiger aktuellen Sinn bekommen. In meinem Regal steht jedenfalls ein teils handgeschriebenes griechisches Euchologion (Gebetesammlung) von 1798, wonach das Magnificat bei Genesung von Krankheiten gebetet wird.

Fazit: Wunder sind die Art, in der sich der Gott Israels besonders um sein Volk kümmert. Anderen Menschen schenkt er diese Zuwendung nur unter besonderen Umständen, die unterschiedlich gerechtfertigt werden. Mit und durch Jesus werden diese außerordentlichen Zuwendungen häufiger. – Der Grund für diese Zuspitzung der Wunder auf Israel liegt wohl darin, dass Jesus physisch aus Israel stammt und in und für Israel wirkt. Daher sind Abrahams Kinder die mit Heilungen besonders Beschenkten. Und es ist der Gott Israels, der Wunder auch unter den Heiden wirkt. Insofern stehen Wunder für seine Wirksamkeit, die über Israel hinausreicht. Es wäre sicher heilsam, dies bei einer künftigen Theologie des Wunders zu bedenken, denn für das frühe Christentum ist es kein Problem, dass Heilungen und Heilungsgnade zuerst an Israel gebunden sind. Da Gott aus einer Jüdin Mensch geworden ist, wirkt in jeder physischen Heilung – auch in der von Heiden – der Gott Israels. Schließlich hängt das zusammen: Hier ist Gott Mensch geworden, hier heilt er die Krankheiten der Menschen. Hier jedenfalls gilt zuallererst, dass Gott der Arzt ist. Es ist daher nicht besonders verwunderlich, dass seit längerer Zeit die Wunderheilungen Gottes besonders oft mit der jüdischen Mutter Jesu verbunden sind. Ich denke an die Heilungen von Lourdes, Fatima, Ronchamp etc. Mit dem Glauben an Jesus, den jüdischen Messias, sind freilich die Grenzen Israels durchbrochen, aber sie wirken nicht mehr als Grenzen, sondern Israel (vor allem: Judenchristen) ist die Mitte von Gottes heilendem Handeln.

Exegese des Neuen Testaments in der katholischen Kirche der Gegenwart

Die Frage, ob das Konzil den Umgang mit der Bibel verändert habe, ist unumwunden mit »Ja« zu beantworten, wenn ich auf das blicke, was eben sichtbar ist: Der Bibelkodex wird liturgisch hoch geehrt. Wie ein großer Schatz wird das kostbare Buch in jedem feierlichen Gottesdienst stolz zum Ort der Lesung getragen. Und die Kerzen zur Verkündigung des Evangeliums hat man erst nach dem Konzil richtig bemerkt. In fast jeder Messe gibt es drei biblische Lesungen, was früher nur ausnahmsweise üblich war. Andererseits ist es schade, dass man aus falschem Reformeifer nicht-biblische Texte wie die Sequenzen gestrichen hat (zum Beispiel das »Dies irae, dies illa« oder die Pfingstsequenz). Eine Neuerung, die bis in die Gegenwart hineinreicht, sind katholische Bibelkreise, oft auch in ökumenischer Besetzung. Da wird eine Menge diskutiert, wenn auch nicht selten evangelikale oder sogar fundamentalistische Bibelkenner durch ihr breiteres Wissen die Diskussionen beherrschen. Die Katholiken sind dann nicht nur ärmer an Kenntnissen, sondern leider auch schnell bereit, katholische Wahrheiten zu opfern, weil die Verbindung von Bibel und katholischem Glauben immer noch ein Problem ist, nun aber eben eines der Laien. Priester getrauen sich oft aus Angst nicht in Bibelkreise oder entsprechende Vorträge, weil sie aufgrund ihrer mangelhaften biblischen Ausbildung fürchten, sich zu blamieren.

Überdies gilt die sogenannte Ökumene als das wichtigste und kirchenpolitisch bedeutendste Feld der Bewährung der neuen Liebe zur Bibel. So werden in der bekannten Reihe EKK »Evangelisch-katholischer Kommentar« je zwei etwa zusammengehörige Schriften des Neuen Testaments von je einem Katholiken und einem Protestanten bearbeitet, so etwa der Kolosserbrief von einem Protestanten und der Epheserbrief von einem Katholiken, der Galaterbrief von einem Katholiken und der Römerbrief von einem angeblich katholisierenden Protestanten. Daneben gibt es seit Jahrzehnten zum Beispiel den Kreis der »Rhein-Main-Exegeten«, also von evangelischen und katholischen Alt- und Neutestamentlern. Dieser Kreis sollte am Anfang besonders die katholischen Ordens-Exegeten auf den neueren Stand bringen. – Im Laufe der Jahrzehnte wurde daraus freilich ein machtvoller Berufungs- und Beziehungsverein. Sind Theologieprofessoren ohnehin schon durch Existenz militanter Seilschaften ausgezeichnet, so gilt das unter ökumenischen Vorzeichen nun in mehrfacher Potenz. Das Gleiche betrifft auch alle übrigen Exegeten-Vereinigungen. Sie sind grundsätzlich multikonfessionell, so dass die Berufungspolitik weder an konfessionelle noch an nationale Grenzen gebunden ist. Man kann sagen: Wenn irgendwo in der theologischen Landschaft traditionelle Grenzen von Konfession, Geschlecht oder Nationalität ohne Bedeutung sind, dann gilt das für die Bibelausleger. Naiv ist nur der, der diese Entwicklung für schlechthin begrüßenswert hält, denn sie spielt doch mitten in der Welt und nicht unter Engeln.

Man kann sagen: Auslegung der Schrift gibt es seit Jahren entweder ökumenisch oder gar nicht. Von katholischen Sondergebieten oder Sondermeinungen kann keine Rede mehr sein. Eher ist das Gegenteil der Fall: Seit vielen Jahren bemühen sich katholische Exegeten mehr als alle anderen, ihre katholische Herkunft bei der Auslegung vergessen zu machen. Ein Beispiel sind die Worte Jesu an Petrus in Mt 16,18f. Ich kenne keinen Exegeten deutscher Zunge, der es wagen könnte, diesen Text für ein (echtes) Jesuswort zu halten. So wird ganz klar erkennbar: Die antipäpstliche Stimmung, die dem gegenwärtigen Heiligen Vater so viel Kummer bereitet, wird von den Studierenden der Theologie in jeder Vorlesung eingesogen. Für die latente Spaltung der katholischen Kirche in Deutschland ist zweifellos die sogenannte ökumenische Exegese verantwortlich zu machen. Auch die Bischöfe haben sie in ihrem Studium gelernt; wo sie anders denken, kann man öfter nur staunen über die Selbstdurchsetzungskraft biblischer Texte. Wie soll man mit der gewöhnlichen Schulexegese Zölibat, Priesterweihe, die sieben Sakramente, Mariologie, Dreifaltigkeit und Vatikanstaat begründen?

Das katholische Bibelwerk blüht, die Einheitsübersetzung wird überarbeitet, und eine Zeitung wie die »Tagespost« leistet sich an jedem Donnerstag eine ausführliche Meditation der Sonntagslesungen. Ähnliches geschieht in »Christ in der Gegenwart«. Dergleichen kenne ich aus der vorkonziliaren kirchlichen Publizistik nicht. – Man sollte da auch nicht lange herumnörgeln und kritisch fragen, warum die Liebe zur Bibel so plötzlich erwacht ist. Auch wenn es kirchenpolitische Gründe zuhauf sind, die dazu führten, so ist doch das Ergebnis entscheidend, dass etwa allein aufgrund der Sonntagslesungen die Basis der Bibelkenntnisse bei den Katholiken stetig gewachsen ist. Die Angst vor der Exegese, die früher bei kirchlichen Oberen und professoralen Nicht-Exegeten herrschte, hat ausgedient, und damit ist die Bibel kein Kinderschreck mehr.

Das entscheidende Konzilsdokument über die Bibel heißt »Dei Verbum«, und dieser Text hat dank der Emotionen, die ihn geleiteten, eine neue Epoche im Umgang mit der Schrift eröffnet. Jesus und Maria wieder als Juden zu entdecken hängt natürlich mit der Schrift zusammen, auch wenn es in den ersten zwanzig Jahren nach dem Konzil hier manche Unklarheiten gab, so dass man einem vorwerfen konnte, ihm fehle der nötige Antijudaismus und er könne deswegen nicht Priester werden. Das war 1967, doch lassen wir Biographisches. – Heute ist es vielmehr eher umgekehrt, und man scheint vielerorts das rechte Gleichgewicht noch immer nicht gefunden zu haben. Gerade bei Katholiken ist eine Schwärmerei für das Judentum ausgebrochen, die ihren Ursprung übrigens – wie auch die entsprechende Leidenschaft für Protestanten – in schlechtem Gewissen hat. So ist man gegenüber jüdischen Gesprächspartnern gern und allzu schnell bereit, die Trinität »fahren zu lassen«, weil sie angeblich nicht schriftgemäß sei, und auch gegenüber Protestanten alles Katholische, weil man sich als Katholik noch immer für vorreformatorische Missstände (oder was man gelernt hat, dafür zu halten) verantwortlich fühlt. Doch dieses Ausschlagen des Pendels ins andere Extrem zeigt nur, wie gravierend der »Einbruch« eines neuen Verständnisses über die Rolle der Schrift für Katholiken war.

Allerdings ist mit der Bibel auch die folgenreichste Epoche ihrer Erforschung in die nachkonziliare Kirche eingezogen, nämlich die rationalistische Kritik der Offenbarung, der Bibel und des Übernatürlichen überhaupt. Hier wurden Fenster geöffnet, die sich mit bloßen Appellen zum Durchhalten nicht schließen lassen. Das wird gerade an den gern in vorderster Linie diskutierten Sexualthemen Zölibat, Frauenweihe und Geschiedenenpastoral deutlich, bei denen es Katholiken schwer haben, mit der Schrift zu argumentieren. Und wenn einer es doch tut, wird er wie ein Aussätziger behandelt, dessen pure Existenz peinlich ist. Denn ausgerechnet für den katholischen Standpunkt hier die Bibel zu bemühen, das erscheint als Sakrileg. Wer weiß schließlich noch, dass gerade das am häufigsten belegte Wort Jesu sein Verbot der Ehescheidung ist. Jesus brandmarkt die Scheidung von Mann und Frau, weil die eheliche Treue Gottes zu seinem Volk Kern und Voraussetzung seiner Botschaft vom Reich Gottes ist. Es verlangt zumindest Respekt vor der katholischen Position, dass die katholische Kirche trotz immenser Verluste wegen dieses Punktes die Position Jesu nicht aufgegeben hat. So wird manchen Christen erst spät deutlich, dass das Kennenlernen der Bibel nicht zur generellen Einführung größerer Laxheit und Unverbindlichkeit führen kann.

Mittlerweile ist man – nicht ohne Einfluss des regierenden Papstes – dazu gekommen, außer der Gesamtheit der protestantischen Ergebnisse auch ein gewisses Bedürfnis nach »Theologie« zu übernehmen. Und wo immer der traumwandelnde ökumenistische Geist der Nachkriegszeit ab 1960 durch eine »Ökumene der Profile« ersetzt wird, da bedeutet es auch das Ende der Normativität alles Protestantischen. Das heißt: 50 Jahre absoluter Dominanz der protestantischen Schultheologie in Deutschlands Bibelauslegung aller Konfessionen sind nun zu Ende. Noch vor zehn Jahren konnte der mit Kardinal Ratzinger befreundete katholische Exeget Rudolf Pesch erklären, Josef sei der biologische Vater Jesu. Doch es steht zu erwarten, dass der Papst mit Band 3 seines Jesusbuches über die Kindheitsgeschichten neue Maßstäbe setzen wird. – Eine dieser katholischen Gestalten des Übergangs, ein Exeget aus Nordrhein-Westfalen, kann deshalb 2006 sagen: »Ohne Entmythologisierung – und deren Entmythologisierung – funktioniert keine Hermeneutik«, und das Konzil habe geklärt, »die Wahrheit der Schrift sei nicht ihre historische … Richtigkeit, auch nicht ihre dogmatische Korrektheit, sondern die Wahrheit des

Evangeliums«. Dass das, was diese Wahrheit nun ist, undefinierbar schwammig bleibt, liegt dann wohl an dem oft beschworenen »pastoralen« Charakter des Konzils. Das einzige feste Datum, das man diesen Sprüchen entnehmen kann, ist dann wohl das gespürte Ungenügen, das mit dem theologischen Kahlschlag der rationalistischen Exegese verbunden ist. Das bedeutet: Einerseits stehen wir am Ende einer Epoche, in der Exegese zum Instrument von allerlei Kirchen- und Autoritätskritik wurde. Diese Exegese hat die Kirchen entleert und die Gemeinden halbiert. Andererseits ist am Ende dieser Epoche noch nicht deutlich, worin denn das neue Konstruktive liegen soll, denn »Kritik der Kritik« bleibt als solche schlechthin unerbaulich.

Solange man freilich alles, was jenseits der roten Linie der engen historischen Kritik liegt, als »Fundamentalismus« kennzeichnet, ist keine Bereitschaft für Theologie zu erkennen. Das wäre die Bereitschaft zum »dritten Weg«, den ich im Folgenden darstellen möchte.

Die Äußerung Josef Blanks von 1979, Exegese sei »theologische Basiswissenschaft«, wird als große mutige Tat dargestellt. Und der Münchener Josef Schmid, den man dafür lobt, er habe die Zweiquellentheorie bei den Katholiken heimisch gemacht, hat im Juli 1967 die Publikation meiner Dissertation in seiner Reihe (Studien zum Alten und Neuen Testament) mit der schlichten Begründung abgelehnt: »Was werden die Dogmatiker sagen?« Das heißt: »Die Dogmatiker« waren ganz pauschal die »Feinde der Exegeten«, und angesichts der puren Möglichkeit ihres Vetos ließ sich schon ganz gut Kirchenpolitik machen. Heutzutage ist freilich eine derartige Front zwischen Dogmatik und Exegese unvorstellbar, da die Exegeten keine aufregenden Theorien mehr bringen können – die Möglichkeiten sind alle ausgereizt. Selbst die wildesten destruktiven Hypothesen nimmt man gelangweilt und »cool« zur Kenntnis. Und die Dogmatiker beklagen gemeinsam mit den Exegeten einen nun wirklich die Existenz bedrohenden Rückgang von Studierenden der Theologie überhaupt. – Wenn erklärt wird, ein zu Beginn der 1960er Jahre in München lehrender Exeget habe mit seinem Kommentar zum Römerbrief selbst bei führenden Lutheranern Achtung erlangt, so gilt doch, dass seine kritische Schülerin A. van Dülmen in den 1960er Jahren nicht an der Tübinger katholischen Fakultät promovieren konnte, weil dort das Kollegium der Meinung war, ihre Auseinandersetzung mit Bultmann und Käsemann sei »peinlich«. Das heißt, sie war so kritisch gegenüber den professoralen Halbgöttern, dass die protestantisierenden katholischen Tübinger Kollegen meinen konnten, sie sei »zu katholisch« im Sinne von vorgestern. Dabei war sie nur neugierig im Sinne von übermorgen. Hier sind die Absurditäten so übereinandergetürmt – auf Kosten der Biographie einer Frau –, dass es Sinnen und Trachten einer ganzen Generation entlarvt. Es war die Generation der protestantisierenden Katholiken, und Ausnahmen waren schon damals tödlich. Josef Blank und Rudolf Schnackenburg waren (bei ausdrücklicher Anerkennung ihrer persönlichen Integrität) die Installateure dieses Mainstreams.

Wenden wir uns am Ende den Konzilsdokumenten selbst zu. Die für die Bibelwissenschaften gedachte Publikation »Dei Verbum« (dt.: »Über Gottes Wort«) ist eine wohltemperierte Schrift über die Aufgaben der Exegese. Sie ist offensichtlich dazu gedacht, Bischöfe und nicht-exegetische Professoren zu beruhigen, denn sie enthält viele schöne Aussagen über die Heilige Schrift und freundliche Details über das Tun der Ausleger, die spätestens seit dem zweiten Weltkrieg in Europa jedem Besucher eines exegetischen Seminars geläufig waren. Insofern ist es eine Qual für mich, diesen Text zu lesen, da er (Gott sei Dank) lauter Dinge enthält, die man sein Leben lang bis zum Überdruss hat hören können. Es fällt mir schwer, auch nur einen Teil dieser total richtigen Einsichten zu wiederholen. Aber das Konzil war ja doch nicht nur für Mittel- und Nordeuropa bestimmt! Wenn man das bedenkt, erfährt man aus diesem freundlichen Dokument vieles über den Herzschlag der Kirche gegen Ende des 20. Jahrhunderts. Dann aber gibt es Fälle, wie die Aussagen zum »allgemeinen« und »besonderen« »Priestertum«, die irreführend gewirkt haben, weil Protestanten und andere meinten, damit des Priestertum der Frauen begründen zu können. In der Tat verschleiert das lateinische Wort *sacerdotium* hier Tatbestände, die erst angesichts des griechischen und hebräischen Textes in ihrer gottgegebenen Unvereinbarkeit erkennbar werden. Bei vielen Konzilstexten fällt sofort ins Auge, dass sie in der Menge der Zitate einer eher quantitativ als qualitativ wertenden Auslegung das Wort redeten und sich im Ganzen nicht als »die radikale Erneuerung«, sondern »als die fundamentale Bestätigung« katholischer Theologie wahrgenommen haben.

So bleibt ein etwas zwiespältiger Eindruck. Das Konzil hat auf diesem Gebiet eine neue Epoche eingeleitet, die den Charakter eines Übergangs hatte und nun hoffentlich bald durchgestanden ist.

Wie biblisch soll heute die Verkündigung der Kirche sein?

Bevor wir nach dem Wie fragen, ist es notwendig, zu klären, warum man überhaupt biblisch predigen soll oder will. Wann und unter welchen Bedingungen ist etwas »biblisch«, das nicht einfach die Bibel selbst oder Bibelzitat ist? Das ist die Kernfrage. Sie entsteht deshalb, weil offenkundig der biblische Charakter einer Aussage weder durch Zitat noch durch Ähnlichkeit im Wortlaut garantiert wird. Auch dann ist die eingangs gestellte Frage nicht einfach schon bejaht, wenn eine Aussage dem Sinn nach der Bibel entspricht. – Und auch dann, wenn der Modus geklärt ist, in dem etwas biblisch ist oder sein kann, ist noch lange nicht entschieden, warum überhaupt eine heutige Aussage der Kirche »biblisch« sein soll.

Ein Beispiel: In meinem Buch »Priesterweihe auch für Frauen?« habe ich erklärt, eine solche Ordination sei weder katholisch noch biblisch. Mit dem Letzteren habe ich gemeint: Sie ist weder durch Zitate zu belegen noch durch Schlussfolgerungen aus Zitaten zu erweisen. Man kann nicht belegen, dass der Gedanke daran auch nur irgendwie in der Reichweite der biblischen Texte gelegen haben könnte. Dieses Beispiel nennt einen Fall, in dem mit der Bibel in der Hand »nichts zu machen« ist, so dass die Exegese auch im weiteren Sinne des Wortes als Basis der Argumentation ausfällt.

Ein Konzil bedeutet wie jedes andere davor eine Erneuerung der Kirche von ihren Grundlagen her. Zur Erneuerung taugt alles, was kräftig umgestalten und erneuern kann und was authentisch und dem Kern nahe ist. Das gilt in einzigartiger Weise für die Schrift, und deshalb wurde überhaupt der Kanon gebildet. Auf die Schrift und auf die anderen Quellen kirchlicher Identität und Tradition zurückzugehen geschieht demnach als Erneuerung von den Ursprüngen her. Das Christentum ist keine zeitlose Philosophie, sondern wie das Judentum in einer Geschichte begründet und daraus erkennbar abzulesen. Daher erscheint ein Zurückgreifen auf das Zeugnis des Anfangs in der Bibel auf jeden Fall notwendig.

Da Christentum in der Geschichte lebt, ist der Anfang normativ. Und greifbar ist dieser Anfang am besten durch die Schrift. Zu behaupten, der Anfang sei »normativ«, ist bereits eine verkürzte Redeweise, denn es heißt nicht, dass der Anfang und damit der Wortlaut einfach wie ein Gesetz gilt. Das kann schon deshalb nicht sein, weil es in der Schrift (auch des Neuen Testaments) verschiedene konkurrierende »Traditionen« gibt. Daher muss entweder jemand aus diesen Traditionen auswählen, oder jemand kann sie auch für ungültig erklären. Das gilt z.B. für das Aposteldekret, nach welchem Christen keine Blutwurst essen dürfen. Dieses Gebot gilt dort nicht, wo Christen nicht in unmittelbarer Lebensgemeinschaft mit Judenchristen zusammenleben. Dass wir Heidenchristen dennoch Blutwurst essen dürfen, ist also in diesem erklärbaren Sinne sinnvoll.

Welche Auslegung ist biblisch?

Dass die Entscheidung über den »biblischen« Charakter zum Beispiel eines liturgischen Stückes nicht leicht zu fällen ist, mag die Geschichte der Improperien des Karfreitags zeigen:

»Mein Volk, was habe ich dir getan? Womit nur habe ich dich betrübt? Antworte mir! Ich habe dich herausgeführt aus dem Lande Ägypten: Dafür bereitest du deinem Heiland das Kreuz! ... Vierzig Jahre lang habe ich dich durch die Wüste geführt; ich habe dich mit Manna gespeist, dich geleitet in ein reichgesegnetes Land: Dafür bereitest du deinem Heiland das Kreuz! ... Was hätte ich mehr tun sollen und tat es dir nicht? Ich habe dich gepflanzt als meinen auserlesenen Weinberg: / du aber, wie bist du mir bitter geworden! Du hast mich in meinem Durst mit Essig getränkt, / hast deinem Heiland die Seite durchbohrt mit der Lanze! ... Deinetwegen habe ich Ägypten geschlagen und seine Erstgeburt; / und du – verraten hast du mich und geschlagen mit Geißeln! Ich habe das Meer vor dir aufgetan: / und du – die Seite hast du mir aufgetan mit dem Speer! ... Ich habe dir aus dem Felsen zu trinken gegeben Wasser des Heiles: / und du – Galle und Essig hast du mir gegeben zum Trank ... Ich habe dir ein königlich Zepter verliehen: / und du hast mein Haupt gekrönt mit einer Krone von Dornen! Ich habe dich erhöht mit großer Kraft: / und du, du hast mich erhöht am Holze des Kreuzes!«

Die Vorlage ist alttestamentlich-biblisch laut Micha 6,3–4: »Mein Volk, was habe ich dir getan, womit dich beleidigt? Antworte mir! Ich habe dich aus dem Lande Ägypten geführt, aus dem Sklavenhaus dich erlöst. Als Führer sandte ich dir Moses, Aaron und Mirjam. Mein Volk, denke daran, was Balak, der König von Moab, plante und welche Antwort ihm Bileam gab ... Denke an deinen Zug von Schittim bis Gilgal, damit du die Wohltaten des Herrn erkennst!« Das Ganze ist laut 6,2 ein Rechtsstreit.

Das hermeneutische Problem ist, ob die liturgische Nachbildung und Fortsetzung wegen Antisemitismus gestrichen werden muss. Das Letztere ist beim Umgang mit den Improperien inzwischen die gewöhnliche katholische Praxis; bei Reformierten hat es dieses liturgische Stück nie gegeben, da es nicht wörtlich in der Bibel steht. Anders noch vor Jahrzehnten bei Lutheranern.

Der Form nach geht es um den Rechtsstreit zwischen dem Messias und seinem undankbaren Volk. Theologisch liegt das auf der Linie des Evangeliums nach Johannes, denn auch hier geht es um den Prozess Jesu und der Gemeinde gegen die Menschen, die nicht glauben. Daher sind z.B. »Zeuge« und »Zeugnis« sowie der Prozessbeistand (Paraklet) im Johannes-Evangelium so wichtig. Und wenn das Johannes-Evangelium diesen Prozess »festschreibt«, wieso nicht auch die Liturgie? Und Micha 6 hat man sogar in der hebräischen Bibel stehen gelassen und nicht wegen Peinlichkeit unterdrückt (wie viele andere antijüdische Aussagen auch). Meinen Studenten in Heidelberg habe ich immer erklärt, dass es einen Unterschied macht, ob ein Jude (wie Amos, Jesus, Paulus, Stephanus) zu seinen Volksgenossen kritisch redet oder ob dies ein Heidenchrist nach 2000 Jahren Judenverfolgung und Holocaust tut. Das ist nach wie vor wohl richtig, aber über das Maß bei der Verwendung der Gattung »Rechtsstreit« ist damit noch nicht entschieden.

Ob die Improperien nicht antisemitisch sind und ein Verstoß gegen die »Correctness«, das wird seit langem heiß diskutiert. Ob man nicht eher die Heidenchristen an die Wohltaten erinnern muss, die Gott ihnen getan hat. Andere schlagen vor, die Anrede zu modernisieren: Mein Volk, meine Kirche, was habe ich dir getan? Andere erklären, die Anrede meine sowieso nicht das jüdische Volk, »sondern uns«. Aber das ist das Problem jeder neueren Generation von Bibellesern, an die der Text nicht gerichtet ist. Auch 1 Kor 5 ist nicht an »uns« gerichtet. Darf man deshalb den Text nach Wunsch entgiften? Der Konzilstext »Nostra aetate« hat zu vielen Unklarheiten über das Verhältnis von Kirche und Judentum geführt. Es ist notwendig, darüber zu reden und zu streiten. Wahrhaft tödlich ist nur Friedhofsruhe.

Wie kann oder soll man biblisch predigen?

Die Schule Bultmanns sprach davon, es sei nötig, anthropologische Konstanten zu entdecken, die dem alten Text und den modernen Adressaten eben gemeinsam seien. Und mit diesen gleichbleibenden »ewigen« Strukturen hätte man das Raster gefunden, auf das man die Bibeltexte legen müsse, so dass sich dann die Anwendung von selbst ergebe.

Ein Beispiel: Die Erlösung kommt von *extra nos*, da der Mensch sich nicht selbst erlösen kann, sondern durch den erlöst wird, dem er sich allemal verdankt. Oder so: Glaube sei ein jederzeit revisionsbedürftiger Daseinsentwurf. Biblisch zu predigen bestünde darin, die Aussagen der Schrift immer wieder neu auf Menschenmaß und auf für Menschen in ihrem Existenzvollzug Nachspürbares zu beziehen. Dabei ging man, was den Menschen betraf, von der Existenzphilosophie Heideggers aus, die eine Art ewiges Muster bildete *(systema perenne).* Doch hilfreicher, als Aristoteles für ewig zu erklären, war dieses auch nicht.

Als Historiker würde ich es entschieden für zu kühn erachten, wenn man Aussagen über die gleichbleibende Struktur des Menschen macht und sie ausgerechnet in der inneren Konstruktion seines Seelenlebens findet. Dabei gibt es zugegebenermaßen Probleme, die öfter ähnlich wiederkehren (aber nicht in alle Ewigkeit). Und diese Probleme finden ihre Lösung nicht in identischen Aussagen über »den« Menschen. Dazu gehört z. B. das Verhältnis zwischen Mensch und Besitz oder das Thema des ungerechten Leidens. In beiden Fällen verhält sich der Mensch zu etwas, das ihn von außen her trifft.

Das Verhältnis zwischen Mensch und Gott gehört in diesem Sinne an erster Stelle zu den Themen, die oft wiederkehren, und das gilt auch vom Verhältnis Mensch zu Mensch (Gerechtigkeit). Von Ewigkeit kann ich da nicht einfach reden. Und auch von Konstanten gehe ich nicht aus, da das eine ahistorische Vorentscheidung wäre.

Da ich als Historiker finden und sagen kann, dass diese Fragen ähnlich in der Bibel gestellt werden, wäre eine Predigt dann biblisch, wenn sie diese Themen nicht verschweigt. Das ist gar nicht selbstverständlich, was daran erkennbar wird, dass 50 Jahre nach Bultmann in der kritischen Theologie plötzlich wieder der Ruf zu hören ist, man solle nach Gott fragen. Allerdings hatten einige Vertreter der Schule Bultmanns gesagt, Gott sei nichts anderes als »die Liebe« (so etwa H. Braun und D. Sölle). Aber wie nach Gott fragen? Es ist schon viel gewonnen, wenn man nach dem schon immer vorausgesetzten Bild von Gott fragt und die darin enthaltenen Aussagen für das eigene Beten und Denken umsetzt. Aber geistliche Bibellektüre ist keine Aufreihung von Kapiteln der Theologiegeschichte.

Ein Beispiel: Paul Badde gab mir ein Bild von der Tabernakeltür in San Yuste in der Estremadura, wo Karl V. im Blick auf diese Tür seine letzten Monate verbrachte. Lese ich die Passionsberichte im Licht dieser Tür, auf der Jesu Antlitz gemalt ist, so ergibt sich als neue, besondere Auslegung dieser Passion: Im Gegensatz zu den deutschen Antlitzen der Spätgotik ist dieses nicht realistisch, es ist expressionistisch, es ist der erstickte Schrei, daher der Eindruck des Unsäglichen, weil Unsagbaren. Nicht nur Gott hat ihn verlassen, sondern dazu noch die Menschen. Nicht Zerstörung, sondern äußerste Pein, bei der jeder Betrachter dadurch getröstet wird, dass er erkennt: Nur Gott selbst war zum Ertragen dieser äußersten Pein fähig. Da er sonst die äußerste Macht darstellt, kann er auch die äußerste Zuspitzung des Schmerzes auf sich nehmen. Alle Wahrheit ist körperlich, oder sie ist nicht. Der besondere Blickschacht auf dieses Bild hin lässt es zu einem schreienden Geheimnis werden

(Ignatius von Antiochien). So ergibt sich hier eine besondere Verbindung der beiden Themen »Gott« und »Leiden«.

Besonders bei der Auslegung der Bergpredigt hat mir die Frage nach Gott geholfen: Gerade an Mt 5,45–48 wird klar: Hier wird nicht irgendetwas überspannt, sondern Gott selbst ist der Maßstab. Wer ihm ähnlich ist, der ist sein Kind.

Menschliche Gefühle

Eine biblisch orientierte Auslegung wird – nach dem Vorbild der frühen Zisterzienser – beachten, dass es in der Bibel um Menschen mit menschlichen Gefühlen geht. Beispiel: Die Geschichte des reichen jungen Mannes in Mk 10 sagt, dass es nicht um Schläue und Kalkül geht, sondern um Liebe und Trauer. In der Tat: Man kann den Reichtum / das Geld abgöttisch (wie einen Götzen, eben wie den Mammon) lieben. Der junge Mann hat also Liebeskummer. Und dass die Liebe »das Größte« ist (1 Kor 13), findet ein Echo darin, dass die Liebe zum Mammon der gefährlichste Feind Gottes und des Glaubens und daher der Menschen ist. Daher habe ich keine Schwierigkeiten damit, die Auslegung von Mk 10 in ein Gebet münden zu lassen:

Herr Jesus Christus, von der Verbindung zwischen Liebe und Traurigsein versteht jeder Erwachsene etwas. Der reiche junge Mann, von dem wir nur wissen, dass er reich war und dass Du ihn mochtest und er Dich, hat mit Dir die Erfahrung gemacht, dass seine Liebe zum Geld stärker war. Du hast ihn deswegen nicht verdammt oder von Dir gestoßen, aber auch nicht festgehalten. Das ist auch bei den vielen anderen Menschen richtig, die lieben möchten, aber nicht können. Du weist ihn jedoch auf den himmlischen Vater hin, der Liebe stiften kann, wo Menschen nicht lieben können. Deshalb denkt auch die heidnische Umwelt an Amor als Liebesgott. Auch wenn wir beim himmlischen Vater nicht an Putten und Pfeile denken: Du Gott allein, kannst die Liebe ohne Maß stiften, die die Menschen so sehr ersehnen und so dringend benötigen. Stifte Du Liebe dort, wo Menschen unter der Kälte leiden. Das ist die Lösung aller Fragen von Arm und Reich.

Apokalyptisch predigen

(Mk 13,24–32)

Angesichts des herrlichen Textes über die Wiederkunft Jesu nach Mk 13 schlägt mein Herz als das eines Apokalyptikers höher, denn »Apokalyptiker« heißt: Endlich hat die Unsichtbarkeit Gottes, die Unscheinbarkeit des Christentums, das formlose Elend scheinbar unerfüllter Versprechungen, die Gestaltlosigkeit der Verheißungen ein Ende. Aufhören wird der graue Alltag der Geschichte, wird die wuselige Ungewissheit darüber, was Wahrheit ist und wer sie »verantwortet«. Es wird auch sichtbar, was die Geschichte ohne die Lämpchen von Sonne, Mond und Sternen eigentlich ist: nämlich Finsternis. Und es wird auch gleich der dazugehörige Begriff »Chaos« genannt. Es versteht sich von selbst, dass Finsternis und Chaos dem menschlichen Leben feindlich gegenüberstehen. Als neulich ein gewaltiger Wirbelsturm über der Ostküste Amerikas hinwegfegte, waren diese beiden Begriffe dominierend in den Berichten der Medien, obwohl keiner der Autoren in Verdacht steht, vorher Mk 13,24–27 gelesen zu haben. Nein, die Journalisten haben nicht abgeschrieben. Sie haben »es« nun mal wirklich als Augen- und Ohrenzeugen glaubwürdig erlebt, was Finsternis und Chaos ist, mitten in wild gewordenen Urfluten des Wassers. Dazu kann man als Apokalyptiker nur trocken bemerken, dass wir solchen gigantischen Wasserverbrauch ja von der Sintflut kennen und dass die zeitgenössischen Apokalyptiker des 1. Jahrhunderts vor und nach Christus stets gesagt haben, es werde so kommen wie bei der Sintflut, plötzlich und regenreich, finster und chaotisch, modern formuliert ohne Strom und mit lauter zerstörten Autos. Eine

Serie zerstörter Autos, das sagt für uns immer schon alles: lauter kaputte Lieblingskinder, leider. Schließlich ist ein heiles Auto, ordentlich geputzt und intakt, für uns stets Inbegriff von Glück. Deshalb ist es sehr bezeichnend, dass fast jedes zweite Foto vom Sturm demolierte Pkws zeigte. »Arme Autos«, sagte ein Enkel dazu. – Arme Autos steht für arme Menschen. Jammer ohne Ende. Dann aber kommt, und das gibt das Repertoire der Journalisten nicht her, das, was ich eigentlich großartig finde. Es kommen Wolken und danach und darauf einer mit großer Macht und Herrlichkeit. Man muss kein Fan von Richard Wagner und von Bayreuth sein, um diese Dramatik zu erfassen. Es genügen ein paar einschlägige Erfahrungen von wankelmütigem Wetter im Gebirge. Auch in meinem Mittelgebirge, dem Harz, gibt es tief eingeschnittene Täler, schroffe Felsen, bei Unwettern Finsternis und Sintflut mitten am Tage und schließlich, trotz Frost und Kälte selbst im Sommer, erst ein paar Nebel, darauf richtige Wolken, die zart und dann deutlich den Wetterumschlag verheißen. So hat das Alte Testament Finsternis, Chaos und Sturm als Vorzeichen für das Kommen und Erscheinen Gottes (genannt Theophanie) gesehen. So kenne ich das Umschlagen des Wetters aus dem Gebirge. Noch der Nebel war gestaltlos und dem Chaos verwandt, aus dem er kam. Doch dann mit den Wolken, die jeder Lufthansa-Pilot schon ernster nimmt als ein wenig Nebel, erscheint die klar konturierte Gestalt eines Menschen. Das ist in der Tat kaum zu glauben angesichts von so viel Gestaltverlust vorher. Gestaltverlust heißt bei uns Imageverlust, uns wohl bekannt aus Politikerleben. Und dabei ist das Wort *»image«* von tiefer Weisheit, jedenfalls für den Apokalyptiker, denn war nicht die Eigenschaft des Menschen als *imago Dei* (Bild Gottes) das, was ihn zum Menschen macht? In Differenz und im Gegenüber zu aller sonstigen Kreatur? So begreift der hl. Bernhard die Wiederherstellung der Ähnlichkeit mit

Gott, die den Menschen als Bild Gottes auszeichnet, als das Ziel der Wege Gottes mit den Menschen und zu ihnen. Und hier nach Mk 13 erscheint einer wie ein Mensch auf den Wolken des Himmels. Am 23.1.2006 erklärte Benedikt XVI., den Anstoß zur Enzyklika Deus Caritas verdanke er Dantes »Göttlicher Komödie«. Er meint die Schlussvision, in der Gott, das unendliche Licht, Dante mit menschlichem Gesicht erscheint. Paradiso 33,130: »Erschien mir da, des Menschen Ebenbildnis ... dass von ihm hingerissen mein Gesicht.« Ein Blitz hat seinen Geist getroffen. Der Schlusssatz gilt der Liebe, die Sonne und Sterne bewegt. – Denn es gilt: »Für Christen hat die Wahrheit einen Namen: Gott. Und das Gute hat ein Gesicht: Jesus Christus« (Papst Benedikt XVI., Sept. 2009 in Prag). Nicht eine Lehre, sondern eine Person ist die Mitte des Evangeliums.

So also, plötzlich, lautlos und dezent, wie ein Sonnenstrahl oder Regenbogen nach dem Unwetter, vollzieht sich Christi Wiederkunft. Wie er da sein wird, das erinnert nicht zufällig an den Regenbogen nach der Sintflut.

Herr Jesus Christus, nach dem schrecklichen Unwetter mit Chaos und Finsternis wirst Du da sein wie der Regenbogen, aber mit menschlichem Antlitz. Und beim Regenbogen sagen wir: Schau mal, wie schön! Und bei jedem Regenbogen bekennen wir ein Stück biblischer Erfahrung der Welt. Dass im Zentrum unseres Glaubens und unserer Liturgie immer die Offenbarung unfasslicher Schönheit steht. So wird es sein, wenn Du kommst. Dann wird einer dem anderen sagen: Schau mal, wie schön, denn Zittern und Furcht und Kälte, das war vorher. Das ist immer nur das Ende unserer kreatürlichen Wege. Doch das, was dann kommt, ist anders, als wir dachten. Wir hatten immer geahnt, wenn Du kommst, würden wir erstarren und gelähmt sein vor Angst, denn Du kämest zum Gericht. Doch wir werden staunen und selig sein. Begeistert werden wir sein von Deiner Schönheit und Herrlichkeit. Denn Du bist Gott. Du wirst Deine Engel aussenden, um uns zu sammeln. Auch davor haben wir keine Angst, denn ganz genauso hast Du die Apostel nach Deiner Auferstehung vom Berg in Galiläa gesandt, um uns zu sammeln zu Deiner Kirche. Und genauso sendet der Bischof am Weihetag die Priester in sein Bistum, um das Kirchenvolk zu sammeln zu Messe und Predigt, denn es ist immer derselbe Rhythmus von Sendung und Sammlung, der Pulsschlag von Kirche und Gottesreich. Schenke, wir bitten Dich, Deiner Kirche diesen kräftigen Pulsschlag. Denn als Getaufte kommen wir aus Deiner Herrlichkeit und sind berufen, wieder in Deine Herrlichkeit eingesammelt zu werden. Nur ein Ingredienz der Kreatürlichkeit wird bei alledem fehlen: Vergänglichkeit wird es nicht geben, denn seit der Sendung der Jünger in die Welt zu Ostern ist der Tod überwunden. So sendest Du immer wieder neu Deine Geschöpfe, auch uns, in die Welt, damit wir Menschen sammeln für Dein Reich und zu Deinem heiligen und ewigen Mahl. Amen.

An dem aber, was geschehen wird, werden wir ganz leicht den Menschensohn aus Daniel wiedererkennen. Er behält den Stil seines Auftretens bei. So heißt es in Dan 7,9–11 nach der Septuaginta: »Ich schaute in einer Nachtvision, und siehe: Auf den Wolken des Himmels kam einer wie ein Menschensohn, und bis zu einem Alten an Tagen war er da, und die Danebenstehenden waren neben ihm da. Und ihm wurde königliche Vollmacht gegeben, und alle Völker der Erde in allen ihren Arten und jede Herrlichkeit war ihm dienstbar, und seine Vollmacht war eine ewige Vollmacht, die nicht weggenommen werden wird, und seine Königsherrschaft war eine solche, die nicht vernichtet werden wird.« In 7,14 heißt es in der Version des Theodotion: »Und ihm wurde die Herrschaft und die Ehre und das Königtum gegeben, und alle Volksgruppen, Stämme, Sprachen werden ihm dienen, seine Vollmacht ist eine ewige Vollmacht, die nicht vorübergehen wird, und sein Königtum wird nicht vernichtet werden.« Und das ist konsequent so, denn am nächsten Sonntag ist das Christkönigsfest.

Zum Christkönigssonntag

Die Botschaft Jesu vom Königreich Gottes hat in der Auffassung der Evangelisten, die wohl sicher auf Jesus selbst zurückgehen mag (vgl. Kreuzestitel und kirchliche Praxis), eine bemerkenswerte Transformation erfahren. Ihr nachzugehen bedeutet auch, ein Spannungsfeld zwischem Reich Gottes und Königtum Jesu aufzudecken.

Zu Joh 18,33 b–37: »Mein Königtum ist nicht von dieser Welt!« Unser König ist ein verhüllter König, und sein Reich ist verhüllt. Unser Freund, der Dichter Reinhold Schneider, hatte in den beiden Weltkriegen Anlässe genug, um über den Gesetzen, denen herrscherliche Macht auf Erden unterworfen ist, seinen Glauben neu zu sammeln. Schließlich waren die Könige Europas bis auf wenige gestolpert, und der Führer, der sie alle beerben wollte, hatte sich selbst erschossen. Anhand der Botschaft, die die Wiener Kapuzinergruft durch sich selbst ausstrahlt, hat Reinhold Schneider oft beschrieben, dass Staub das Ende aller irdischen Macht ist. Jedenfalls gilt das, falls die Herrscher nicht vorher und rechtzeitig den Staub von Aschermittwoch als Aschenkreuz auf ihr Haupt zeichnen ließen. Und falls sie nicht in Demut vor dem wahren König ihre Knie in den Staub beugten. Zur selben Zeit, in der Reinhold Schneider schrieb, arbeitete Thomas Mann an seinem »Doktor Faustus«, in dessen Mitte der Ort Kaisersaschern steht, zu Deutsch: ein zu Staub gewordener

Kaiser. In meiner Jugend bin ich oft zu dem romanischen Kaiserdom nach Königslutter gepilgert, den Kaiser Lothar von Supplingenburg in den hügeligen Weiten Norddeutschlands errichtet hatte und der für mich zusammen mit der sehr nahe gelegenen Zonengrenze eine einzige Botschaft bildete: Das Beste, was irdischer Macht passieren kann, ist, dass sich nach ihrem schnellen Ende ein romanischer Dom über sie wölbt. Der Dom ist aus einigermaßen unverwüstlichen Steinen gebaut, der Staub des Kaisers dürfte kaum eine Handvoll ausmachen. Der Ausgleich für diesen brutalen Kontrast ist ein zauberhafter, wunderschöner Kreuzgang, in dem es nicht so kalt ist wie jederzeit im Dom, sondern in dem die laue Luft aus der Heimat seiner lombardischen Erbauer zu wehen scheint. Angesichts der Ewigkeit des Domes und der Flüchtigkeit des Staubes ein Bild für den Weg unseres Lebens, der schön wird durch die steinernen Kapitelle und durch den Duft des Gartens, den ihre Säulen umschließen. Zur Zeit seiner Erbauung wie heute steht dieser romanische Dom inmitten einer fast heidnischen Umgebung. Zu den Menschen der kleinen Stadt hin gerichtet ist das Löwenportal mit seiner wie völlig selbstverständlich vermeldeten Botschaft: Ihr wisst doch alle, dass Christus der König ist. Das Portal verkündet dieses mit einer unbeirrbaren und souveränen Gelassenheit.

Es hat die Exegeten immer gewundert, warum Jesus in den Evangelien nicht öfter »König« genannt wird, denn das war doch seine Kreuzesinschrift: König der Juden. Doch im Evangelium nach Markus kommt dieser Titel nur in der Passionsgeschichte vor, bei Matthäus immerhin zweimal, bei der Anbetung der Magier und in der Passion. Gerade aus dem Evangelium nach Matthäus kann man erkennen, was verhüllte Offenbarung des geheimen Königs der Welt bedeutet. Die ausländischen Astrologen, die aus gewissen

Konstellationen die Geburt eines neuen Weltherrschers erschlossen, waren ja nun wirklich eine buchstäblich denkbar weit hergeholte Erkenntnisquelle. Verhüllter ging es kaum. Das Ganze – inklusive Heimreise – bleibt eine Geheimaktion, vor König Herodes verborgen. Der Bericht liefert so einen Hinweis darauf, wie man überhaupt die verschiedenen Schichten des messianischen Geheimnisses verstehen soll: Das Geheimnis hat den Sinn, zu verhindern, dass Jesus noch viel früher sterben muss. Deshalb lässt Jesus auch seine Wunder geheim halten, deshalb auch die Verklärung. – Doch immerhin ist die Kundgabe seiner Geburt durch den Stern von Bethlehem ein »Zeichen vom Himmel«, wie man es später von Jesus vergeblich fordern wird. Das Zeichen vom Himmel wird den heidnischen Magiern gegeben, und auf dieses Zeichen hin sind sie prompt zur Anbetung bereit. Die Gaben, die sie bringen werden, sind aber wiederum verschlüsselte Zeichen und bis auf das Gold keineswegs auf die Enttarnung eines Königs bezogen. Mit Myrrhe und Weihrauch geben die Magier jedenfalls den Lesern des ersten Evangeliums Rätselstoff für Jahrhunderte.

Am Kreuz ist unter der Überschrift »König der Juden« Jesu Königtum nun in der Tat unter dem Gegenteil *(sub contrario)* verborgen. Die Kreuzesinschrift ist auf ihre Weise das erste Stück »dialektische Theologie«. Wer nämlich einen König so ehrt, macht entweder ihn oder sich selbst lächerlich. Und wer glauben soll, dass Jesus ein König ist, wird fragen wie einst Stalin: »Wie viele Divisionen hat der Papst?« Jesus ist auf eine Weise König, die man in seiner Zeit besonders von Herrschern ahnte, die es nicht gibt oder nie geben kann, Herrscher, die sich wirklich an das hielten, was die Weisheit schon im Alten Testament sagte (»Durch mich regieren die Könige«), die sanftmütig und demütig waren, wie Jesus es nach Mt 11,25–30 von sich sagt. Diese Stelle in Mt 11 ist die einzige in der öffentlichen Verkündigung Jesu, die wirklich ein königliches Selbstverständnis nahelegt, denn so, wie Jesus es hier nach der Art der Weisheit von sich sagt, könnten auch Philosophen-Könige aller Zeit geredet haben. Könige, die auf Waffen und jede Art von Gewaltgebrauch verzichten konnten, die auf die Zuneigung ihres Volkes bauen wollten und nicht auf die Angst vor dem Herrscher, weil sie vom Grundmodell der Freundschaft ausgingen. – Man muss schon sehr mächtig sein, wenn man so auf Macht verzichten kann. Dieses Denkmodell wird indes zum Lebensmodell Jesu, und so verstehen es auch viele, die Jesus nachgefolgt sind: Man muss sich des ewigen Lebens schon sehr gewiss sein, wenn man um der Wahrheit willen auf sein irdisches Leben verzichten oder es für die Freunde einsetzen kann. Man muss schon genau wissen, was wahrer Reichtum ist, wenn man alle irdische Habe aufgeben kann. Man muss schon sehr geliebt worden sein, wenn man so viel Liebe schenken kann. Man beachte: Alle Vordersätze in diesem Denkmodell (»Man muss schon sehr …«) sind nicht platonisch gemeint im Sinne intellektueller Überlegenheit nach dem Stil »Ha, ich weiß schon, die wahren Besitztümer liegen in einer humanistischen Bildung«. Sie beziehen sich vielmehr auf etwas, das Jesus zuvor empfangen hat und das in seinem Gesandtsein inbegriffen ist. Und in den Nachsätzen (»… wenn man so …«) geht es nicht um ärmliche Zugeständnisse, sondern um verschwenderischen, eben königlichen Reichtum, nicht um milde Gaben, sondern um Überfülle.

Dass die Kreuzesinschrift von Pilatus verfasst ist, weist uns auf das Verhör im Johannes-Evangelium, in dem Jesus von Pilatus direkt gefragt wird, ob er denn ein König sei. Die Antwort Jesu, »um von der Wahrheit Zeugnis zu geben«, ist selbst wieder rätselhaft, denn nach den Erfahrungen der Geschichte, die wir kennen, gibt es keinen wirklichen Zusammenhang zwischen Königtum und Wahrheit. Im Gegenteil, die Könige sind für Lüge und Propaganda zuständig, außerdem für Mord und Vertuschung, für »Schiebung« und Schmuggel, für undurchsichtige Geheimdienste, aber doch nie und nimmer für die Wahrheit. Ein König, der die Wahrheit sagt, wäre ein lebendiges Himmelfahrtskommando.

Ein König also, der die Wahrheit sagt, ist etwas revolutionär Neues in der Geschichte. Und wenn er es tut, passt er nicht in diese Geschichte, sondern ist zu beseitigen. Jesus sagt außerdem nicht einfach die Wahrheit über die Menschen – im Sinne der Enthüllungsjournalisten, sondern er spricht über die Wahrheit, die Gott ist, die er in Person ist und die beständig ist wie ewige Wahrheiten, nur eben als Person, voll von ewigem Leben und bereit, es mit vollen Händen auszuteilen und zu verschenken. Es ist eine Wahrheit also, die man essen und trinken kann. Diese personale Berührung nennt man Eucharistie.

Die Wahrheit über diesen König wird nicht enthüllt, sondern bleibt verborgen. Der Stern der Weisen ist verborgene Offenbarung, die Kreuzesinschrift ist ein öffentliches Rätsel. Das Verhör durch Pilatus stellt vor das Rätsel: Was ist Wahrheit? – Dieses alles zusammen nenne ich verhüllte Offenbarung, und ich gehöre zu den Menschen, denen diese Verhüllung lieb ist.

Schlusswort

Die historisch-kritische Exegese der letzten 200 Jahre hat alles Porzellan im Haus der Christenheit zerschlagen, bis hin zur letzten Blumenvase. Jedenfalls für den, der ihre Resultate zur Kenntnis nehmen wollte und konnte. Sie hat viele Theologiestudierende zum Abbruch ihres Studiums gebracht und lieferte vielen Menschen wohlfeile Argumente, um aus der Kirche auszutreten. Sie hat den Atheismus gefördert und die Spaltung der Kirchen nicht gelindert, sondern auf ihre Weise fortgesetzt. Sie hat stets den kritischen Verstand befeuert und vermutlich niemanden zum Christentum bekehrt. So ist sie zwar nützlich, aber nicht produktiv – wie eine Säure zur Reinigung von Sanitäranlagen.

Jede Neugier und jedes Nachfragen sind grundsätzlich erlaubt und nicht zu verbieten. Doch wenn es mit dieser merkwürdigen Wissenschaft weitergehen soll, dann nur, wenn sie eine gründliche Reform durchlaufen hat. Die Lösung heißt nicht einfach, dass sie dann frömmer sein müsste. Aber sie könnte und sollte sich dem Text viel stärker unterordnen und nicht von dem Generalverdacht ausgehen, erst der Exeget müsse den Text vom Kopf auf die Füße stellen. Dieser Verdacht hieß jetzt 200 Jahre lang: Mit dem Text ist etwas nicht in Ordnung, er ist falsch und muss vom Exegeten korrigiert werden. Ich verlange strikten und reinen Gehorsam gegenüber dem Text. Der Exeget sollte glücklich sein, wenn er den Text mit Leidenschaft lieben kann und sich selbst dabei ganz und gar zurücknimmt.

Wenn aber der Exeget bei seinem Tun selbst nicht weiß, wo er steht, dann dringen Ideologien und Ersatz-Weltanschauungen in das zarte Gewebe ein, an dem er arbeitet. Der Grad der Verseuchung durch Pilze, Keime und Mikroben war und ist maximal. Gehorsam hat dagegen das Abendland in der Menschenführung und Kulturentfaltung von Sankt Benedikt gelernt. Der Exeget muss den Text nicht richterlich beurteilen oder in seiner Qualität abschätzen. Er weiß um die Wahrheit nicht ohne diesen Text oder neben ihm her, sondern am Ende nur durch ihn.

Lebendig aber ist ein Text nur, wenn man ihn im Zusammenhang seiner näheren und weiteren Umgebung liest. Diese Einsicht ist das einzig Neue, was das 20. Jahrhundert in dieser Sache gebracht hat.

Wenn ich mich nicht täusche, verfolgte der zurückgetretene Bischof von Rom, unser »lieber Bruder Papst Benedikt« (Katrin Göring-Eckardt) mit seinem Jesusbuch (Teil I–III) ein Ziel, das dem dieses Buchs nicht fern steht: Frühjahrsputz in einer Kirche, der harte Zeiten bevorstehen. Auf das Neue Testament bezogen: eine Operation am offenen Herzen der Kirche. Den Kommentar dazu liefert der Erzbischof von Chicago, Francis Kardinal George: »Ich erwarte im Bett zu sterben. Mein Nachfolger wird im Gefängnis sterben, und dessen Nachfolger wird als Märtyrer auf einem öffentlichen Platz sterben.«

Häufiger zitierte Literatur

Berger, K.: Kommentar zum Neuen Testament, 2. A. Gütersloh 2012

Berger, K.: Priesterweihe auch für Frauen?, 2012

Berger, K.: Der Wundertäter. Die Wahrheit über Jesus, 2010

Berger, K.: Formen und Gattungen im Neuen Testament, UTB 2532, 2005

Bornkamm, G.: Jesus von Nazareth, 2. A. 1957

Bultmann, R.: Die Geschichte der synoptischen Tradition, 5. A. 1961

Erlemann, K.: Jesus der Christus, 2011

Haacker, K.: Rezeptionsgeschichte und Literarkritik. Anfragen an die *communis opinio* zum Corpus Paulinum, in: ThZ 65 (2009), S. 209–228

Klinghardt, M.: Gemeinschaftsmahl und Mahlgemeinschaft, 1996

Kümmel, W. G.: Das Neue Testament. Geschichte der Erforschung seiner Probleme, 1958

Theißen, G. / Merz, A.: Der historische Jesus, Göttingen 1996

Troeltsch, E.: Die Absolutheit des Christentums und die Religionsgeschichte, 1902

Neutestamentliche Abkürzungen

Act oder Apg	Apostelgeschichte
Apk	Apokalypse des Sehers Johannes
Did	Didache; Lehre der Zwölf Apostel (apokryph)
Eph	Epheserbrief (Paulus?)
Gal	Der Brief an die Galater (Paulus)
Hebr	Der Brief an die Hebräer
Jak	Der Brief des Jakobus
Joh oder JohEv	Das Evangelium nach Johannes
1 Joh	Der Erste Brief des Johannes
2 Joh	Der Zweite Brief des Johannes
3 Joh	Der Dritte Brief des Johannes
Jud	Der Judasbrief
Kol	Der Brief an die Kolosser
1 Kor	Der Erste Korintherbrief (Paulus)
2 Kor	Der Zweite Korintherbrief (Paulus)
Lk oder Luk	Das Evangelium nach Lukas
Mk	Das Evangelium nach Markus
Mt oder Matth	Das Evangelium nach Matthäus
1 Petr	Der Erste Brief des Petrus
2 Petr	Der Zweite Brief des Petrus
Phil	Der Brief an die Philipper (Paulus)
Phm	Der Brief an Philemon (Paulus)
Röm	Der Brief an die Römer (Paulus)
1 Thess	Der Erste Brief an die Thessalonicher (Paulus)
2 Thess	Der Zweite Brief an die Thessalonicher (Paulus?)
1 Tim	Der Erste Brief an Timotheus (Paulus?)
2 Tim	Der Zweite Brief an Timotheus (Paulus?)
Tit	Der Brief an Titus (Paulus?)

Glossar

Amoibe: Geben und Nehmen (Austausch), Aktion und Reaktion
Amt: Autorität in der organisierten Kirche
Angesichtsengel: siehe Engel des Angesichts
Apologetik: Text, der (christliche) Positionen gegen Einwände verteidigt
Aufklärung: Orientierung am Licht des Verstandes
Befreiungstheologie: vor allem in Lateinamerika populäre Ethik des Widerstands gegen Ausbeutung
Charismatisch: Geist-inspiriert
Christologie: Lehre über Jesus Christus
Christus des Glaubens: im Gegensatz zum »historischen Jesus« das Jesusbild der Kirche nach Ostern
Credo: Glaubensbekenntnis der Kirche (mehrere Fassungen)
Descensus Christi: Abstieg Jesu in das Totenreich nach Karfreitag
Deuteronomistisch (Prophetenbild): Theologie des Deuteronomium (5. Jh. v. Chr.)
Dialektik von Herr und Knecht: gesellschaftliches Grundschema über die »Widersprüche«, die die Geschichte vorantreiben (Hegel)
Diatessaron: Evangelienharmonie des Tatian (3. Jh.)
Dreizeugenregel: Gebot nach Deuteronomium 19,15, wonach bei jedem Fall zwei bis drei Zeugen zu hören sind
Engel des Angesichts: höchster Engel, der direkt bei Gott steht und ihm ins Angesicht schaut
Entmythologisierung: Deutung biblischer Geschichten, bei der nur der philosophische Gehalt übrig bleibt
Entrückung: Aufstieg von Menschen in den Himmel
Entweltlichung: Aufgeben der engen Verflechtung von Kirche und Gesellschaft
Eschatologie: Ereignisse am Ende der Welt-Zeit
Exeget: Ausleger vorgegebener autoritativer Texte
Evangelienharmonie: Einheitstext aus den vier Evangelien
Formgeschichte: Sortierung der Bibeltexte nach Formen und Gattungen

Fortschrittsglaube: Lehre über eine kontinuierliche Entwicklung zum Besseren

Frauenverächter (Paulus): Paulus verbietet unter Berufung auf Jesus das öffentliche Lehren von Frauen in der Gemeinde

Freiheit: im Neuen Testament: Befreiung vom Bösen und seinen Folgen

Frühkatholizismus: Verfallserscheinung der frühen Christenheit in Richtung katholische Kirche

Gattungen: Einteilungen nach Textsorten

Gemeindebildungen: biblische Texte, die nicht von Jesus, sondern in den frühen Gemeinden formuliert wurden

Gloria: Hymnus zu Beginn der Messe, im Anschluss an den Engelgesang in Lk 2,14 ausgebaut

Gotteskindschaft: Eigenschaft von Menschen, die von Gott als Kind angenommen sind und ihn daher als Vater sehen

Himmelfahrt: Aufstieg Jesu 40 Tage nach Ostern

Historisch-kritische Exegese: kirchlich-dogmatisch ungebundene Exegese

Historische Berichte: Texte über Ereignisse, die sich wirklich zugetragen haben

Historizität: Eigenschaft von Ereignissen in der wirklichen Geschichte

Höllenfahrt Christi: Aufenthalt Jesu im Totenreich nach Karfreitag bis Ostern

Interimsethik: Ethik für die Zwischenzeit bis zum Weltende

Ipsissima vox (Iesu Christi): Worte, die Jesus wirklich gesagt hat (und die ihm nicht nur zugeschrieben werden)

Jubilus: Jubelgesang der Kirche

Kletische Hymnen: Hymnen und Lieder, die um Gottes Kommen bitten

Kommunismus: gemeinschaftliches Haus und Eigentum

Kultkritik: Herabsetzung aller sichtbaren Kulthandlungen

Leidvergessenheit: Entferntheit der Theologie von konkreten Leiden der Menschen

Letzte Worte bei bedeutenden Menschen: letzte Worte vor dem Sterben

Liberale Exegese: vorherrschende Richtung der Exegese seit 1820

Liebeskommunismus: Kommunismus, der sich nur durch Liebe regelt

Linkspietismus: politisch links stehender Sozialprotestantismus

Magnificat: Lobgesang der Muttergottes nach Lk 1,46–55

Menschensohn: Umschreibung der Hoheit Jesu
Metatron: hohes Engelwesen direkt bei Gott
Mirakel: despektierliche Bezeichnung körperlich sichtbarer Wunder
Mystische Fakten: nicht kausal erklärbare Geschehnisse
Naherwartung: damit rechnen, dass das Weltende bald kommt
Nasiräat: Praxis biblisch-jüdischer Frömmigkeit mit Gelübde
Ökumene: Einheit der Christen
Ossilegium: Gang zum Grab des Märtyrers (Suche nach den Gebeinen)
Ostern, Osterereignisse: Datum der Auferstehung Jesu. Ereignisse: Visionen, Auffindung des leeren Grabes
Parallelen in der Religionsgeschichte: Texte in den Religionen des Mittelmeerraumes, des Vorderen und des Mittleren Orients, die den biblischen Texten ähnlich sind
Participatio: Anteilhabe des Menschen an Göttlichem, die ihn verändert
Parusieverzögerung: Ausbleiben der angekündigten Wiederkunft Christi zu den Endereignissen
Politisierung der Theologie: Beschäftigung der Theologie nicht nur mit dem Geschick der »Seele«, sondern mit politischen Machtverhältnissen
Postmortale Entrückung: eine Form des Weiterlebens nach dem Tod, bei der der Transport an einen anderen Ort entscheidend ist
Pseudepigraphie: »falsche« Verfasserangaben bei religiösen Schriften
Quästionen: mittelalterliche (Scholastik) Form der gelehrten Diskussion
Religionstheorie: eine für verschiedenste Religionen geltende neutrale, nicht bekenntnismäßige Form der Darstellung religiöser Inhalte
Satans Reich: Gegen-Gebilde zum Reich Gottes, oft in spiegelbildlichem Verhältnis dazu. Als Herrscher wird der Satan/Teufel gedacht.
Septuaginta: griechische Übersetzung des hebräisch-aramäischen Alten Testaments
Siegeslieder: im Griechischen und in der Apokalyptik bezeugte Lieder auf den Sieger in der vorausgehenden Schlacht
Sondergut: in der Evangelienforschung: Stoffe, die nur bei einem Autor bezeugt sind und keine Parallelen in den anderen Evangelien haben
Tantum ergo: lateinischer Hymnus auf die Eucharistie, oft vor dem eucharistischen Segen mit der Monstranz gesungen
Tertius usus legis: die Weise, in der nach Meinung der Reformatoren

das Gesetz auch für die Gerechtfertigten gilt, nämlich als Gebot, aber nicht mehr verdammend (siehe vor allem Melanchthon)
Theodizee: Frage nach Ursprung und Sinn des Bösen in der Welt
Theologia crucis: Beantwortung theologischer Fragen vom Standpunkt der schändlichen Erniedrigung und Ohnmacht Gottes aus.
Theologia gloriae: Beantwortung theologischer Fragen vom Standpunkt der Macht und Herrlichkeit Gottes aus
Totengeister: Form des Weiterlebens von Menschen nach dem Tod
Triumphalismus: kirchliches Verhalten, als ob alles Widrige schon besiegt sei
Ultima verba: letzte Worte eines Menschen vor dem Sterben
Unmessianisches Leben Jesu: Sichtweise des Lebens Jesu, als sei er nicht der Messias gewesen
Vaticinia ex eventu: Weissagungen, die erst nach Eintreten des geweissagten Ereignisses formuliert und die daher betrügerisch sind
Verklärung: Verwandlung des Leibes in eine leuchtende, quasi-himmlische Gestalt (von Jesus in Mk 9)
Zeichenhandlung: symbolische Handlungen Jesu oder der Propheten, die die Botschaft als Aktion zum Ausdruck bringen
Zeugenliste: Katalog von Augenzeugen, oft in der historischen zeitlichen Abfolge. Die Zeugen bestätigen sich gegenseitig.